山区公路
工程地质勘察

SHANQU GONGLU GONGCHENG
DIZHI KANCHA

柴贺军 李 晓 唐胜传 童第科 ◇ 著

重庆大学出版社

内容提要

根据我国山区公路建设和勘察工程实践，本书总结了以往的经验和教训，系统地介绍了我国山区公路工程地质勘察的特点，各阶段公路路线和各类构筑物建设场地的勘察方法、勘察重点、勘察工作布置原则以及勘察成果质量要求。同时，结合生产一线需求，用较多篇幅论述、介绍了与公路路线、构筑物建设场地和地质环境安全关系密切的地质条件复杂路段勘察、已建公路扩能改建工程勘察、已建公路运营阶段养护勘察。

本书可供交通工程、水利工程、土木工程领域的工程地质勘察、设计、施工技术人员及高等院校相关专业师生参考使用。

图书在版编目（CIP）数据

山区公路工程地质勘察/柴贺军等著. -- 重庆：
重庆大学出版社，2019.11
ISBN 978-7-5689-1473-4

Ⅰ.①山… Ⅱ.①柴… Ⅲ.①山区道路—道路工程—
工程地质—地质勘探 Ⅳ.①U412.22

中国版本图书馆 CIP 数据核字（2019）第 100302 号

山区公路工程地质勘察

柴贺军 李 晓 唐胜传 童第科 著
策划编辑:刘颖果
责任编辑:姜 凤 版式设计:刘颖果
责任校对:王 倩 责任印制:张 策

*

重庆大学出版社出版发行
出版人:饶帮华
社址:重庆市沙坪坝区大学城西路 21 号
邮编:401331
电话:(023) 88617190 88617185(中小学)
传真:(023) 88617186 88617166
网址:http://www.cqup.com.cn
邮箱:fxk@ cqup.com.cn（营销中心）
全国新华书店经销
重庆升光电力印务有限公司印刷

*

开本:787mm×1092mm 1/16 印张:15 字数:339千
2019 年 11 月第 1 版 2019 年 11 月第 1 次印刷
ISBN 978-7-5689-1473-4 定价:49.00 元

前　言
FOREWORD

随着国家经济社会的发展,我国公路建设和运营规模越来越大,目前建成运营的各级公路里程和高速公路里程已超过美国居世界之首。在国家高速公路路网基本成型后,打通断头路,连接更多欠发达地区已成为高速公路建设的主要阶段目标。高速公路建设因此向山区延伸,保障工程安全的同时需要维护地质环境,预防地质灾害的问题也日趋突出和尖锐,山区公路建设和公路工程地质勘察的理念也悄然发生变化,迅速地从重点考虑工程安全、施工安全的思维方式和角度向与建设维护、保护山区地质环境并重方向转变。本书在上述背景和社会发展条件下,结合山区脆弱的地质环境和公路工程地质勘察特点,由招商局重庆交通科研研究设计院有限公司部分技术人员在总结以往的经验和教训的基础上编写而成,尝试将维护山区地质环境、水环境的理念渗透到公路工程地质勘察各个阶段,评价路线和构筑物建设场地工程地质条件。本书还用较多篇幅论述、介绍了与地质环境安全、水环境安全、防灾、减灾等内容息息相关的地质条件复杂路段勘察、已建公路扩能改建工程勘察、已建公路运营阶段养护勘察等内容,以期为我国山区公路建设中的工程地质勘察作出有益的探讨。

全书共分6章:

第1章　绪　论

本章论述了山区公路工程地质勘察为公路建设进行创造性思维劳动和服务的性质、特点、布置原则、野外工作方法及技术管理的理念,同时,还介绍了山区公路工程地质勘察项目复杂程度的评估方法和编制山区公路勘察纲要遵循的主要原则。

第2章　山区公路路线工程地质勘察

本章介绍了山区复杂、多样工程地质条件对山区公路工程建设和运营安全的影响,山区公路路线勘察各阶段的勘察目的、任务,勘察范围及精度,勘察方法及手段,勘察技术要求及成果内容等。强调了编制山区公路路线勘察纲要的重要性和必要性,以及确立客观、科学的勘察思路,拟定准确的勘察重点、要点,在指导山区公路路线勘察中的作用和意义。

第3章　山区公路构筑物建设场地勘察

本章概述了山区公路路基工程、桥位、隧址、互通工程等各类构筑物建筑场地的特点,勘察各阶段的目的、任务,勘察方法、勘察精度、勘察工作量布置原则、技术要求及成果内容,将山区公路各类构筑物建设场地工程地质评价归纳为:建筑场地稳定性和适宜性评价、地基地质条件评价、施工地质条件评价和兴建构筑物对周边环境影响评价等 4 个主要方面。并根据山区工程地质特点对构筑物建设场地的制约,本章还论述了斜(边)坡坡体地质结构和控制性结构面在路基边坡、支挡工程、桥梁墩台环境、隧道进出口和施工基坑边坡稳定性评价的重要作用和影响,介绍了采用多种手段和方法分段评价特大桥桥位、特殊桥桥塔、拱座、锚碇的方法,强调可溶岩分布地区开展隧址岩溶地质、岩溶水水文地质调查的必要性和建议用隧址勘察收集的地质信息,选取隧道围岩稳定性评价修正系数的意见。

第 4 章 地质条件复杂路段工程地质勘察

本章根据山区公路不良地质问题与地质条件复杂路段地质背景、动力地质特征的密切联系,分别对滑坡路段、崩塌路段、泥石流路段、岩溶路段、岩石风化路段、渗漏路段、水库塌岸路段、矿山采空区路段以及施工阶段大型洞穴路段的形成条件进行了介绍,论述了勘察方法、勘察和评价的重点、难点、技术要求及成果内容。

强调对公路建设、运营安全存在威胁的不良地质现象应在认识地质规律的基础上,运用地质规律指导勘察的方法和布置动态观测的重要性,介绍了初步勘察阶段编制地质病害危害程度分区图,评价不良地质现象或地质病害对公路建设、运营安全的影响方法。

第 5 章 已建公路扩能改建工程勘察

本章介绍了已建公路扩能改建工程勘察,严格按照已建公路扩能改建工程建设项目改建方案、改建标准、实施原则和方式布置勘察的特点,并强调充分利用已建公路建设条件和前人勘察成果开展勘察的方法,提出了已建公路扩能改建工程提高勘察针对性、实效性的建议。

第 6 章 已建公路运营阶段养护勘察

本章针对山区公路运输现代化管理及养护需求,就建立山区公路路网地质病害预防服务平台的方法进行了初步探讨,论述了已建公路运营阶段路基工程、桥位、隧址等地质病害处置勘察的目的、任务、勘察方法、技术要求和成果内容,并对已建严重水患隧道水文地质专项勘察进行了探讨。

本书还对影响施工安全和环境安全的施工边坡变形现象、隧道工程施工地质编录、大型溶洞处置勘察以及弃渣场勘察等进行了介绍。

本章第 1 章由柴贺军、李晓编写;第 3 章 3.2、3.3 和 3.5 节由李晓、唐胜传编写,3.1、3.4、3.6、3.7 节由柴贺军、童第科编写;第 4 章 4.9 节由童第科编写;其他章节及附录由李晓、柴贺军编写。全书由柴贺军统稿。

此外,招商局重庆交通科研研究设计院有限公司李海平、谭玲等参与了本书部分研究,重庆市规划及自然资源局二〇八水文地质工程地质勘察院无偿为本书绘制了全部插图,在此一并致以衷心的感谢。

限于作者水平有限,书中难免存在不足之处,敬请读者批评指正。

编　者
2018 年 8 月

目 录
CONTENTS

第 1 章　绪论/1

    1.1　概述/1

    1.2　山区公路工程地质勘察特点及布置原则/2

    1.3　山区公路工程地质勘察工作方法/6

    1.4　山区公路工程地质条件复杂程度和勘察等级评估方法/10

    1.5　山区公路工程地质勘察纲要编制/13

    1.6　山区公路工程地质勘察的质量控制/15

第 2 章　山区公路路线工程地质勘察/18

    2.1　山区公路的工程地质特点/18

    2.2　山区公路路线勘察方法/18

    2.3　路线各阶段勘察/20

第 3 章　山区公路构筑物建设场地勘察/27

    3.1　路基工程勘察/27

    3.2　路基附属工程勘察/41

    3.3　桥位勘察/54

    3.4　隧址勘察/71

    3.5　互通式立交工程勘察/88

    3.6　服务区、收费站勘察/92

    3.7　弃渣场及沿线筑路材料勘察/97

第 4 章　地质条件复杂路段工程地质勘察/104

    4.1　地质条件复杂路段的勘察思路及方法/104

    4.2　滑坡路段勘察/105

4.3 崩塌路段勘察/114

4.4 泥石流路段勘察/120

4.5 岩溶路段勘察/125

4.6 隧道施工阶段大型溶洞一次性勘察/137

4.7 岩石风化路段勘察/141

4.8 渗漏路段勘察/146

4.9 水库塌岸路段勘察/150

4.10 矿山采空区路段勘察/157

第5章 已建公路扩能改建工程勘察/163

5.1 扩能改建工程勘察方法/163

5.2 扩能改建工程路线和构筑物建设场地勘察/165

5.3 扩能改建工程两阶段勘察/167

第6章 已建公路运营阶段养护勘察/168

6.1 已建公路运营阶段路线养护勘察方法/168

6.2 路基工程的地质病害处置勘察/169

6.3 桥位区地质灾害处置勘察/174

6.4 隧道工程地质病害处置勘察/174

附录1 公路工程地质测绘野外地质现象观测、描述内容/185

附录2 工程地质岩组划分方法/192

附录3 山区公路工程地质勘察成果/201

附录4 隧道工程施工地质编录卡/206

附录5 山区公路工程地质勘察常用图例/209

参考文献/232

第1章 绪 论

1.1 概 述

我国幅员辽阔,拥有众多地质地貌单元和气候带,是全球地质地貌环境最复杂的国家之一。公路工程穿越以上区域及地下一定深度时,受地质地貌环境影响明显,常常遭遇各种挑战。为克服、减少公路建设中的风险和隐患,达到公路工程建设项目经济合理、技术科学的目标,有必要在公路工程建设项目论证、决策、实施各阶段开展工程地质勘察,这一工作目前已受到各级管理部门、勘察设计和施工单位的高度重视。

公路工程地质勘察是为了满足公路工程设计、施工、特殊性岩土和不良地质处置的需要,采用各种勘察技术、方法,对建设场地工程地质条件进行综合调查、研究、分析、评价以及编制工程地质报告的全过程。

它需要通过收集并分析前人勘察成果,掌握路线布设地段的地质背景,对影响公路工程建设的工程地质条件和问题开展系统的工程地质测绘,有侧重地运用工程地质勘探、原位测试、室内试验、动态观测以及地质学、地球物理学、地球化学、数学地质方法、遥感技术、测试技术、计算机技术等手段,提取地质依据和参数,论证、评价公路路线和各类构筑物布设地段工程地质环境等建设条件的适宜性、建设公路工程对环境的影响等,为公路工程建设项目规划、决策、实施,为合理利用国土资源、维护地质环境安全、预防地质灾害进行的创造性思维劳动和服务。它兴于 20 世纪 80 年代我国大规模兴建高速公路和改扩建各种等级公路的时期,它的兴起和发展在我国公路工程建设中起到了应有的作用和影响。经过我国公路工程地质勘察工作者和公路工程建设者的不懈努力,30 年来,我国新建和改建的各种等级公路工程的总里程达 450 余万 km,高速公路里程已达 130 000 km,超过美国成为世界第一,还包括每年完成的数以百计的跨江、跨海大桥及江底和海底隧道工程,令世人瞩目,我国公路工程地质勘察的能力和水平也取得了长足的进步。

我国多山地,是近现代地质营力最活跃的区域之一,具有复杂而独特的工程地质特点。山区公路工程地质勘察是为了适应山区特点而开展的公路工程地质勘察。

我国山区公路工程地质勘察者在公路工程勘察、设计和施工实践中不断学习,吸收国内外各行业工程地质勘察的先进理念,积累了丰富的经验,但面对我国社会经济建设迅速发展的需要和山区复杂的地质地貌环境,我国山区公路工程地质勘察者还有很长的路要走。

1.2 山区公路工程地质勘察特点及布置原则

山区公路工程建设项目常受复杂多样的地质地貌环境制约,在规划、设计和实施过程中,需要分阶段开展公路工程地质勘察,运用"认识论"方法和工程地质分析原理,由浅入深、由表及里、由此及彼地研究认识地质规律,评价山区公路工程的建设条件,为公路工程各阶段编制设计文件服务。根据公路工程设计规律和《公路工程基本建设管理办法》规定,公路工程地质勘察应与设计一致分阶段进行。山区公路工程地质勘察在分阶段勘察和服务中形成了自身的特点和勘察布置原则。

1.2.1 遵循设计规律,分阶段勘察和服务

根据公路工程设计规律和《公路工程基本建设管理办法》规定,公路工程建设阶段工程地质勘察一般分为工程可行性研究阶段的工程地质勘察(简称"工可勘察")、初步设计阶段的初步工程地质勘察(简称"初步勘察")、施工图设计阶段的详细工程地质勘察(简称"详细勘察")、施工阶段补充工程地质勘察(简称"施工补充勘察")4个阶段。各个设计阶段都有特定的勘察评价内容和服务目标(表1.1)。勘察各阶段的评价内容既有侧重性和独立性,又相互联系和相互支持,是一个整体。

表1.1 山区公路工程设计各阶段工程地质勘察服务目标

设计各阶段勘察简称	工可勘察	初步勘察	详细勘察	施工补充勘察	已建公路扩能改建工程勘察	已建公路养护工程勘察
服务目标	收集、利用前人成果,评价规划公路工程建设的技术可行性、经济合理性,选择路线走廊,为编制工程可行性研究报告提供地质依据	以工程地质测绘为主,初步查明路线走廊各方案地质环境的适宜性,避免存在颠覆性地质问题,为选定路线方案服务	对审定路线方案及各类构筑物开展综合勘察,定量评价拟建场地的工程地质条件及问题,为施工图设计提供必备的地质依据和参数	针对施工揭露、发现的地质现象和问题,布设有侧重的勘探、试验,动态观测,直接为变更设计提供地质依据和参数	为已建公路扩能改建工程设计服务	为已建公路运营阶段地质病害处置设计服务

山区公路工程建成后的已建公路扩能改建工程勘察和养护工程勘察,在不同设计阶段也有特定的勘察评价内容和为设计服务的目标,它们既独立,又有不可分割的内在联系,按设计规律分阶段布置勘察和服务是山区公路工程地质勘察项目的重要特点。

1.2.2 尊重自然，强调维护工程和环境安全

为满足公路工程建设项目各阶段的设计需要,山区公路工程地质勘察需结合设计阶段的特点,有的放矢地开展勘察。工程可行性研究阶段工程地质勘察以研究区域地质背景对路线方案的影响为特征;初步设计阶段工程地质勘察则重点勘察评价路线及各类构筑物布设地段工程地质条件的适宜性,避免遭遇颠覆性的地质问题;施工图设计阶段工程地质勘察需开展综合勘察,定量评价路线及各类构筑物拟建场地的工程地质条件,为施工图设计提供必备的地质依据和参数,保障工程施工安全和运营安全。

实践中,山区公路工程地质勘察为保障工程安全,勘察各阶段评价重点和内容普遍发生了深刻变化和转移,其中勘察评价重点的关注程度变化最大、最显著(表1.2)。该现象全面反映出山区公路工程地质勘察评价对象和内容随设计阶段推进,一步步更贴近山区公路工程建设实际和设计需要,研究、评价内容已超越了传统的地质学范畴,并普遍向建筑学、环境科学等诸多领域发生了渗透和扩展。山区公路工程地质勘察在为公路工程建设项目服务中不断获得进步和发展,而尊重自然、认识地质规律、合理利用地质规律、维护工程安全和环境安全是山区公路工程地质勘察的目标。

表 1.2　山区公路工程地质勘察对各阶段评价重点的关注程度

关注对象	勘察阶段			
	工可勘察	初步勘察	详细勘察	施工补充勘察
区域地质地貌背景	☆☆☆☆☆	☆☆☆	☆	
微地形地貌、山体构造及坡体地质结构	☆☆	☆☆☆	☆☆☆☆☆	☆☆
水文地质与水环境	☆☆☆	☆☆☆☆	☆☆☆☆	☆☆☆☆☆
岩土体性质及地基条件	☆☆	☆☆☆☆	☆☆☆☆☆	☆☆☆☆☆
不良地质现象	☆☆☆☆	☆☆☆☆☆	☆☆☆☆	☆☆☆
大型工程相互干扰	☆☆☆☆	☆☆☆☆	☆☆☆	☆
工程建设对环境的不良影响	☆☆☆☆☆	☆☆☆☆	☆☆☆☆	☆☆☆☆

注:表中☆越多,则勘察中关注度越高。

1.2.3 各级公路工程地质勘察执行相同的勘察标准

各级山区公路穿越各种气候带和复杂、多样的地质地貌环境,都需要对影响路线走向、建设方案的特大桥、特殊桥、特长隧道、枢纽互通工程和地质条件复杂路段投入较多的勘察工作量进行勘察评价,保障选定的路线方案、构筑物建设场地最理想。同时,根据线形工程特点,还要"面面俱到"地对路基工程、中小桥桥位等一般构筑物或配套构筑物建设场地进行必要的勘察控制,避免不良地质问题、地质灾害等引起"牵一发而动全身"的影响和危害。

由于山区公路工程建设的地质地貌环境特点,危害、威胁山区公路安全的不良地质问题和地质病害普遍具有高度的一致性,不同设计标准的各级山区公路需要严格执

行相同的勘察标准、规程和规范,按相同的勘察精度、勘察控制范围开展勘察,用同样的深度、广度内容评价山区公路路线及构筑物建设场地的工程地质条件和问题,以避免不良地质问题和地质病害对山区公路建设、营运的影响,执行相同的勘察标准是山区公路工程地质勘察遵循的又一基本原则。

1.2.4 前人勘察成果是公路工程地质勘察的基础

根据公路路网规划,公路工程建设项目常常面临山区陌生、复杂地质地貌环境和地质问题的挑战。山区公路工程建设阶段工程地质勘察需要较全面、系统地收集、熟悉项目区的前人地勘成果,以便准确掌握路线勘察、设计的重点和难点,建立客观、正确的勘察技术思路,合理选择勘察方法和拟定勘探工作量布置原则,并在实践中利用前人成果探明的区域地质、地形地貌、水文地质和工程地质成果结论来指导山区公路工程地质勘察。收集、熟悉前人地勘成果在公路工程地质勘察中具有十分重要的地位。

已建公路扩能改建工程勘察除了需要关注改造方案、建设原则、设计标准外,还要利用既有公路稳定、有利的地质地貌条件来研究、分析公路工程建设阶段地勘成果及结论,为扩能改建工程勘察选择适宜的勘察方式、方法和勘探手段,确定适宜的勘察工作量。已建公路运营阶段养护勘察更离不开利用建设阶段的地勘成果来建立路网地质环境空间模型、地质病害识别模型,探索、分析地质病害的发生条件和机制,为处置地质病害提供依据。前人地勘成果是山区公路工程地质勘察的基础,山区公路工程地质勘察应高度重视前人地勘成果的收集和利用。

1.2.5 工程地质测绘质量决定勘察工作水平

工程地质测绘是勘察技术人员验证前人地勘成果,认识、掌握地质现象共性、个性、差异、问题和规律的主要方法。它不仅是整个勘察行为的起点、直接取得勘察成果的手段,还是勘察人员建立项目整体认识、选择勘察方法、布置勘探工作量的依据。工程地质测绘极大地影响了勘察项目的顺利进行和勘察项目的水平。因此,工程地质测绘与勘察项目具有"身长则影长、身短则影短"的因果关系,工程地质测绘是勘察项目不能节省的"沉没成本"。为达到各阶段勘察的服务目标及勘察阶段评价内容的深度和广度,各勘察阶段的工程地质测绘需要选择适宜的测量精度(表1.3)。

表1.3 山区公路勘察各阶段工程地质调查及测量精度选择表

勘察阶段	工可勘察	初步勘察	详细勘察	已建公路扩能改建工程和养护工程勘察
适宜的测绘、调查精度或比例尺	①路线走廊工程地质调绘 1:10 000~1:50 000;②桥隧等控制性工程,工程地质图调绘1:2 000~1:10 000	①路线工程地质测绘和工程地质纵断面测量精度1:2 000;②路基工程地质横断面测量精度1:500;③特大桥、特殊桥桥塔、高墩拱座、锚碇工程地质横断面测量精度1:500;④特长、长隧道工程地质横断面测量精度1:500或1:1 000	①路线工程地质测绘和纵断面测量精度1:2 000;②路基工程每段应有工程地质横断面1或2条,测量精度1:500;③桥梁墩、台每个应有工程地质横断面1或2条,测量精度1:200或1:500;④隧道横断面测量精度1:200或1:500	分别满足两阶段设计规定的工程地质测量精度要求,其中地质病害处置勘察还需根据实际情况提高精度、增加断面测量长度和断面数量

山区公路工程地质勘察除应严格执行国家颁发的标准、规范中关于工程地质测绘的观测点数量、密度及填图、成图单元规定外,公路工程地质勘察测绘中绘制的工程地质横断面数量与密度往往也是衡量勘察成果和服务质量的主要指标。

1.2.6 因地制宜选择勘察手段和方法

山区公路工程建设项目需要布置各种公路构筑物,勘察除了重视研究、评价山区地质地貌条件的不利影响外,还需要针对各种构筑物的特点,以及构筑物对工程地质条件的要求,选择操作性强、实效性好的勘察方法和手段。随着山区公路工程地质勘察阶段的推进,勘察方法也需要以工可阶段的收集、利用前人地勘成果为主,逐渐转变为工程地质测绘、物探、钻探、采样试验、动态观测等构成的综合勘探方法(表1.4)。根据勘察阶段、构筑物特点和勘探工程的施工工作条件,因地制宜地选择、运用不同的勘察方法和手段是山区公路工程地质勘察实践需要和应遵循的又一原则,也是山区公路工程地质勘察的特点之一。

表1.4 山区公路工程地质勘察各阶段的勘察方法适宜性表

勘察方法	工可勘察	初步勘察	详细勘察	施工补充勘察	已建公路扩能改建工程勘察	已建公路养护工程勘察
收集前人成果	☆☆☆☆☆	☆☆☆	☆	☆	☆☆☆☆☆	☆☆☆☆☆
工程地质测绘	☆☆☆	☆☆☆☆☆	☆☆☆☆☆	☆☆☆☆☆	☆☆☆☆☆	☆☆☆☆☆
勘探工程	☆	☆☆☆☆☆	☆☆☆☆☆	☆☆☆☆☆	☆☆☆☆☆	☆☆☆
采样试验	☆	☆☆☆☆☆	☆☆☆☆☆	☆☆☆☆☆	☆☆☆☆☆	☆☆☆☆☆
现场试验	☆	☆☆☆☆☆	☆☆☆☆☆	☆☆☆☆☆	☆☆☆	☆
物探工作	☆	☆☆☆☆☆	☆☆☆	☆	☆☆☆	
动态观测		☆☆☆	☆☆☆☆☆	☆☆☆☆☆	☆☆☆	☆☆☆☆☆

注:表中☆越多,作为勘察方法的适用性就越高。

1.2.7 划分工程地质岩组是工程地质勘察研究岩土体的重要方法

地表及以下一定深度的岩土体是山区公路各类构筑物的载体,也是各类构筑物的建设条件和环境。随着工程地质勘察的进步和发展,工程地质勘察早期评价的岩土体岩性、构造、结构、成分等地层学、岩石学、构造学等内容已不能满足工程地质勘察评价深度的需要,已逐渐转变到遵循工程地质分析原理和方法,评价与工程建设条件关系密切的岩土体工程地质性质和稳定性等领域。紧密结合影响工程地质条件最普遍、关系最密切的地质因素(如岩体强度、完整性、均一性、渗透性、可溶性和抗风化程度),土体的成因类型、粒度、级配、孔隙比、膨胀性、压缩性、渗透性、含盐量、含水量等,来划分工程地质岩组,定量评价岩土体的工程地质特征、性质、稳定性。岩组划分成为工程地质勘察评价岩土体工程地质特征、性质及影响的重要成果。如可溶岩出露区根据可溶岩溶解性、岩溶化程度划分工程地质岩组,评价岩体的完整性、均一性及对工程建设条件的影响等;而花岗岩等结晶岩分布区划分岩体工程地质岩组,评价全、强风化岩体的特征、性质及稳定性等都具有普遍的工程地质意义和价值。划分工程地质岩组是研究岩土体工程地质性质及其对构筑物建设条件影响的重要方法。

1.2.8 山区公路工程地质信息现代化管理的宝贵资源

通过建设阶段的工可研究勘察、工程地质初步勘察和详细勘察,不断积累路线区的工程地质信息,逐渐形成了山区公路地质环境和建设条件的信息链、认识链,它用于已建公路扩能改建工程勘察、设计和已建公路运营养护工程勘察,又得到了普遍验证和完善。这些工程地质信息链、认识链是山区公路工程地质信息化管理的宝贵资源。

1.3 山区公路工程地质勘察工作方法

山区公路工程地质勘察方法主要有工程地质测绘、工程地质物探、工程地质钻探、室内试验、现场试验等。

1.3.1 工程地质测绘

工程地质测绘是勘察一线人员认识、掌握山区公路线路工程地质条件的野外实践,是进行创造性思维劳动的基础,也是工程地质勘察布置勘探工程的依据。工程地质测绘的质量直接影响勘察工作的整体质量和成败。工程地质测绘在山区公路工程地质勘察中起主导作用。工程地质测绘应遵循一定的原则。

①充分收集、掌握前人工作成果,了解、熟悉区域地质背景、地层层序、水环境、岩土工程地质特征、近代主要动力地质现象,有利于有的放矢地开展工作。

②严格按照规范要求,布置工程地质测绘和工程地质纵横断面测量,开展各类地质现象定点和工程地质要素描述。

③根据路段工程地质条件的复杂程度,确定适宜的填图单元,保障工程地质测绘成果能真实、客观地反映勘察路段工程地质特点和问题。

工程地质测绘定点描述的内容和关注重点应紧密结合勘察阶段的评价目的及深度,不同勘察阶段工程地质测绘的侧重点不同,见表1.5。

表 1.5　山区公路各勘察阶段工程地质测绘侧重点

勘察阶段	工可阶段	初勘阶段	详勘阶段	施工、营运阶段
地质要素记录侧重/%	80～90	50～80	10～50	<10
结合构筑物拟建场地的比重/%	10～20	20～50	50～90	90～100

1.3.2 遥感图像解译

遥感图像解译可帮助一线人员开阔视野,了解、掌握勘察区的地质地貌背景、工程地质整体特征。遥感图像多用于工程可行性研究阶段和初步勘察阶段。

开展航空、航天遥感图像解译,应遵循收集前人勘察成果、野外踏勘、建立解译标志、分析解译成果、实地验证、复判等遥感图像解译工作程序。

建立工程地质内容解译标志的具体方法为:

①利用铁路、公路干线、高压输电线网、燃气管网、水坝、水库、矿山、人口聚居区的线型几何图形建立解译标志。

②利用不同时段阳光入射角变化建立岩层产状、软质岩和硬质岩出露特征、岩溶景观、陡崖、卸荷带等地形地质解译标志。

③利用第四系堆积层反差强、色调浅、图像特征丰富等特点建立各类土体及不良地质现象的解译标志。

④利用线型构造与地表水系发育特征,建立活动性断裂、裂隙密集带、卸荷裂隙、岩石风化深槽、强岩溶化岩体的解译标志。

1.3.3 工程地质钻探

工程地质钻探广泛用于揭露地表以下地层及地质现象,是验证工程地质测绘成果和开展采样试验的主要手段。

工程地质钻探应遵循的原则如下:

①为达到揭露、控制各类地质现象的最佳效果,勘探钻孔应按勘探线、勘探网布设。

②施工前应编制钻孔地质设计书,明确钻探目的、钻孔位置、钻孔孔深、采样及试验段位置、施工安全措施等。对地质条件复杂的深孔,还应编制钻探设计书。

③钻孔设计深度应紧密结合结构物特点、地基地质条件评价和稳定性评价等。

④施工中样品采集的数量、层位、孔深等应进行专门设计或计划。

⑤现场编录应系统记录地层时代、叠置关系、岩层分层孔深和高程、岩石风化带分层孔深和高程、岩土体岩性和构造、水文地质现象、采样及各种试验段孔深及高程、地下水和初见水位及终孔稳定水位的孔深及高程,编绘岩芯采取率直方图、RQD 直方图、钻孔结构图、声波测井曲线图,以及触探、标贯勘察现场试验的孔段、锤击数等山区公路工程地质勘察的内容。

⑥钻孔施工位置应以施工结束的定测位置为准。

1.3.4 轻型勘探工程

轻型勘探工程是勘察中采用的螺纹钻、洛阳铲、槽探、坑探等简单易行的方法,广泛用于山区公路工程地质勘察揭露深度、厚度有限的土体、软弱夹层等。

1.3.5 地球物理勘探

地球物理勘探是工程地质勘探的手段之一,它具有探测深度大、控制范围广等特点。它需要工程地质测绘、钻探成果作依据,综合分析才能达到合理的解释效果。山区复杂地形条件对物探精度有较大影响,选择物探方法时需要考虑野外工作环境的适宜性。

1.3.6 采样试验及现场测试

岩土体采样试验、现场测试是工程地质勘察评价岩土体工程地质特征和性质的重要手段,应遵循以下原则:

1)紧密结合勘察评价目的,布置采样试验和现场测试工作

初步勘察阶段原则上要求勘察评价所涉及的主要地层层位的各种岩土体都有采样试验成果或现场试验成果。

详细勘察阶段则强调采样试验成果和现场试验成果的数量必须满足地基评价、稳定性评价,以及治理工程设计的需要。

2)岩样试验

结合勘察实践,岩样试验项目主要是试件的物理性质指标和单轴干、湿抗压强度试验等,见表1.6。

表1.6 山区公路工程地质勘察岩样试验主要项目表

构筑物拟建场地类型	测试项目								
	密度 ρ /(g·cm^{-3})	颗粒密度 ρ_s /(g·cm^{-3})	吸水率 W/%	抗压强度		抗剪强度 τ/MPa	三轴抗压试验 σ/MPa	弹性波波速	
				干 R /MPa	湿 R_c /MPa			岩块 V /(km·s^{-1})	岩体 V /(km·s^{-1})
路基工程、中小桥位、服务区等	+	+	+	+	+	+	+	+	+
大跨度桥塔墩、锚碇、拱桥等	+	+	+	+	+	+	+	+	+
隧址	+	+	+	+	+	+	+	+	+
高边坡	+	+	+	+	+	+	+	+	+

注:①"+"号为构筑物地基地质条件评价、地质环境稳定性评价应做项目;

②软岩应视岩性、成分、亲水性等增加膨胀性指标、耐冻系数以及矿物鉴定、化学成分分析等项目;

③为满足增加项目测试的需要,应适当增加采样数量。

3)土样试验

山区公路工程地质勘察中应有一定数量和比例的土体试验工作量。土体试验测试项目见表1.7。

表 1.7　土体试验测试项目

试验项目		土体类别						
		黏性土	粉土	砂土	软土	膨胀土	黄土	盐渍土
天然含水率		+	+	+	+	+	+	+
天然密度		+	+	+	+	+	+	+
颗粒密度		+	+	+	+	+	+	+
天然孔隙比		+	+		+	+	+	+
饱和度				+				
液限		+	+		+	+	+	+
塑限		+	+		+	+	+	+
塑性指数		+	+		+	+	+	+
液性指数			+		+	+	+	+
颗粒分析			+	+		（+）		（+）
压缩系数	垂直	（+）	（+）		+			
	水平				+			
抗剪试验	快剪	（+）	（+）		+	（+）	+	
	慢剪				+			
	反复剪	（+）	（+）					
三轴剪试验	不固结不排水 UU	（+）	（+）		+	（+）	+	
	固结不排水 Cu	（+）	（+）		+			
	固结排水 CD			+				

注：①有"+"号者应作为测试的项目,有括号者视项目需要选用。

②软土应视项目要求做固结系数、无测限抗压强度、灵敏度、有机质含量测试。

③膨胀土应视项目要求做崩解性、可溶盐含量、土化安全分析、黏土矿物分析、膨胀土判别指标及收缩试验等。

④黄土应做湿陷性试验和中、难溶盐含量测试。

⑤高寒低温地区样品采集应结合当地经验采集样品、保护样品和试验。

4）水样试验

①水样一律现场采集原水,灌装原水前容器应用原水清洗 4 次。

②容器为洁净、未污染的玻璃磨口瓶或聚酯瓶。

③承检单位必须是有相关资质的实验室。

1.3.7 水文地质试验

水文地质试验是提取岩土体渗透性等水文地质参数的主要方法,除钻孔水文地质抽水试验外,也可采用民井抽水试验、钻孔压水试验、注水试验等方法。

水文地质试验应遵循的主要原则如下:

①透水性强的岩土含水层,需要选用3个落程或最大泵量的单孔、群孔水文地质抽水试验以及分层水文地质抽水试验。

②地下水水位埋深大、钻孔水头不起压或岩土体渗透性很小时,可选择钻孔压水试验、注水试验、提桶抽水试验等方法提取岩土体渗透系数。

③试验钻孔施工应有完整的提钻后、下钻前的孔内地下水水位观测记录。

④抽水试验结束后,应进行地下水恢复水位观测,复核、验证地下水在岩土体中的水压、富水性等水文地质特点。

⑤获取岩土体渗透性指标后,应进行岩土体渗透性分级,以满足水文地质、工程地质条件评价需要,见表1.8。

表1.8 渗透性分级表

渗透性等级	水文地质试验成果及分级标准	
	渗透系数 $K/(\mathrm{cm} \cdot \mathrm{s}^{-1})$	透水率 $q/\%$
极微透水	$K < 10^{-6}$	$q < 0.1$
微透水	$10^{-6} \leqslant K < 10^{-5}$	$0.1 \leqslant q < 1$
弱透水	$10^{-5} \leqslant K < 10^{-4}$	$1 \leqslant q < 10$
中等透水	$10^{-4} \leqslant K < 10^{-2}$	$10 \leqslant q < 100$
强透水	$10^{-2} \leqslant K < 1$	$q \geqslant 100$
极强透水	$K \geqslant 1$	

1.4 山区公路工程地质条件复杂程度和勘察等级评估方法

1.4.1 山区公路工程地质条件复杂程度评估

为准确把握勘察的重点和难点,确立勘察思路、勘察目的,科学合理地选择勘察方法,拟定勘探工作量布置原则,勘察前可开展公路工程建设项目工程地质条件复杂程度评估。

1)影响山区公路工程地质条件复杂程度的主要因素

根据山区地质地貌特点,主要选用影响山区公路工程地质条件复杂程度的地形地貌条件、区域地质背景、岩土体工程地质特征、区域水文地质环境、不良地质现象及影响、地震地质背景、施工地质条件与筑路材料、与重要工程的空间关系及影响8个方面进行工程地质条件复杂程度评估,见表1.9。

表 1.9 山区公路工程地质条件复杂程度评估表

序号	影响因素类别	因素影响指数		
		简单(0.5)	中等(1.0)	复杂(2.0)
1	地形地貌条件	无大江、大河切割的平原、浅丘等单一地貌单元。地形起伏有限,相对高差小于50 m,地形坡角小于15°	地形地貌简单的低山、丘陵区,地形相对复杂,相对高差为50～500 m。地形坡角为15°～30°	跨多个地貌单元,以深切割丘陵山区为主。多高陡斜坡地形破碎,相对高差大于500 m,地形坡角大于30°
2	区域地质背景	区域地质环境稳定,地质构造简单,断裂构造不发育。涉及地层层位少,岩性单一	区域地质环境相对稳定。地处同一地质构造单元,褶皱断裂发育。涉及地层层位多,岩性较复杂	地质构造运动相对活动带跨多个地质构造单元。褶皱发育,断裂宏大或具活动性。地层岩性复杂,特殊岩层多
3	岩土体工程地质特征	岩土体工程地质类型单一的非可溶性岩土出露区。特殊岩土体种类少,出露情况清楚	岩土体工程地质类型和特殊性岩土体种类相对较多。岩石风化普遍,类型多。可溶岩岩溶发育,规律相对较简单	岩土体工程地质类型多。软夹层等特殊性岩土体的岩性、岩相、厚度、分布复杂、变化大。可溶岩岩溶发育。岩石风化复杂。断裂带及影响带宏大。土体存在湿陷性、膨胀性、盐渍、污染等问题
4	区域水文地质环境	相对隔水层大范围出露。含水层规模有限,地下水类型单一	以相对隔水层出露为主。含水层出露规律简单,地下水类型少,无岩溶水影响	可溶岩岩溶发育,强岩化含水层广泛出露、数量多、变化复杂。发育有导水断裂构造,影响大。地下水丰富
5	不良地质现象及影响	不良地质现象少见,类型单一,规模小	不良地质现象类型少,规模有限。多数与人类工程活动诱发关系密切。局部构成环境地质问题	不良地质现象及地质灾害易发区、群发区。类型复杂、规模大,威胁人民生命财产安全、工程安全和环境安全的程度严重
6	地震地质背景	地震基本烈度小于或等于Ⅵ度的稳定地段	地震基本烈度为Ⅶ度。有历史地震遗迹不利影响的地段	地震基本烈度Ⅷ度或大于Ⅷ度。历史地震遗迹多的欠稳定危险地段

续表

序号	影响因素类别	因素影响指数		
		简单(0.5)	中等(1.0)	复杂(2.0)
7	施工地质条件与筑路材料	干扰因素少,施工方便。60%以上筑路材料可沿线及附近就地取材	有基坑稳定问题和地下水影响。30%~60%筑路材料可沿线及附近就地取材	施工地质条件复杂,水下工程多。几乎所有筑路材料都要依靠外运解决
8	与重要工程的空间关系及影响	与高铁、铁路干线、高压电网、通信线缆、燃气管等重要性、安全性等级高的大型工程间相互无干扰	与高铁、铁路干线、高压电网、通信线缆、燃气管等重要性、安全等级高的大型工程存在局部影响	与高铁、铁路干线、高压电网、通信线缆、燃气管等重要性、安全等级高的大型工程存在相互干扰问题

2)山区公路工程建设项目工程地质条件复杂程度评估方法

(1)山区公路工程建设项目路段工程地质条件复杂程度评估

山区公路工程建设项目路段工程地质条件的复杂程度取决于复杂路段的数量和占路线总长度的比例,评估时往往从路段工程地质条件复杂程度开始。开展山区公路路段工程地质条件复杂程度评估时,由于山区地形、地貌是地质环境中各地质要素综合作用的产物,是影响山区公路工程建设项目建设条件最突出的因素,所以应先按路段地形地貌条件的显著差异进行分段,再根据各段工程地质条件复杂程度影响因素(表1.9)提取因素影响指数,各项指数之和可得复杂程度指数 SDV,根据表1.10,评估各路段工程地质条件的复杂程度。

表1.10　山区公路工程建设项目路段工程地质条件复杂程度评估表

复杂程度指数 SDV	<6	6~8	>8
路段工程地质条件复杂程度	简单路段(Ⅲ级)	较复杂路段(Ⅱ级)	复杂路段(Ⅰ级)

(2)山区公路工程建设项目工程地质条件复杂程度评估

山区公路工程建设项目工程地质条件复杂程度主要根据项目中复杂路段长度占项目总长度的比例来评估,根据复杂路段长度占项目总长度的百分数,将山区公路工程建设项目工程地质条件划分为复杂项目、较复杂项目和一般项目,见表1.11。

表1.11　山区公路工程建设项目工程地质条件分级表

复杂路段长度占项目总长度的百分数/%	>50	30~50	<30
公路工程建设项目工程地质条件复杂程度	复杂项目	较复杂项目	一般项目

1.4.2　山区公路工程建设项目勘察等级评估

1）山区公路工程建设项目的重要性和安全等级

根据山区公路工程建设项目的重要性和安全性,可将山区公路工程建设项目分为重要工程、较重要工程、一般工程和对应的一、二、三级 3 个安全等级,见表 1.12。

表 1.12　山区公路工程建设项目的重要性和安全等级表

山区公路工程建设项目的重要性和安全等级	山区公路工程建设项目	发生灾害的后果
重要工程（安全等级一级）	高速公路、一级公路、市政道路、水下工程;长 500 m 以上隧道;跨径大于 40 m 的拱桥,跨径大于 200 m 的梁桥、钢箱拱桥、钢桁桥、钢管混凝土桥、斜拉桥、悬索桥等;墩高、桥高超过 100 m 的桥梁;市政桥梁、隧道、互通式立交;大型地质病害治理工程	很严重
较重要工程（安全等级二级）	二级、三级区县公路及配套的中小桥、短隧道。中小型地质病害处置工程	严重
一般工程（安全等级三级）	二级、三级以下村乡公路及配套的小桥、隧道等工程。小型地质病害处置工程	有限

2）山区公路工程建设项目工程地质勘察等级

根据山区公路工程建设项目的重要性、安全等级和工程地质条件复杂程度,山区公路工程建设项目工程地质勘察等级可分为甲级、乙级、丙级 3 级,见表 1.13。

表 1.13　山区公路工程地质勘察等级表

工程重要性等级	项目工程地质条件		
	复杂	较复杂	简单
重要工程（安全等级一级）	甲级	甲级	乙级
较重要工程（安全等级二级）	甲级	乙级	丙级
一般工程（安全等级三级）	乙级	丙级	丙级

1.5　山区公路工程地质勘察纲要编制

为保障山区公路工程地质勘察有序、健康、安全进行和使勘察工作质量、成果质量、服务质量达到最佳效果,山区公路工程建设项目设计各阶段的路线勘察、特大桥和特殊桥桥位勘察、长隧道和特长隧道隧址勘察、枢纽互通工程建设场地勘察、地质条件复杂路段和地质病害勘察、已建公路扩能改建工程勘察和养护工程勘察等都需要编制勘察纲要,以指导勘察工作。

1.5.1　山区公路工程地质勘察纲要遵循的原则

1）确立正确的勘察技术思路

公路工程建设项目在穿越山区复杂多样的地质地貌环境时,工程地质勘察需要确立勘察技术思想或思路,高屋建瓴、有的放矢地拟定勘察目的和任务,选择适宜的勘察方法和手段,布置与设计阶段相匹配的勘探工作量,实现为设计服务的勘察目标。因此,确立正确的勘查技术思路成为编制山区公路工程地质勘察纲要不可或缺的环节。

2）执行现行标准、规范

我国公路建设在长期实践中形成了一整套勘察和设计的标准、规范,是成熟经验的总结,是指导勘察、设计实践的依据,具有普遍的严肃性、权威性。编制山区公路工程地质勘察纲要遵循现行标准、规范,以指导和规范勘察行为,达到提纲挈领、有计划、分主次地实现勘察目标的目的。山区公路工程地质勘察纲要的内容及要求应是执行现行标准、规范的模范。

3）目的明确,有针对性

公路工程建设项目设计各阶段无论是路线选线的工程地质勘察,还是构筑物建设场地勘察,都有特定的任务和目标。为了保障勘察成果对设计的支持,勘察纲要需根据设计阶段的目的和要求,有针对性地布置工程地质勘察,选择适宜的勘探方法和勘探工作量,拟定相匹配的成果内容要求及服务内容,以满足设计的需要,即各阶段编制的山区公路工程地质勘察纲要应具有针对性。

4）既强调全面控制,又突出重点

山区公路工程建设项目点多、线长、构筑物种类复杂、建设场地普遍受地质地貌因素制约,因此山区公路工程地质勘察纲要应根据公路工程线性工程特征和规律,编制技术要求,指导路线和构筑物建设场地布置勘察工作量和评价工作;同时,勘察纲要还需要从总体设计要求出发,利用专门章节论述勘察重点,指导控制性工程建设场地和复杂路段勘察评价,以便在全面控制和评价路线工程地质条件基础上突出勘察重点,保证勘察成果质量。

1.5.2　山区公路工程地质勘察纲要的构件及编制程序

1）山区公路工程地质勘察纲要的主要构件

①山区公路工程地质勘察纲要文本;

②1:2 000 路线勘察工作量布置图;

③1:500～1:1 000 控制性工程勘探工程布置图;

④1:500～1:1 000 复杂路段勘探工程布置图;

⑤勘探、采样、试验技术要求一览表;

⑥钻探工程、简易勘探、水文地质试验及土工现场试验设计书;

⑦深孔、超深孔钻探施工工艺设计书。

为阐明勘察的目的、任务,勘察的地质背景、工程地质条件和问题,指导勘察顺利进行,勘察纲要需要编制以下章节:

①工程概况；

②工程地质条件及问题；

③勘察的重点、难点及勘察思路；

④勘察工作量布置原则及技术要求；

⑤控制性工程、大型重要构筑物建设场地及复杂路段勘察方法及投入的勘探工作量；

⑥项目预期工作量、勘察进度及工期；

⑦预期成果内容及要求；

⑧勘察保障措施。

2）山区公路工程地质勘察纲要的编制程序

山区公路工程地质勘察纲要应在全面掌握公路工程建设项目的规划方案、建设原则、技术标准、工程规模、设计阶段、地质背景、工程地质条件复杂程度，客观分析勘察重点和难点，确立科学的勘察技术思路条件下开展编制工作，编制程序如图 1.1 所示。

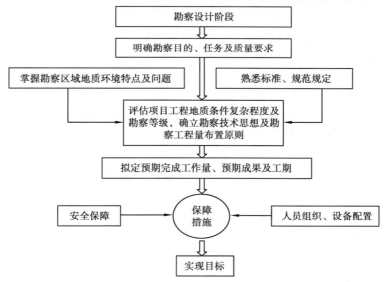

图 1.1 山区公路工程地质勘察纲要编制程序图

1.6 山区公路工程地质勘察的质量控制

工程地质勘察野外和室内工作应推行勘察全过程的质量管理和控制。除坚持野外地质资料边收集、边复核、边分析、及时整理等常规要求外，编制山区公路工程地质勘察纲要、组织野外勘察资料验收和成果审查是保障勘察质量不可或缺的环节。

1.6.1 山区公路工程地质勘察纲要质量要求

山区公路工程地质勘察纲要是勘察合同的重要附件和补充，是勘察单位对勘察工作质量、勘察成果质量和服务质量等方面的承诺，也是勘察单位根据勘察阶段、勘察目的、地质条件拟定的工作计划。山区公路工程地质勘察纲要经建设主管部门（业主）组织审查批准后,成为对建设主管部门(业主)、勘察单位、勘察监理单位等都有约束力的技术文件。

山区公路工程地质勘察纲要应达到的目标:

①有明确的勘察目的、任务和勘察成果质量标准;

②勘察重点、难点判断准确,勘察思路清晰,勘察工作量布置原则合理;

③评价方法合理,成果表达方式及内容有针对性,满足设计要求;

④勘察项目技术力量、设备投入计划、质量保障措施能满足勘察需要。

1.6.2 野外资料验收

工程地质勘察各阶段除及时开展例行的技术指导和质量检查外,野外工程量基本完成前应进行野外资料及成果整理,组织野外资料和中间成果验收,检查勘察纲要的执行情况;检查野外勘察资料及成果的真实性、完整性和准确性;检查野外勘察成果有无重大缺漏;检查勘察项目各道工序完成工作的质量和数量,评估其能否满足编制勘察报告的要求。

野外勘察资料验收的工作方法及程序如下:

①野外勘察资料和成果验收前,勘察单位应对野外资料进行全面整理分类、复核、编制目录、装订成册。

②组织现场踏勘和勘察项目负责人汇报,全面介绍勘察过程,完成的勘察实物工作量,各勘察工序的质量、数量及勘察的初步结论。

③验收成员逐项对工程测量、工程地质测绘、钻探编录野外记录、物探和采样试验记录、动态观测和成果进行检查,并检查执行勘察纲要与现行《公路工程地质勘察规范》的规定和要求的情况。

④评价初步成果的广度、深度是否达到勘察阶段的要求,评价勘察初步结论是否符合客观地质情况。

⑤针对勘察外业存在的不足,提出拾遗补漏建议;对影响整体质量的重大问题,提出强制性整改规定和要求。

⑥确定野外资料完备,勘察初步结论客观、准确后,为勘察工作转入内业资料整理和编制勘察成果阶段编制验收文件。

1.6.3 勘察成果编写要求

1)勘察成果要件

①总说明书应附"勘察委托书"、勘察单位的"勘察资质证书"、委托方的勘察技术要求、勘察单位编制的勘察纲要和勘察成果内审意见书等必备文件。

②勘察成果应为规范、完备的纸质报告、成果图、附表和附件等。文字报告、成果图、附表和附件的数量、排序序号等应与成果目录一致。

③各类文、图、表及附件署名完备,加盖有勘察、编制单位的"图说专用章或公章(代)"。

2)勘察成果编制要点

①勘察目的、任务、评价内容、结论与勘察阶段目标协调一致;执行勘察标准、规范

合理;完成实物工作量的数量与质量满足投标书和合同规定;勘探工程对重大地质现象、工程地质问题的控制达到要求。

②勘察报告章节、内容齐备;勘察成果文图表的图例、符号、代号规范统一。

③工程地质条件论述清晰、完整、准确,各类参数统计方法合理,统计成果正确可信等。

④工程地质评价内容和结论客观、准确、科学,勘察评价内容满足设计阶段要求。

⑤报告结论和建议与勘察阶段目标相符且具有可操作性。

⑥成果图图例、图饰规范、内容完整,图面信息准确、丰富,图面内容反映的地质规律、工程地质条件和工程地质问题准确、完整。

⑦附表、附件内容完整。

⑧文图表署名完备。

第2章　山区公路路线工程地质勘察

2.1　山区公路的工程地质特点

①山区公路穿越的地质地貌单元多,地形起伏大、横坡陡、变化快,可布置公路路线方案的走廊或通道有限,路线走廊涉及地层层位、岩性及工程地质性质复杂,内外地质营力活跃,不良地质现象发育,地质地貌环境脆弱,山区公路建设条件复杂。

②由于山区公路建设条件影响因素多,需要进行同等精度路线工程地质勘察和进行路线走廊或通道路线方案同精度比选。

③受山区路线走廊或通道的限制,公路路线方案常存在与高铁、铁路、公路干线、燃气管线、高压输电网、通信线缆等共用同一走廊或通道的现象,相互干扰严重,也成为路线方案比选的重要内容。

④为适应山区的地形地质条件,山区公路建设需要布设较多数量的高填、深挖路基工程,特大桥、特殊桥、特长隧道等构筑物,增加了勘察的困难程度和勘察工作量。

⑤山区地质地貌环境复杂多样,存在较多不确定因素。山区公路工程地质勘察要求从工程可行性研究阶段开始对控制性工程布置地段、地质条件复杂路段布置勘察工作,以保障路线方案的论证和评价深度。

⑥山区地质环境脆弱,兴建公路工程需要局部改造自然地质环境,严重时难免会引发次生地质灾害和环境地质问题。因此,维护水环境安全、地质环境安全,也是山区公路路线工程地质勘察不容忽视的重要任务。

综上,因山区公路建设条件复杂,公路路线工程地质勘察应遵循地质规律,有计划、有侧重地开展工作。

2.2　山区公路路线勘察方法

山区公路路线勘察涉及各种气候带,地质地貌单元复杂多样,布置的构筑物种类繁多,需要开展和设计阶段相适宜的工程地质勘察工作。

1)提高工程可行性研究阶段勘察成果内容的深度和广度,主导路线勘察方向

路线勘察需要准确掌握路线走廊的地质背景、工程地质条件和问题,判明勘察重点、难点和制约路线方案的地质因素,确立客观、正确的技术思路,编制具有一定广度和深度的工程可行性研究阶段勘察成果。

2）编制路线勘察纲要,指导路线勘察有序、健康、安全进行

路线勘察纲要除需要系统、准确地阐明勘察阶段、勘察目的、勘察对象的工程地质条件和问题、实施勘察的技术思路和勘察要点、勘察工作布置原则、预期工作和成果、工期以及保障措施外,还需要结合勘察阶段的勘察要点编制有侧重的技术要求,指导路线勘察。

①初步勘察阶段路线勘察纲要除编制内容的各种要素外,还需要专门介绍复杂路段的地质条件、方案比选的影响因素（表 2.1）,以及控制性工程建设场地需要探明的工程地质问题（表 2.2）,以便指导勘察工作。

表 2.1   路线勘察比选方案工程地质条件比选要素表

序号	比选段编号	起止里程	主要构筑物	地质构造部位等地质背景	工程地质条件及不良地质现象	影响路线方案的地质要素
1	K_1					
	AK_1					
2	K_2					
	CK_2					
⋮						
n	K_n					
	nK_n					

表 2.2   初步勘察阶段控制性工程和主要构筑物勘察工作布置表

序号	构筑物类型与名称	起止里程	地质背景	岩土体特征及不良地质现象	影响路线及构筑物安全的地质因素	工程地质评价应提取的依据和参数	选择的勘察方法及主要工作量
1							
2							
⋮							
n							

②详细勘察阶段需要按拟定的路线方案、技术标准、建设原则,全面、系统地进行路线和构筑物拟建场地综合勘察。为落实勘察阶段的各项要求,路线勘察纲要需要用专门章节论述,介绍控制性工程、重大复杂构筑物拟建场地和复杂路段的地质背景、工程地质条件及问题、勘察工作量布置情况等,指导勘察有计划、保质保量地实现施工图设计的目标,见表 2.3。

表2.3　详细勘察阶段主要构筑物拟建场地分段评价表

序号	构筑物名称及分段	分段起止里程	地质背景	水文地质,工程条件地质	影响构筑物安全、环境安全的主要地质因素	勘察应控制和提取的地质依据参数	勘探方法及勘探工作量
1							
2							
⋮							
n							

3）山区公路路线勘察需要重点关注的区域或地质现象

①与区域地质构造活动带有联系的陡崖、深切高陡斜坡、地形复杂的破碎地段、风化深槽发育区；

②以软岩等为特征的地质构造活动带或高应力区；

③地壳隆升,沉降运动复杂的浅覆盖型隐伏岩溶分布区；

④近现代地震遗迹较多的地震活动带；

⑤因公路工程建设易引起地质环境剧烈改变的裸露型强岩溶化可溶岩出露区或浅覆盖型埋藏地段,或存在疏干大型湖泊、湿地、水库等水体的地段；

⑥与活动性断裂构造、多条断裂有成因联系的大型溶蚀洞穴分布区；

⑦与采矿活动有联系的山体变形区,瓦斯等有毒有害气体具备集聚条件的复杂区；

⑧大江、大河峡谷区,峡谷岸坡有深、厚强风化带和堆积层分布的地段；

⑨地质环境异常脆弱,水环境或大型水源地安全遭严重影响或威胁的区域；

⑩地质环境异常脆弱,山体、斜坡或岩体失稳或局部失稳趋势显著,严重威胁人口聚居区安全的欠稳定地段。

2.3　路线各阶段勘察

2.3.1　路线工程地质工（预）可勘察

1）勘察范围

工（预）可勘察阶段的勘察范围是路线走廊。

2）勘察精度及工作量

①1：50 000～1：10 000 精度路线工程地质调查；

②1：10 000 特大桥、特长隧道工程地质剖面测绘,必要时开展勘探工作；

③路线工程地质测绘填图、成图单元为地层层位"组"；

④收集前人勘察成果；

⑤收集遥感图像并解译,对解译成果实地复核。

3）技术要求及评价内容

①收集、复核路线走廊地质地貌单元、出露的地层层位及岩性、地质构造部位及特点、岩土体工程地质特征、区域稳定性及地震等前人成果。

②开展 1∶50 000～1∶10 000 地质或工程地质调查：

a. 掌握路线走廊带区域地质背景、地层层位岩性特征、地质地貌单元、气候带等自然地质背景；

b. 掌握第四系堆积层的成因类型及稳定性；

c. 掌握不良地质现象的类型、易发区、群发区及影□□□

d. 了解、掌握可岩溶发育特征，岩石风化现象和□□□□和采空情况、有毒有害气体种类及影响等；

e. 了解区域水文地质条件，松散岩类和可溶□□□□□□□多特点；

f. 收集区域稳定性评价成果，调查地震地质遗迹；

g. 了解路线走廊带的城镇、高压输电网、高铁、燃气管□□□、大型电站、水库、矿区、国家省级人文古迹、风景名胜等自然保护区的分布和保护等级；

h. 收集和调查沿线筑路材料的种类、数量、质量及开采现状；

i. 编制路线走廊工程地质分区图并汇总调查成果，初步查明路线走廊的工程地质条件和主要工程地质问题。

③绘制特大桥、特殊桥、特长隧道的工程地质略图和纵断面图，评价工程地质条件及问题。

④初步论述、评价复杂路段的工程地质条件、制约工程的地质因素和影响。

⑤根据路线走廊的工程地质条件复杂程度，拟定路线工程地质比选方案。

⑥复核各路线方案工程地质条件复杂程度和勘察等级，提出初步勘察的建议。

⑦总结路线方案工程地质条件的适宜性及主要问题。

4）主要成果

①工程可行性研究阶段工程地质勘察报告。

②1∶10 000 工程地质分区图。

③1∶5 000 特长隧道、特大桥工程地质略图及断面图。

④钻探工程钻孔地质柱状图，岩、土、水试验成果报告以及各类统计表、汇总表、相册等。

⑤遥感图像解译报告及遥感图像解译地质——工程地质分区图。

2.3.2　路线工程地质初步勘察

1）勘察范围

初步勘察阶段的范围：各路线方案起点和终点外延 100 m，路线边线两侧不小于 200 m。

2）勘察精度及工作量

①路线工程地质测绘精度：

a. 工程地质测绘及工程地质纵断面测量精度为 1∶2 000，横断面测量精度为

1:500;

b. 工程地质测绘的地质观测点、轻型勘探点、刻槽采样点等观测点总量在图面上每平方分米(0.01 m²)的数量分别为简单路段不少于3个、较复杂路段3~5个、复杂路段5个以上;

c. 路线工程地质测绘填图、成图单元为"岩性段";

d. 断裂构造、软弱夹层、卸荷裂隙、泥化夹层等重要地质现象在图面上宽度不足2 mm时,应放大表示或用专门图例标注。

②工程地质横断面的密度:

a. 工程地质条件类似的一般路基有一条控制性横断面,相同条件一般路基工程横断面间隔长度超过500 m时应增加横断面数量。高路堤、陡坡路堤、深切高边坡横断面的密度间隔一般不超过100 m;

b. 中小桥横断面为2~4条,大型梁桥横断面为3~7条;

c. 特大桥、特殊桥桥塔、高墩、拱座、锚碇等地段采用勘探网控制;

d. 隧道进出口工程地质横断面为3~5条;

e. 滑坡、欠稳定斜坡、高边坡、陡坡路堤、高填方、支挡工程等勘察工程地质横断面为1~3条。

③路线方案中,各类构筑物持力层涉及的地层岩土体均分层采样试验,主要持力层、软弱层样品试验成果不少于3组。

④地基土体物理力学参数应将室内试验与原位测试成果相结合。

⑤水环境复杂的桥址、隧址应布设专门水文地质调查和进行水文地质钻孔抽水试验,并采水样化验。

⑥上覆土体分布广的地质条件复杂路段或强岩溶化岩体分布路段,应布设地面物探进行探测,异常部位须进行钻探验证。

3)技术要求及评价内容

①按照审批的工程地质初步勘察纲要,系统收集区域地质、地貌、地层岩性、地质构造、水文地质及不良地质等前人勘察成果和结论。

②开展各路线方案1:2 000工程地质测绘。

a. 掌握各路线方案出露的地层层位、岩性、结构构造及稳定性等;

b. 基本查明各路线方案所处的地质构造部位、断裂构造特征、活动性及影响;

c. 基本查明路线方案的区域水文地质条件,可溶岩岩溶水赋存、运移条件、规律及影响;

d. 基本查明可溶岩出露分布规律、岩溶化程度、对水文地质条件的影响以及强岩溶化可溶岩对路线方案和构筑物建设场地的影响;

e. 基本查明不良地质现象的类型、分布、规律及危害程度;

f. 观测地震遗迹,查明地震地质近代活动及影响情况。

③有计划开展各路线方案一般路基、特殊路基、桥位、隧址、互通式立交工程、服务区及收费站布设地段控制性勘察,掌握各类构筑物布设地段的地质环境稳定性和适宜

性、地基地质条件、施工地质条件以及公路建设项目对沿线水环境、地质环境的影响。

④统计工程地质测绘和岩土体样品试验成果,选择影响构筑物布设地段工程地质条件最普遍、关系最密切的地质因素,划分工程地质岩组。

⑤采用勘探网对特大桥、特殊桥的桥塔、高墩、拱座、锚碇布设地段进行控制性勘探,评价桥位区工程地质条件的适宜性。

⑥收集地应力、矿山采空区、有毒有害气体、地层放射性等资料,开展岩溶水水文地质专门调查,布设控制性勘探线,评价长隧道、特长隧道的主要工程地质问题。

⑦针对不良地质现象和欠稳定斜坡,布设勘探和动态观测,评价稳定性和危害性。

⑧调查、评价路线及各类构筑物与城镇规划、大型工程、人文古迹、保护区等的相互影响。

⑨调查、评价沿线筑路材料的种类、储量、质量、位置、开采运输条件等;评价取、弃土场位置的适宜性和对环境的影响。

⑩归纳各路线方案地质环境的稳定性和适宜性。

⑪归纳各路线方案路基工程(含一般路基和特殊路基)、桥隧工程布设地段的工程地质条件及问题。

⑫归纳各路线方案不良地质现象及特殊性岩土对路线方案的影响。

⑬评价路线工程布设、施工对沿线地质环境安全的影响。

⑭开展路线方案工程地质条件比选,归纳推荐方案的工程地质依据。

⑮根据路线方案工程地质条件的复杂程度,结合路线方案布设地段工程地质条件的适宜性,提出路线方案的优化建议。

4)主要成果

(1)总论部分

①工程地质初步勘察总说明书。

②1:2 000 工程地质平面图。

③1:2 000 工程地质纵断面图。

④1:500 工程地质横断面图。

⑤各类工程地质评价表(一般路基评价表,天桥、涵洞通道、支挡工程、特殊性岩土及不良地质现象评价表等)。

⑥各种统计表、汇总表、附图、附件、相册等。

⑦工程地质初步勘察纲要及附图,长隧道、特长隧道岩溶水水文地质调查报告及附图,物探报告及附图,滑坡等变形现象及地下水动态观测报告。

(2)专论部分

①特殊路基、桥位、隧址、互通式立交工程等工点初步勘察报告。

②特殊路基、桥位、隧址、互通式立交工程等工点 1:2 000 工程地质平面图、1:2 000工程地质纵断面图、1:500 工程地质横断面图。

③特殊路基、桥位、隧址、互通式立交工程等勘探工点岩、土、水样品试验报告,钻孔水文地质试验综合成果表,各种统计表、汇总表。

④特殊路基、桥位、隧址、互通式立交工程地面物探报告及附图、附件。

2.3.3　路线工程地质详细勘察

1)勘察范围

详细勘察阶段的范围:审定路线方案边线两侧不小于200 m及各构筑物拟建场地范围。

2)勘察精度及工作量

①路线工程勘察。

a.路线工程地质平面测绘及工程地质纵断面测量精度为1∶2 000;

b.各类构筑物拟建场地工程地质测绘及工程地质纵断面测量精度为1∶500~1∶2 000,工程地质横断面测量精度为1∶200。

②路基工程勘察。

a.路基工程地质测绘、纵断面测量精度与路线工程地质测绘和纵断面测量精度一致;

b.工程地质横断面测量精度为1∶200。

路基工程勘察的工程地质横断面数量及位置,主要根据拟建场地工程地质条件复杂程度和路基工程的结构类型确定,见表2.4。

表2.4　详细勘察阶段路基工程勘察横断面间距表

路基类型	工程地质条件复杂程度		
	简单	较复杂	复杂
一般路基/m	200~300	100~200	<100
高路堤/m	120~200	80~120	<80
陡坡路堤/m	80~120	60~80	<60
高边坡/m	80~120	60~80	<60

③桥位勘察。

a.工程地质测绘及纵断面测量精度为1∶500~1∶2 000,工程地质纵断面为2~3条;

b.墩台勘探横断面测量精度为1∶200;

c.中小桥、梁桥各墩、台横断面为1~2条;

d.特大桥、特殊桥的桥塔、高墩、拱座、锚碇用勘探网控制,纵、横断面各2~3条。

④隧址勘察。

a.隧道进出口工程地质测绘及纵断面测量精度为1∶500,勘探纵断面为1条;横断面测量精度为1∶200,横断面间距为5~10 m,每个洞口不少于5条。

b.隧道洞身工程地质测绘及纵断面测量精度为1∶2 000,纵断面为1~2条。

c.工程地质条件复杂的隧道洞身段,可布置一定数量的横断面,综合对比分析、评价工程地质问题。

⑤滑坡、欠稳定斜坡、支挡工程勘察应在初步勘察的基础上,按治理工程构筑物布

设部位或支挡对象针对性地布置勘探线,纵、横勘探线不少于 2 条。

⑥各类构筑物地基持力层涉及的岩土体分层试验成果不少于 6 组;涉及稳定性计算的土体软夹层、滑带土样品应做抗剪试验,试验成果数量不少于 9 组。

⑦所有隧道洞身钻孔随孔深逐段进行声波测井和岩块弹性波测试;差异风化明显或岩溶发育地区的路基、桥位勘探声波测井钻孔不少于钻孔总数的 30%。

⑧水环境复杂的构筑物拟建场地应进行水文地质试验,强透水(含水)层钻孔水文地质试验应以 3 个降深的水文地质试验为主,并采水样化验。

⑨滑坡、欠稳定斜坡及地下水病害影响严重的构筑物拟建场地需要布设地表或深部的动态观测。

3)技术要求及评价内容

①开展路线和各类构筑物工程地质测绘,实测工程地质纵、横断面,定点复核初步勘察成果。

②结合各类构筑物的特点,有侧重地开展综合勘察,提高各类构筑物拟建场地勘探控制精度和准确性;定量评价各类构筑物场地的稳定性、地基地质条件、施工地质条件以及实施公路工程建设对环境的影响。

③开展地下通道、人行天桥等拟建场地工程地质详细勘察和工程地质条件定量评价。

④开展滑坡、欠稳定斜坡稳定性综合勘察,有计划地进行地表和深孔位移观测,掌握变形特征及滑面准确位置,进行稳定性计算,提出滑坡、欠稳定斜坡的处置措施建议,拟定设计所需的岩土体参数。

⑤评价岩溶、采空区、高地应力、有毒有害气体及放射性物质对隧道施工和运营安全的影响;评价开挖隧道对地质环境的影响并提出建议。

⑥根据剪切波测试成果,复核主要构筑物拟建场地地震效应评价结论。

⑦评价影响路基、桥梁墩台、隧道施工、运营安全的不良地质现象及环境地质问题,并提出预防、处置建议。

⑧评价沿线筑路材料的数量、质量及开采运输条件。

⑨评价弃渣场及拦渣坝地质环境的适宜性、安全性及对环境的影响。

⑩评价公路路线及各类构筑物建设对地质环境安全的影响。

⑪归纳路线地质环境的稳定性、适宜性。

⑫归纳各类构筑物的工程地质条件及问题。

⑬归纳不良地质现象、环境工程地质问题的影响程度。

⑭根据路线方案工程地质条件的特点,给定勘察结论,提出保障工程安全、施工安全、环境安全的措施和建议。

4)主要成果

(1)总论部分

①工程地质详细勘察总报告。

②1:2 000 路线工程地质平面图。

③1∶2 000 路线工程地质纵断面图。

④1∶200 路线工程地质横断面图。

⑤一般路基工程地质评价表,小桥、涵洞工程地质评价表,人行天桥、地下通道工程地质评价表,特殊性岩土及不良地质评价表,沿线筑路材料料场评价表,取(弃)土场工程地质条件评价表等。

⑥各类统计表、汇总表、附图、附表、附件、相册等。

⑦工程地质详细勘察纲要及附图,长隧道、特长隧道岩溶水文地质调查报告及附图,物探报告及附图,变形现象及地下水动态观测报告及附图等。

（2）专论部分

①特殊路基、桥梁、隧道、互通式立交工程、服务区、收费站、筑路材料料场及弃渣场勘察报告。

②特殊路基、桥梁、隧道、互通式立交工程、服务区、收费站、筑路材料料场及弃渣场拟建场地的1∶2 000 工程地质平面图、1∶2 000 工程地质纵断面图、1∶200 工程地质横断面图。

③特殊路基、桥梁、隧道、互通式立交工程、服务区、收费站、筑路材料料场及弃渣场勘察的钻孔地质柱状图、轻型勘探工程展示图、岩土水样品试验报告、钻孔水文地质抽水试验综合成果表。

④钻孔终孔定测资料汇总表等各种汇总表、统计表。

⑤各类物探报告及附图、附件。

第3章 山区公路构筑物建设场地勘察

3.1 路基工程勘察

路基工程是构筑于地面的线性构筑物,一般是山区公路的主体。根据路基工程挖填等结构特点和规模的不同,可分为一般路基、高填路基、陡坡路基、深路堑等,见表3.1。

表3.1 路基工程分类表

路基工程分类	结构特点
一般路基	挖、填规模有限,不需要专门处置设计的路基工程
高填路基	填方高度超过20 m的路堤
陡坡路基	填筑于地面横坡坡率陡于1∶2.5的路堤或有可能沿斜坡产生横向滑移的路堤
深路堑	垂直开挖深度岩质边坡超过30 m、土质边坡超过20 m的路堑或需要特殊设计的路堑边坡

3.1.1 路基工程地质条件及稳定性

1)路基的地基地质条件

路基工程无复杂的上部结构,除填筑路堤地基承受一定的静荷载外,主要承受临时性动荷载,对地基地质条件要求不高,因此天然土体经适当处理后就可以满足需要。但是,浅覆盖型隐伏岩溶、软弱土层、软弱岩土的接触面、地下水集中排泄带、下卧软弱层(带)等对路基稳定性影响较大。

2)坡体地质结构对边坡稳定性的影响

路基工程边坡是人工改变斜坡自然形态、坡体临空条件及稳定状态的产物,其稳定性是路基工程勘察的重点。路基边坡变形破坏模式、稳定性主要受边坡坡体地质结构控制。常见的路基边坡坡体地质类型有土质边坡、岩质边坡、岩土混合边坡、类土质边坡、类混合边坡5种,见表3.2。

表 3.2　路基边坡坡体结构类型

类型	边坡坡体结构典型断面图	坡体结构	影响稳定性的地质因素	可能变形、失稳的模式
土质边坡		以厚层土体为主	土体成因类型、岩性、成分及矿物亲水性等	蠕滑拉裂、圆弧滑移
岩质边坡		以岩体为主	岩层层面、软弱夹层、结构面等外倾软弱面或不利的结构面组合影响	沿控制性结构面或不利的结构面组合发生时效变形、破坏、失稳
岩土混合边坡		由岩体和上覆土体组成	土体性质、外倾的岩土界面及岩体内的软弱夹层	土体内部弧形滑移,沿岩土界面或软弱夹层变形、滑移
类土质边坡		由深厚的全、强风化岩组成	全、强风化带岩土体特征及性质,稳定性受原岩中结构面影响	全、强风化带的结构面对坡体变形、破坏有一定的控制作用
类混合边坡		边坡上部为时效变形明显的岩体	岩体强度、层面等贯通性结构面性状、溃屈面影响	沿溃屈面破坏

注:全、强风化带具散体结构特征,具有土体工程地质特点。

3)岩质边坡控制性结构面对边坡稳定性的影响

岩质边坡稳定性受坡体控制性结构面的影响十分显著。岩质边坡在坡高、坡率相同的条件下,边坡坡面倾向与外倾结构面倾向夹角不同,其稳定性和失稳方式都有显著差异。边坡坡面倾向与外倾结构面倾向夹角越小,越不利于边坡稳定,见表 3.3。

表 3.3　岩质边坡坡面、外倾结构面组合特征对边坡稳定性的影响

岩质边坡分类	控制性结构面倾向与边坡坡面倾向夹角	变形破坏模式及影响	失稳后果
顺向边坡	≤30°	顺层滑移破坏为主	很严重
切向边坡	30°~60°	局部顺层滑移破坏为主	严重
横向边坡	>60°(倾向相同)	局部崩塌、掉块为主	有限

岩质边坡稳定性受坡体外倾结构面的倾角大小和结构面性状影响明显。岩质边坡外倾结构面倾角小于坡面倾角时,外倾结构面的倾角越陡,越不利于稳定;结构面存在表生夹泥或次生夹泥时,岩质边坡失稳的可能性增加,顺层岩质边坡软弱结构面的典型出露情况如图 3.1 所示。因此,勘察中详细、准确地描述结构面的物质组成与边坡地质结构类型、规模、密度、延伸情况等具有重要意义。

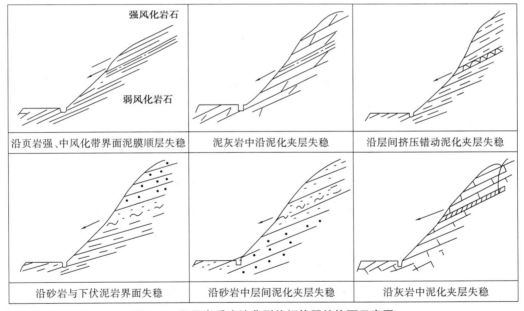

图 3.1　顺层岩质边坡典型外倾软弱结构面示意图

3.1.2　一般路基勘察

一般路基挖填不高、对地基要求也相对单一,勘察中重点关注局部路段工程地质条件的差异。勘察中,类似工程地质条件的一般路基路段需要编制工程地质典型横断面、工程地质说明表或评价表,重点描述、评价地基条件、地下水、边坡坡体结构和稳定性等内容。

1)一般路基初步勘察

（1）勘察范围

一般路基初步勘察范围：各路线方案一般路基挖填边线外侧20 m。

（2）勘察精度及工作量

①一般路基地段工程地质平面测绘和工程地质纵断面测量精度为1：2 000。

②工程地质横断面测量精度为1：500。

③工程地质条件类似的路段应有一条控制性工程地质横断面，路段长度超过500 m时需要增加横断面数量。每条横断面上的地质观测点、勘探点数量为2~3个。

④地基、边坡工程涉及的各地层层位，不同岩性的岩土体的样品试验成果不少于3组；分布较广的土体应有一定数量的静力触探、标准贯入、动力触探等原位测试。

⑤开展地面物探的断面位置和精度应与工程地质断面一致。

（3）技术要求及评价内容

①1：2 000 工程地质测绘和工程地质断面测绘描述内容：

a.地基持力层、上覆土体的地层层位、岩性、结构、构造、成分、产状等；

b.自然斜坡及人工边坡的坡体结构、稳定性特征等；

c.水环境及其影响；

d.填方路基路段隐伏岩溶、软弱土层、地下水集中溢出带的分布、范围及影响程度。

②布设勘探工程，初步查明地基持力层、上覆土体、软弱层的埋藏和分布条件。

③统计岩土体样品试验成果，提取持力层、软弱层的物理力学指标，初步评价路段的地基条件。

④初步查明边坡坡体结构，分析变形破坏模式，评价边坡稳定性，建议人工边坡坡率。

⑤评价水环境、不良地质现象、既有大型工程与路基工程的相互影响。

⑥评价一般路基地段工程地质条件的适宜性，并提出路线平、纵的优化建议。

（4）主要成果

①一般路基工程地质条件分段评价表，见表3.4。

②1：500 一般路基工程地质横断面图。

表3.4　初步勘察一般路基工程地质条件分段评价表

序号	路线方案	路段起止桩号	微地形地貌	地基条件	边坡坡体结构及稳定性	水环境、不良地质、大型工程影响	工程地质评价及建议
1							
2							
⋮							
n							

2）一般路基详细勘察

（1）勘察范围

一般路基详细勘察阶段的勘察范围：审定路线方案的一般路基路段挖填边线外侧20 m。

（2）勘察精度及工作量

①一般路基拟建场地工程地质平面测绘与工程地质纵断面测量精度为1：2 000。

②工程地质横断面测量精度为1：200,横断面间距见表2.4。

③每条横断面上的勘探点数量为2～3个。

④持力层、边坡稳定性评价的软弱层采样试验,不同岩性样品试验成果和静力触探、动力触探试验成果的一般数量不少于6组（含初步勘察试验成果）。

⑤水环境条件复杂路段布设水文地质试验2～3孔段,并采水样化验。

（3）技术要求及评价内容

①开展一般路基1：2 000 工程地质平面测绘、纵断面测量和1：200 横断面测量,定点复核初步勘察成果。

②布设钻探工程,查明影响路基工程安全和稳定性的隐伏岩溶、软弱土层、地下水集中溢出带的危害程度。

③增大螺纹钻等轻型勘探工程的密度,复核浅层软弱土出露位置、范围、性状、厚度等特征。

④统计岩土体试验成果,提取地基承载力、沉降计算参数、边坡稳定性计算参数。

⑤对高度大于8 m 的土质边坡和岩土混合边坡进行稳定性评价,结合边坡坡体结构、变形破坏模式分段提出边坡坡率建议和防治措施建议。

⑥复核岩土体渗透层等的水文地质条件,评价水环境对路基工程稳定性的影响。

⑦核实一般路基与相邻城镇、既有大型工程、保护区的空间关系和相互影响。

（4）主要勘察成果

①一般路基详细勘察评价表,见表3.5。

②1：200 一般路基工程地质横断面图。

表 3.5 详细勘察一般路基工程地质评价表

序号	路段起止桩号	微地形地貌	地基条件	边坡坡体结构及稳定性	水环境影响	地基设计参数、边坡坡率、防护措施建议、施工顺序、安全等措施建议
1						
2						
⋮						
n						

3.1.3 高路堤勘察

高路堤工程地质勘察除评价隐伏岩溶、软弱土层、地下水集中排泄带等影响外,勘察时应重点评价地基稳定与沉降。地质环境复杂且不适宜填筑高路堤段,应建议调整路线平、纵或以桥梁方式通过不适宜路段。

1)高路堤初步勘察

(1)勘察范围

高路堤初步勘察阶段的勘察范围:高路堤边线外侧 50 m。

(2)勘察精度及工作量

①高路堤布设地段工程地质平面测绘及工程地质纵断面测量精度为 1:2 000。

②工程地质条件类似的高路堤段应有一条控制性工程地质横断面,相同条件高路堤路段长度超过 200 m 时应增加横断面控制。

③横断面测量精度为 1:500;横断面上的勘探点数量为 2~3 个,且钻孔不得少于 1 个;钻孔揭露深度应达稳定持力层或基岩面下 3~5 m。

④高路堤的持力层、上覆土体、软弱层应分层采样试验,相同岩性同一层位的样品试验成果数量和静力触探、重力触探试验成果数量不少于 3 组。

⑤水环境条件复杂的高路堤填筑地段布置水文地质试验 2~3 孔段,并采水样化验。

⑥开展地面物探,其物探断面位置及精度应与工程地质断面一致。

(3)技术要求及评价内容

①高路堤地段开展 1:2 000 工程地质平面测绘和纵断面测量。

a. 基本查明路段微地形地貌、水环境、隐伏岩溶、软弱土层、地下水溢出带的分布及影响等;

b. 基本查明填筑路段岩土体出露特征、地层岩性、产状、时代及成因类型;

c. 基本查明填筑路段持力层的工程地质性质、分布及地基稳定性;

d. 结合填筑路基换填地基土的规模、方式等,绘制路段代表性工程地质横断面,客观反映工程地质条件及问题。

②沿工程地质横断面布设钻孔、螺纹钻等勘探工程,揭露高路堤填筑段地基持力层和软弱土体的物质组成、叠置关系等地基条件。

③分层统计持力层、上覆土体及软弱层采样试验成果和现场试验成果,初步确定填筑路段的地基岩土体参数。

④分析评价高路堤产生过量沉降、不均匀沉降的可能性,评价路堤稳定性。

⑤结合岩土体的渗透性,评价水环境、不良地质现象对高路堤稳定性的影响。

⑥评价城镇、既有大型工程、保护区与高路堤的空间关系及相互影响。

⑦初步评价高路堤填筑地段的适宜性。

⑧结合高路堤布设地段的适宜性和地基条件,提出优化建议,如改线或改高路堤为桥梁通过方案等保护地质环境安全的建议。

(4)主要成果

①高路堤初步勘察报告。

②1：2 000 高路堤段工程地质平面图。

③1：2 000 高路堤段工程地质纵断面图。

④1：500 高路堤段工程地质横断面图。

⑤钻孔地质柱状图、挖探展示图,简易勘探图或表,岩、土、水试验报告,物探报告及各类附表、附件。

2）高路堤详细勘察

（1）勘察范围

高路堤详细勘察阶段的勘察范围:高路堤边线外侧 50 m。

（2）勘察精度及工作量

①高路堤填筑地段工程地质平面测绘及工程地质纵断面测量精度为 1：2 000,工程地质横断面测量精度为 1：200。

②相同地质条件路段横断面间距不超过 100 m,超过 100 m 时应增加横断面数量。

③横断面上的勘探点数量为 2～3 个,且钻孔不得少于 1 个;钻孔揭露深度应达稳定持力层或基岩面下 3～5 m。

④高路堤的持力层、上覆土体、软弱层应分层采样试验,相同岩性同一层位的样品试验成果数量和静力触探、重力触探试验成果数量不少于 6 组（含初步勘察试验成果）。

⑤粉土、黏性土按垂向 1.0 m 间距取原状土样试验,10 m 以下可加大取样间距,变层应分层取样。

⑥水环境条件复杂的填筑路段布置钻孔水文地质试验 2～3 孔段,并采水样化验。

（3）技术要求及评价内容

①结合高路堤地基条件,开展 1：2 000 工程地质平面测绘和工程地质纵断面测量,复核地基稳定性、隐伏岩溶、软弱土层、地下水溢出影响带等方面的初步勘察成果。

②布设钻孔等勘探点,查明上覆土体、软弱层、隐伏岩溶等的分布情况、厚度变化及影响范围。

③分层统计土体试验成果,确定土体的一般物理力学参数和变形指标,计算并评价路基稳定性和地基沉降量。

④提出地基容许承载力、基底摩擦系数等参数。

⑤评价岩土体渗透性、水环境对施工地质条件的影响,提出地基处置、基坑排水、地质病害防治等措施和建议。

⑥根据需要提供路改桥的工程地质依据,提出桥梁设计所需岩土参数。

⑦结合工程地质条件的适宜性,提出维护地质环境稳定、保障施工安全的措施和建议。

（4）主要成果

①高路堤详细勘察报告。

②1：2 000 高路堤段工程地质平面图。

③1：2 000 高路堤段工程地质纵断面图。

④1:200 高路堤段工程地质横断面图。

⑤钻孔地质柱状图、挖探展示图,简易勘探图或表,岩、土、水试验报告,物探报告及各类附表、附件。

3.1.4 陡坡路堤勘察

陡坡路堤的稳定性受斜坡坡体的地形、地质构造、岩土体性质和水文条件等因素影响。勘察中应分段进行工程地质横断面测绘,分析、评价陡坡自身和路堤的稳定性;注重斜坡上覆土体,尤其是软弱岩土体的样品采集、试验。当陡坡地段不适宜路堤建设时,应考虑桥梁方案。

为掌握陡坡路堤路段地质环境的稳定性,应延长控制性横断面长度达坡顶和坡脚,以全面控制陡坡路堤的影响范围。

1)陡坡路堤初步勘察

（1）勘察范围

陡坡路堤初步勘察阶段的勘察范围:重点在路堤边线两侧不少于 50 m 处,应同时兼顾整个斜坡坡体。

（2）勘察精度及工作量

①陡坡路堤布设地段工程地质平面测绘及工程地质纵断面测量精度为 1:2 000,工程地质横断面测量精度为 1:500。

②工程地质条件类似的陡坡路堤路段应有一条控制性工程地质横断面,相同条件的陡坡路堤路段长度超过 120 m 时应增加控制性横断面数量。

③横断面上的勘探点数量为 2~3 个,且钻孔不得少于 1 个;钻孔揭露深度应达稳定持力层或基岩面下 3~5 m,当坡体存在稳定性问题时应加深钻探深度。

④陡坡路堤的持力层、上覆土体、软弱层应分层采样试验,相同岩性同一层位的样品试验成果数量和静力触探、重力触探试验成果数量不少于 3 组。

⑤水环境条件复杂的陡坡路堤填筑地段布置水文地质试验 2~3 孔段,并采水样化验。

⑥开展地面物探,其物探断面位置及精度应与工程地质断面一致。

（3）技术要求及评价内容

①开展 1:2 000 工程地质平面测绘和工程地质纵断面测量。

a. 基本查明陡坡微地貌、地质结构、岩土体组成和水环境等;

b. 基本查明陡坡的基岩风化类型、强风化带厚度、土体厚度、岩土界面特征及影响;

c. 结合陡坡地质结构、路基工程填筑方式及规模,绘制代表性横断面图,客观反映工程地质条件和问题。

②沿纵、横断面布设钻探工程、轻型勘探工程,揭露陡坡路段上覆土体分布范围及厚度、岩体的风化程度、可溶岩岩溶发育特征、岩体卸荷松弛现象、岩土界面特征等。

③统计岩土体样品试验成果,初步确定陡坡路堤填筑路段的地基岩土参数,初步评价陡坡路堤的稳定性。

④评价水环境、不良地质现象对陡坡路堤稳定性的影响。

⑤评价陡坡路堤与相邻大型工程等的空间关系及相互影响。

⑥初步评价陡坡路堤填筑的适宜性。

⑦结合陡坡路堤布设地段的适宜性和地基条件,提出优化建议,如改线或改陡坡路堤为桥梁通过方案等保护地质环境安全的建议。

（4）主要成果

①陡坡路堤初步勘察报告。

②1∶2 000 陡坡路堤工程地质平面图。

③1∶2 000 陡坡路堤工程地质纵断面图。

④1∶500 陡坡路堤工程地质横断面图。

⑤钻孔地质柱状图、挖探展示图,简易勘探图或表,岩、土、水试验报告,物探报告及各类附表、附件。

2）陡坡路堤详细勘察

（1）勘察范围

陡坡路堤详细勘察阶段的勘察范围:重点在路堤边线两侧不少于 50 m 处,同时兼顾整个斜坡坡体。

（2）勘察精度及工作量

①陡坡路堤工程地质平面测绘及工程地质纵断面测量精度为 1∶2 000,工程地质横断面测量精度为 1∶200。

②相同地质条件陡坡路堤工程地质横断面间距不超过 60 m,超过时应增加横断面数量。

③横断面上的勘探点数量为 2 ~ 3 个,且钻孔不得少于 1 个;钻孔揭露深度应达稳定持力层或基岩面下 3 ~ 5 m,当坡体存在稳定性问题时应加深钻探深度。

④陡坡路堤地基持力层、上覆土体及软弱分层采样试验,相同岩性分层试验成果和静力触探、动力触探成果数量不少于 6 组(含初步勘察试验成果)。

⑤水环境条件复杂的陡坡路堤填筑地段布置水文地质试验 2 ~ 3 孔段,并采水样化验。

（3）技术要求及评价内容

①开展 1∶2 000 工程地质平面测绘及纵断面测量,复核陡坡路堤填筑段斜坡坡面特征、持力层、上覆土体性质、成因类型、坡体地质结构等初步勘察成果。

②布设钻探工程、轻型勘探工程、钻孔水文地质试验和采样试验等,查明陡坡路堤填筑段持力层、上覆土体、坡体结构、软弱夹层、强风化带厚度、可溶岩岩溶现象等。

③复核岩土体渗透性等水环境条件,评价地下水对陡坡路堤稳定性的影响。

④统计岩土体试验成果,提取持力层和软弱层的抗剪强度参数,计算陡坡路堤稳定性。

⑤确定持力层容许承载力、基底摩擦系数等参数。

⑥结合斜坡坡体地质结构、斜坡变形破坏模式和岩土体工程地质性质,提出支挡

工程建议。

⑦结合陡坡路堤地质环境稳定性,提出优化路线方案的建议,根据需要提供路改桥的工程地质依据,提出桥梁设计所需岩土参数。

⑧分段提出维护地质环境稳定和保障施工安全的措施和建议。

(4)主要成果

①陡坡路堤详细勘察报告。

②1:2 000 陡坡路堤工程地质平面图。

③1:2 000 陡坡路堤工程地质纵断面图。

④1:200 陡坡路堤工程地质横断面图。

⑤钻孔地质柱状图、挖探展示图,简易勘探图或表,岩、土、水试验报告,物探报告及各类附表、附件。

3.1.5 深路堑勘察

根据人工边坡的特点布设勘探断面。所布置的纵、横勘探断面应能控制地质背景、水环境、控制性结构面(产状、延伸、起伏、充填等)等对评价边坡稳定性有重大影响的因素,以查明边坡坡体结构、变形破坏模式,评价深路堑的稳定性。

1)深路堑初步勘察

(1)勘察范围

深路堑初步勘察阶段的勘察范围:各路线方案的深路堑坡口线外侧不小于 50 m。

(2)勘察精度及工作量

①工程地质平面测绘及工程地质纵断面测量精度为 1:2 000,工程地质横断面测量精度为 1:500。

②工程地质条件类似的深路堑布置 1 条控制性横断面,相同条件路段长度超过 120 m 的深路堑应增加控制性横断面数量。

③横断面上的勘探点数量为 2~3 个,钻孔不得少于 1 个,钻孔揭露深度应达潜在滑移面以下 3~5 m。

④深路堑涉及的不同岩性岩体、上覆土体分层采样试验,相同岩性样品试验成果数量不少于 3 组。

⑤水环境条件复杂的深路堑布置水文地质试验 2~3 孔段,并采水样化验。

⑥开展地面物探,其物探断面位置及精度应与工程地质断面一致。

(3)技术要求及评价内容

①开展 1:2 000 精度的工程地质平面测绘和工程地质纵断面测量。

a. 基本查明深路堑的微地形地貌及水环境;

b. 基本查明深路堑的坡体结构、地层层位、岩性、产状以及上覆土体的成因类型、性质和厚度。

c. 结合深路堑与控制性结构面的空间关系,绘制代表性横断面,客观地反映边坡的坡体结构特点。

②布设钻探工程、地面物探,揭露深路堑岩土体叠置关系、岩土界面特征、岩石强

风化带厚度、可溶岩岩溶化程度、控制性结构面与人工边坡的组合关系等。

③分层统计岩土体采样试验成果,提取黏性土的抗剪强度指标,计算并评价土质边坡的稳定性。

④分析地下水赋存、出露条件和抽水试验成果,评价水环境对边坡稳定性的影响。

⑤评价深路堑地段不良地质现象的类型、分布、规模及影响。

⑥评价大型工程与深路堑的空间关系及相互影响。

⑦评价深路堑地段地质环境的稳定性和适宜性。

⑧结合深路堑地质环境适宜性,提出优化路线方案的建议或以隧道方案通过的建议。

⑨根据深路堑对地质环境的影响,提出维护边坡、地质环境稳定的建议。

(4)主要成果

①深路堑初步勘察报告。

②1:2 000 深路堑工程地质平面图。

③1:2 000 深路堑工程地质纵断面图。

④1:500 深路堑工程地质横断面图。

⑤钻孔地质柱状图、挖探展示图,简易勘探图或表,岩、土、水试验报告,物探报告及各类附表、附件。

2)深路堑详细勘察

(1)勘察范围

深路堑详细勘察阶段的勘察范围:各路线方案的深路堑坡口线外侧不小于 50 m。

(2)勘察精度及工作量

①工程地质平面测绘及工程地质纵断面测量精度为 1:2 000。

②工程地质横断面测量精度为 1:200,相同地质条件深路堑横断面间距不超过 60 m,超过时应增加横断面数量。

③横断面上的勘探点数量为 2~3 个,钻孔不得少于 1 个,钻孔揭露深度应达潜在滑移面以下 3~5 m。

④深路堑涉及的不同岩性岩体、上覆土体分层采样试验,相同岩性样品试验成果数量不少于 6 组(含初勘试验成果)。

⑤对大型复杂的深路堑,应对其控制性的软弱面进行现场大剪试验或取样进行便携式剪切试验。

⑥水环境条件复杂的深路堑布置水文地质试验 2~3 孔段,并采水样化验。

⑦开展地面物探,其物探断面位置及精度应与工程地质断面一致。

(3)技术要求及评价内容

①结合深路堑坡体地质结构及边坡稳定性评价,开展 1:200~1:2 000 工程地质测绘和断面测量,定点复核边坡岩土体的地层层位、岩性、成因类型、叠置关系、边坡坡体地质结构及稳定性等初步勘察成果。

②布设钻探工程、地面物探,提高开挖段岩土界面,弱风化、中风化界面,软弱夹层等控制性结构面的控制程度和准确性。

③根据岩土体渗透性和地下水的赋存、运移条件,评价地下水对边坡稳定性的影响。

④统计岩土体样品试验成果,提取黏性土、粉土的黏聚力和摩擦系数,开展土质边坡稳定性评价和计算。

⑤结合人工边坡坡体地质结构、变形破坏模式以及岩土体工程地质性质,评价岩质边坡稳定性,分段拟定边坡坡率及支护工程建议。

⑥拟定人工边坡支护工程设计所需的岩土体物理力学参数。

⑦结合山体、坡体地质结构特征及人工边坡的稳定性,提出人工边坡开挖方法、工艺、顺序、预支护工程措施等建议。

⑧结合地质环境稳定性评价,提出提高边坡稳定的建议,或改路基工程为隧道通过方案的地质依据及参数。

⑨结合深路堑场地工程地质条件的适宜性,提出维护边坡稳定、保障施工安全的措施建议。

(4)主要成果

①深路堑详细勘察报告。

②1:2 000深路工程地质平面图。

③1:500~1:2 000深路堑工程地质纵断面图。

④1:200~1:500深路堑工程地质横断面图。

⑤钻探工程地质柱状图,岩、土、水室内外试验报告,各类统计表、汇总表,物探报告及附图、附件。

3.1.6 施工边坡变形现象勘察

施工边坡变形现象是开挖过程中边坡前沿形成临空条件产生的变形现象,严重影响施工安全和工程安全。出现变形现象应及时进行边坡回填或前沿反压,阻止变形现象恶化,及时开展工程地质勘察,准确地绘制变形边坡坡面的各类变形现象,分析变形现象的组合特征,合理评判变形边坡的变形阶段(表3.6),为变形边坡稳定性评价和处置设计提供依据。

变形边坡详细勘察阶段应突出变形速度、变形量、变形方向以及变形界面位置的准确测量等内容,为稳定性计算、评价提供合理的边界条件。

表3.6 施工边坡变形特征表

变形阶段	主要变形现象	变形现象发育情况
变形阶段	开挖段无明显变形现象;坡体后缘断续发育1条或数条平行等高线的引张裂缝;坡体变形现象细微	引张裂缝发育深度有限,互不连通

续表

变形阶段	主要变形现象	变形现象发育情况
蠕动阶段	开挖段出现局部坍塌,有地下水溢出现象;坡体内出现隆起,发育纵向压致张裂缝等,后缘引张裂缝迅速贯通并出现错落现象,变形体两侧显现排列有序的剪切裂缝等	引张裂缝向深部扩展,逐渐贯通形成破坏面;变形体沿破坏面局部发生位移现象
滑动阶段	开挖段剪出、坍塌;坡体大范围发育滑移、隆起、挤压等;地下水浑浊	形成统一滑移破坏面,并主导施工边坡失稳特点,稳定性恶化趋势显著
停滑阶段	剪出、坍塌物质停积于前沿并阻止后续下滑,形成暂时稳定状态	暂时停止下滑,仍然存在启动的危险性

1)施工边坡变形现象初步勘察

(1)勘察范围

施工边坡变形现象初步勘察阶段的勘察范围:施工边坡及坡缘、坡脚以外不小于 50 m。

(2)勘察精度及工作量

①变形边坡工程地质测绘及工程地质纵、横断面测量精度为 1:500,沿变形方向的纵断面为 1 ~ 2 条、横断面为 1 ~ 2 条。

②后缘及周边布设坑探、槽探工程 2 ~ 5 处。

③布设地表变形现象动态观测断面 2 ~ 3 条,每个断面观测点 3 ~ 5 个。

(3)技术要求及评价内容

①开展 1:500 施工变形边坡工程地质测绘和工程地质断面测量。

a. 查明各类变形现象的特征、位置、规模、变形速度及变形范围等;

b. 复核边坡变形现象的发展过程,初始时间、特点与施工开挖位置、方式、规模以及诱发因素等的联系;

c. 复核边坡的坡体地质结构、控制结构面与破坏面的联系;

d. 查明边坡变形现象的组合关系,判断边坡变形阶段;

e. 结合地表变形现象绘制代表性断面,准确、客观地反映边坡变形特征及发展趋势。

②布设坑探、槽探,揭露、观测引张裂缝的连贯性、扩容发展趋势等深部变形特征。

③布设简易观测,掌握各类变形现象的变形量、变形速度、变形方向及不同区域的差异。

④归纳、判断变形区的整体特征、变形阶段、发展趋势以及变形现象的危害性和危险性。

⑤编制施工边坡变形详细初步勘察纲要,明确处置勘察的目的、任务和技术要求。

⑥根据施工边坡变形恶化趋势和结论,进行变形阶段以及变形现象危害性和危险性评价。

（4）主要成果

①施工边坡变形现象初步勘察报告。

②施工边坡变形现象初步勘察纲要。

③1∶500 施工边坡变形区工程地质图。

④1∶500 施工边坡变形区工程地质纵横断面图。

⑤变形观测数据及分析成果。

2）施工期变形边坡详细勘察

（1）勘察范围

施工期变形边坡详细勘察阶段的勘察范围：施工边坡及坡缘、坡脚以外不小于 50 m。

（2）勘察精度及工作量

①变形边坡工程地质测绘和工程地质纵、横断面测量精度为 1∶500。

②工程地质纵、横断面间距：变形现象恶化趋势缓慢，后果影响有限的简单变形区为 40~60 m；变形趋势明显，产生后果较严重的复杂变形区为 20~40 m，致灾后果突出的复杂变形区不超过 20 m，纵、横断面交点应有钻探工程控制；钻孔的揭露深度达完整稳定岩体内 5~10 m。

③深坑、浅井等轻型勘探工程数量占勘探工程总量的 15%~25%，揭露深度应达变形界面以下。

④变形区涉及的岩体、上覆土体及黏性土、粉土等软弱夹层分层采样试验，分层采样试验成果和触探等现场试验成果不少于 6 组；稳定性分析、评价的黏性土样品试验成果不少于 9 组。

⑤如初勘阶段已布设应连续观测，必要时可布设 2~3 个剖面的深孔位移观测。

⑥可布设物探工作，探测断面位置及精度应与工程地质断面一致。

（3）技术要求及评价内容

①复核施工边坡变形信息、诱发因素以及采取回填、反压等应急措施后变形现象发展趋势等初步观测资料。

②开展 1∶500 工程地质测绘和工程地质纵、横断面测量。

a.定点复核发生变形现象边坡的岩体和上覆土体的地层层位、岩性、工程地质性质等；

b.定点复核变形边坡坡体地质结构，分析、判断边坡破坏面的发育特点与各类结构面的联系；

c.定点补充、复核各类地表变形现象的形态特征、发育方向、规模及组合情况；

d.定点复核变形体剪出口特征、后壁走向、壁高、开口规模、与坡体两壁的联系以及扩展、扩容的特点和范围等；

e.定点描述变形体的变形方向、变形量、变形速度，复核变形阶段和变形机制。

③沿工程地质纵、横断面布设钻探工程、轻型勘探工程，复核边坡坡体的地质结构、软弱夹层岩性特征、出露埋藏情况、岩石的风化类型、强风化岩石厚度、可溶岩溶蚀现象等边坡变形的地质背景。

④布设地表和深部变形仪器观测,提高对变形边坡变形量、变形方向、变形速度及变形界面位置的控制程度和准确性。

⑤统计变形破坏面一带黏性土的试验成果(若开挖段曾发生滑坡,则采集滑带土),提取稳定性计算参数和变形界面位置等参数,计算各断面不同工况条件下边坡的稳定性和剩余下滑力。

⑥根据边坡变形特点和稳定性评价成果,分段拟定减载、反压、支挡、排出地下水等综合处置建议。

⑦根据施工边坡变形的动力地质机制和变形阶段,结合分段布设防护工程的必要性、紧迫性,并结合变形现象特点,提出针对性的措施建议和安全施工建议。

(4)主要成果

①施工变形边坡详细勘察报告(含稳定性计算书)。

②1:500 变形边坡工程地质平面图。

③1:500 变形边坡工程地质纵、横断面图。

④钻探工程地质柱状图,岩、土、水室内外试验报告,各类统计表、汇总表。

⑤地表、深部变形动态观测报告及附件。

⑥地面物探报告及附件。

3.2 路基附属工程勘察

路基附属工程是指保证路基顺利修建、安全运营的相关工程设施,如支挡工程、河岸防护工程、改河(沟、渠)工程、人行天桥、涵、地下通道等。其中,支挡工程、河岸防护工程、改河(沟、渠)工程的结构相对复杂,对地质环境的影响也较敏感,同时还与水环境关系密切。

3.2.1 支挡工程勘察

支挡工程是山区公路预防路堤、边坡变形、失稳的防护工程,主要是根据坡体地质结构、地基地质条件和稳定性布设的重力式挡墙、桩板墙、锚固工程、地下水降排工程以及抗滑桩等工程结构,以维护公路路基的稳定,保障公路安全和畅通。

初步勘察阶段支挡工程勘察主要开展布设地段的工程地质测绘,纵、横断面测量和控制性钻探、物探等,全面掌握支挡工程布设地段的坡体地质结构、地层岩性、岩土体叠置关系、岩土界面、风化带及控制性外倾结构面特征等,评价计算边坡稳定性,为初步设计提供依据。

详细勘察阶段根据支挡工程布设位置布置勘探网,复核控制性岩土界面、堆填界面、软弱夹层等的位置及工程地质特征,采样试验提取参数复核地基地质条件,验算边坡的稳定性,定量评价支挡工程拟建场地工程地质条件的适宜性,分段拟定支挡工程设计的地质参数建议值,并提出支挡工程的建设方案、结构形式、施工方法等措施建议。

1）支挡工程初步勘察

（1）勘察范围

支挡工程初步勘察阶段的勘察范围：欠稳定边坡布设支挡工程的地段两侧各 50 m。

（2）勘察精度及工作量

①支挡工程布设地段工程地质测绘和工程地质纵断面测量精度为 1:2 000。

②支挡工程的工程地质横断面测量精度为 1:500。

③每段支挡工程应有工程地质横断面 1~2 条，支挡工程长度超过 100 m 时，应增加横断面数量。

④勘探工程以钻探工程和螺纹钻等轻型勘探工程为主，数量不少于 3 个（土体较薄或岩体裸露时可用地质观测点代替）。

⑤支挡工程中的各类岩土体试验成果不少于 3 组。

（3）技术要求及评价内容

①开展 1:500 ~ 1:2 000 工程地质测绘及工程地质断面测量：

a. 查明欠稳定边（斜）坡走向、横坡坡向、坡角、坡高等微地形地貌条件及水环境；

b. 查明支挡工程持力层及欠稳定边（斜）坡岩土体的地层层位、岩性、产状及稳定性；

c. 查明坡体地质结构及岩体层面、断裂构造、软夹层、岩土界面、强弱风化中风化岩石界面等控制性结构面特征；

d. 查明不良地质现象的种类、分布、规模以及对边坡稳定性的影响；

e. 结合坡体地质结构绘制代表性工程地质断面。

②评价支挡工程布设地段地质环境的稳定性和适宜性。

③统计岩土体样品试验成果，计算并评价边坡各种工况的稳定性。

④评价支挡工程地基地质条件，初步拟定地基地质参数。

⑤结合布设地段的地质环境条件、支挡工程布设方案，提出支挡工程优化建议。

⑥评价支挡工程对地质环境安全的影响，分段提出布设方案的优化建议。

（4）主要成果

①支挡工程勘察报告及支挡工程初步勘察分段评价表，见表 3.7。

表 3.7　支挡工程初步勘察工程地质分段评价表

序号	路线方案编号	布设段起止里程	维护对象	勘探工作量	微地形地貌、水环境、地基地质条件	不良地质现象及影响	欠稳定路段工程地质特征	工程地质评价、支挡方案建议
1								
2								
⋮								
n								

②1:2 000 支挡工程地质平面图。

③1:2 000 支挡工程地质纵断面图。

④1:500 支挡工程地质横断面图。

⑤钻探工程地质柱状图,螺纹钻等轻型勘探工程柱状图、展示图,岩、土、水试验报告及统计表等。

2)支挡工程详细勘察

(1)勘察范围

支挡工程详细勘察阶段的勘察范围:路基边坡支挡工程拟建场地沿轴线两侧各20 m。

(2)勘察精度及工作量

①支挡工程拟建场地工程地质平面测绘和工程地质纵断面测量精度为1:500。

②工程地质横断面测量精度为1:200 ~ 1:500;断面间距按工程地质条件复杂程度布设;简单路段 20 ~ 40 m,较复杂路段 10 ~ 20 m,复杂路段不超过 10 m(或直接按支挡工程位置布设勘探断面,每一类单体支挡工程的横断面数量为 1 ~ 2 条)。

③工程地质纵、横断面勘探工程以钻探工程为主,数量不少于 3 个;揭露深度达稳定持力层内 5 ~ 10 m(稳定岩体裸露时可用地质观测点代替)。

④支挡工程地基持力层及欠稳定岩土体分层采样试验,软弱层、土体应作抗剪试验,不同岩性持力层和土体试验成果分别不少于 6 组。

(3)技术要求及评价内容

①结合支挡工程的结构形式、欠稳定边(斜)坡坡体地质结构及持力层地基条件,开展 1:500 工程地质测绘及地质横断面测量,定点复核初步勘察成果。

②布设钻探工程、轻型勘探工程、物探等,提高支挡工程持力层、欠稳定边坡的勘察控制程度和准确性。

③定点复核地下水出露情况、不良地质现象位置及活动性,评价场地地质环境的稳定性和适宜性。

④复核持力层强风化带岩体厚度、岩体完整性等地基地质条件。

⑤分段统计持力层、上覆土体、软弱层等黏聚力和摩擦系数等试验成果。

⑥计算并评价欠稳定边(斜)坡各段的稳定性和剩余下滑力,分段提出支挡工程类型和规模等建议。

⑦结合欠稳定边坡特点,分段拟定支挡工程持力层地基允许承载力、容许承载力和基底摩擦系数等参数。

⑧根据地下水、地表水、土样化验结果,评价水和土的侵腐蚀性。

⑨根据边坡坡体地质结构、边坡变形模式、岩土体工程地质性质,评价基坑及基坑边坡的稳定性。

⑩根据支挡工程拟建场地边(斜)坡坡体地质结构、变形破坏模式及岩土体工程地质性质,评价拟建场地工程地质条件适宜性,结合实际条件提出保护地质环境和施工

安全的措施建议。

（4）主要成果

①支挡工程详细勘察报告及支挡工程详细勘察工程地质条件分段评价表,见表3.8。

表3.8 支挡工程详细勘察工程地质条件分段评价表

序号	布设段起止里程	维护对象	勘探工作量	微地形地貌、水环境及不良地质现象影响评价	持力层工程地质特征、主要物理学指标	欠稳定路段工程地质特征				施工地质条件评价表
						1号桩(或第1段)	2号桩(或第2段)	...	n号桩(或第n段)	
1										
2										
⋮										
n										

②1∶500 工程地质平面图。

③1∶500 工程地质纵断面图。

④1∶200～1∶500 工程地质横断面图。

⑤钻探工程地质柱状图,轻型勘探工程展示图,岩、土、水试验报告。

⑥持力层、上覆土体物理力学试验成果统计表。

⑦钻探工程孔位定测成果统计表、其他成果汇总表。

⑧地面物探报告及附图、附件。

3.2.2 河岸防护工程勘察

河岸防护工程是预防江河、冲沟岸坡一带路基工程遭受强烈冲刷发生水毁的防护工程。河岸上覆土体地基稳定性是勘察评价的重点。勘察应分段测量工程横断面,准确描述防护工程布设地段岸坡坡体的地质结构、岩土体岩性、结构特征、岩土界面产状及渗透性等地质差异,分段评价河岸防护工程布设地段的工程地质条件适宜性、地基地质条件和施工地质条件,并提出沿岸路基工程改桥的方案和依据等。

1)河岸防护工程初步勘察

（1）勘察范围

河岸防护工程初步勘察的勘察范围:各路线方案临河路基工程水毁段岸坡。

（2）勘察精度及工作量

①河岸防护工程地段工程地质平面测绘及工程地质纵断面测量精度为1∶2 000。

②每段河岸防护工程有1条工程地质横断面,防护工程长度超过100 m时应增加横断面数量;工程地质横断面测量精度为1∶500。

③横断面的勘探工程以钻探为主,每条横断面钻孔、轻型勘探工程不少于 3 个;钻孔揭露深度达完整、稳定岩土体内 5 ~ 10 m。

④河岸防护工程地基持力层、上覆土体分层采样试验,土体出露地段布设动力触探试验,不同岩性岩土体分层采样试验成果和现场试验成果数量不少于 3 组。

⑤钻孔水文地质抽水试验和地下水水位动态观测 2 ~ 3 孔段,并采地下水、地表水水样试验。

⑥必要时可开展地面物探工作,探测断面位置及精度应与防护工程的工程地质断面位置及精度一致。

(3)技术要求及评价内容

①结合路基工程水毁严重程度,开展 1∶2 000 工程地质平面测绘及工程地质断面测量。

a. 基本查明河岸防护工程布设地段水毁病害的规模、范围,病害发生的时间及河流冲沟的水文特点;

b. 基本查明水毁路段岸坡的坡体地质结构、微地形地貌特征;

c. 基本查明水毁路段岩土体的地层层位、岩性、产状、成因类型、叠置关系及岩土界面埋藏条件和特点;

d. 基本查明水毁路段上覆土体的结构、粒度、级配、渗透性和稳定性;

e. 结合河岸防护工程布设地段的水毁病害特点和强度,绘制水毁路段工程地质断面图,客观、准确地反映水毁路段的工程地质条件及问题。

②沿纵横断面布设钻探、轻型勘探工程、物探,揭露防护工程持力层和上覆土体的出露情况、岩土界面特征、岩石风化类型、强风化岩体厚度及岸坡坡体结构。

③统计持力层、上覆土体样品试验成果和现场试验成果,评价河岸防护工程的地基地质条件,初步拟定地基地质参数。

④分析水文地质调查、钻孔水文地质抽水试验和地下水动态观测成果,掌握岩土体渗透性、地下水与河水的水力联系,评价水文地质条件对河岸防护工程稳定性的影响。

⑤评价河岸防护工程布设地段地质环境的稳定性和适宜性。

⑥评价河岸防护工程的施工地质条件。

⑦结合河岸防护工程布设地段地质环境的适宜性及影响评价,提出完善的路线方案调整等建议。

(4)主要成果

①河岸防护工程初步勘察报告及河岸防护工程初步勘察工程地质分段评价表,见表 3.9。

表3.9 河岸防护工程初步勘察工程地质条件分段评价表

序号	路线方案编号	防护工程起止里程	勘探工作量	公路等级及水毁灾容情况	防护河段主要水文参数、地下水埋藏情况	防护河段岸坡坡体地质结构	防护河段岩土体类型、工程地质性质及主要物理力学指标	工程地质评价
1								
2								
⋮								
n								

②1:2 000河岸防护段工程地质平面图。

③1:500河岸防护段工程地质纵断面图。

④1:500河岸防护段工程地质横断面图。

⑤钻探工程地质柱状图,轻型勘探工程展示图,岩、土、水样品试验报告,钻孔水文抽水试验综合成果表,各类统计表、汇总表等。

⑥地面物探报告及附图、附件。

2)河岸防护工程详细勘察

(1)勘察范围

河岸防护工程详细勘察阶段的勘察范围:审定路线方案河岸防护工程拟建场地及河岸外侧10 m。

(2)勘察精度及工作量

①河岸防护工程拟建场地工程地质平面测绘和工程地质纵断面测量精度为1:200～1:500。

②工程地质横断面间距:以侧蚀为主和侵蚀强度有限的简单岸坡为20～40 m;强烈冲刷的较复杂岸坡为10～20 m;水毁岸坡不超过10 m。

③横断面勘察工程以钻探工程为主,每条断面勘探点数不少于3个,钻孔揭露深度达完整、稳定岩体持力层5～10 m。

④防护工程地基持力层、上覆土体分层采样试验,上覆土体增加现场大容重、颗料分析和静力触探、超重型动力触探试验,不同岩体持力层分层试验成果分别不少于6组(含初步勘察试验成果)。

⑤50%以上钻孔布设声波测井和岩块弹性波速测试。

⑥防护工程长度每100 m,钻孔水文地质抽水试验和水位动态观测不少于3个;地下水、地表水化验样品各2组。

(3)技术要求及评价内容

①结合水毁病害和路基稳定性评价,开展河岸防护工程1:500工程地质测绘和断面测量,定点复核河岸岸坡坡体地质结构及水毁病害分段特点等初步勘察成果。

②有侧重地沿水毁段布设钻探、轻型勘探,提高勘探工程对河岸防护工程地基地质条件的控制程度和准确性,分段评价水毁路基工程的地基地质条件。

③分段统计岩土体样品试验成果,分段拟定河岸防护工程拟建场地的地基地质参数。

④根据水文地质试验成果和动态观测资料,分段评价强透水层渗漏影响和地下水水位涨落对施工的影响。

⑤结合勘察成果评价河岸防护工程拟建场地地质环境的稳定性和适宜性。

⑥根据河岸防护工程拟建场地工程地质条件的适宜性,分段评价各段地质环境的稳定性、地基地质条件和施工地质条件。

⑦根据河岸防护工程水文环境随季节的改变,评价河岸防护工程的施工地质条件,提出施工工期、施工工艺、施工顺序及安全施工建议。

⑧针对水量巨大、流速湍急,防护工程挤占河道等现象,评价调整路基工程的可能性和必要性,并提出路基工程改桥的地质依据和参数。

（4）主要成果

①河岸防护工程详细勘察报告及河岸防护工程详细勘察工程地质条件分段评价表,见表3.10。

表 3.10　河岸防护工程详细勘察工程地质条件分段评价表

河防工程分段序号	河岸防护工程分段里程	公路等级及水毁情况	勘察工作量	河流主要水文参数及冲刷侧蚀,位置、深度	各里程段河岸岸坡坡体地质结构、持力层工程地质稳定性评价	防护工程方案及各段持力层地基地质参数建议值	施工地质条件评价建议
1							
2							
⋮							
n							

②1:500 河岸防护工程地质平面图。

③1:500 河岸防护工程地质纵断面图。

④1:200～1:500 河岸防护工程地质横断面图。

⑤钻探工程地质柱状图、轻型工程展示图、大容重现场试验展示图,钻孔水文地质抽水试验综合成果表。

⑥各种统计表、汇总表。

⑦地下水动态观测报告及附图、附件。

⑧地面物探报告及附图、附件。

3.2.3　改河（沟、渠）工程勘察

改河(沟、渠)工程勘察是指山区公路工程设计中需要局部、小范围、小规模调整现有河道、冲沟、渠系的专门工程地质勘察。一般是在不改变河道、冲沟、渠系过水功能，不改变当地水环境和地质环境的原则下布置两阶段勘察。

初步勘察阶段以基本查明改修地段的地质、水文地质条件，施工的条件和风险为主；详细勘察阶段则在评价地质环境适宜性的基础上，分段评价地基地质条件、防渗条件和河道、冲沟岸坡、渠道边坡稳定性等。

1）改河（沟、渠）工程初步勘察

（1）勘察范围

改河（沟、渠）工程初步勘察阶段的勘察范围：改河（沟、渠）工程起点至汇入原河（沟、渠）路线两侧各50 m。

（2）勘察精度及工作量

①工程地质测绘及工程地质纵断面测量精度为1∶2 000，工程地质横断面测量精度为1∶500。

②每项改河（沟、渠）工程有1条工程地质横断面，相同地质条件改河（沟、渠）工程长度超过100 m时应增加横断面数量，横断面长度达改河（沟、渠）工程轴线两侧50 m。

③横断面勘探工程以钻探工程和轻型工程为主，揭露深度达下伏岩体或持力层内3～5 m，每条断面勘探工程2～3个（岩体裸露时可用地质观测点代替）。

④改河（沟、渠）工程持力层、上覆土体分层采样试验，不同岩性样品试验成果分别不少于3组，土体应有静力触探、动力触探试验成果和抗剪试验成果。

⑤开展水文地质调查面积应大于改造范围，布设钻孔水文地质抽水试验2～3孔段，并采水样化验。

（3）技术要求及评价内容

①收集待改河（沟、渠）的水文资料或渠系设计标准等资料。

②结合改河（沟、渠）工程的特点，开展1∶2 000工程地质测绘和纵横断面工程地质测量。

a.复核工程的规模、布设范围，调查布设地段的微地形地貌条件；

b.基本查明工程一带岩土体的地层层位、岩性、产状、渗透性及稳定性的特点；

c.基本查明工程布设地段强透水层的水文地质特征及出露范围，不良地质现象的种类、分布位置、影响及范围；

d.结合布设地段水文地质、工程地质条件的复杂程度，绘制改河（沟、渠）工程典型横断面。

③沿纵、横断面布设钻探工程、轻型勘探工程、地面物探，揭露河道（沟、渠）改移段开挖范围岩土出露条件、叠置关系，以及强透水层分布范围及深度等。

④评价强透水层的水文地质条件，及对工程和环境的影响。

⑤统计岩土体试验成果，分段评价改河（沟、渠）工程地基地质条件，初步拟定各段的地基地质参数。

⑥结合工程对水环境的改变，评价改河（沟、渠）工程布设地段地质环境的整体稳定性和适宜性。

⑦根据工程的适宜性及对水环境的改变程度,提出调整改河(沟、渠)工程方案的优化建议。

(4)主要成果

①改河(沟、渠)工程初步勘察报告及初步勘察工程地质条件分段评价表,见表3.11。

表 3.11 改河(沟、渠)工程初步勘察工程地质条件分段评价表

序号	路线方案编号	改河(沟、渠)工程起止里程	勘探工作量	开挖段岩土体地层年代、岩性、叠置关系及工程地质性质	开挖段微地形地貌条件、水环境及不良地质现象的影响	改河(沟、渠)工程对环境的影响	工程地质条件及问题评价
1							
2							
⋮							
n							

②1:2 000 工程地质平面图。

③1:2 000 工程地质纵断面图。

④1:500 工程地质横断面图。

⑤钻探工程地质柱状图、轻型勘探工程展示图、螺纹钻记录表、钻孔水文地质抽水试验综合成果表。

⑥各类统计表、汇总表。

⑦地面物探报告及附图、附件。

2)改河(沟、渠)工程详细勘察

(1)勘察范围

改河(沟、渠)工程详细勘察阶段的勘察范围:改河(沟、渠)工程轴线两侧各20 m。

(2)勘察精度及工作量

①工程地质测绘和工程地质纵断面测量精度为1:500,工程地质横断面测量精度为1:200 ~ 1:500。

②工程地质横断面间距:水文地质条件简单的季节性小型冲沟或渠系为20 ~ 40 m,较复杂的小型河道或渠系为10 ~ 20 m,水文地质条件复杂的大型河道或渠系不超过10 m;工程地质横断面长度应达改河(沟、渠)工程两侧20 m;每条横断面上钻探工程、轻型勘探工程数量不少于3个。

③沿改河(沟、渠)工程地质纵横断面分层采样试验,土体厚度超过3m时应增加静力触探、动力触探试验;持力层、上覆土体不同岩性样品分层试验成果分别不少于6组,土体抗剪试验成果不少于6组。

④50%钻孔布设声波测井和岩块弹性波测试。

⑤分段、分层布设钻孔水文地质抽水试验,强透水层、相对隔水层等水文地质抽水试验成果不少于 2 ~ 4 段,并有水质化验成果。

⑥必要时可布设物探工作,探测断面的位置及精度应与改河(沟、渠)改移段的工程地质断面一致。

(3)技术要求及评价内容

①开展 1:500 水文地质工程地质测绘和断面测量,定点复核初步勘察成果。

②定点复核原河道(沟、渠)的过水断面尺寸、纵坡降、汛期行洪能力、冲刷、淤积特点等水文参数。

③逐断面复核改河(沟、渠)改移段边(斜)坡坡体地质结构、隐伏岩溶、固体径流等不良地质现象的影响。

④统计持力层、上覆土体试验成果,分段评价地基地质条件,拟定改河(沟、渠)工程各段的地基容许承载力、基底摩擦系数等地基地质参数。

⑤根据水文地质调查、钻孔水文地质抽水试验成果,统计改河(沟、渠)工程各段的岩土体渗透性,评价改河(沟、渠)工程发生渗漏的可能性,预判并评价渗漏对工程稳定、水环境和地质环境的影响。

⑥分段计算、评价改河(沟、渠)土质边坡在水流作用下的稳定性。

⑦复核、评价改河(沟、渠)工程地质环境的整体稳定性和适宜性。

⑧提出人工边坡坡率、护坡措施的建议。

⑨结合施工地质条件,提出改河(沟、渠)工程的施工工艺、方法、顺序等,提出保证基坑稳定和基坑排水的措施建议。

(4)主要成果

①改河(沟、渠)工程详细勘察报告及详细勘察工程地质条件分段评价表,见表 3.12。

表 3.12　改河(沟、渠)工程详细勘察工程地质条件分段评价表

分段序号	改河(沟、渠)工程类型及名称	工程分段及起止里程	勘察工作量	原河道(沟、渠)的水文参数	改移河道(沟、渠)的规模或主要设计指标	岩土体出露情况、渗透性、工程地质特征、水环境等	对相邻地质水环境的影响评价	改河(沟、渠)工程设计方案的工程地质	地基地质参数和施工地质建议
1									
2									
⋮									
n									

②1:500 改河(沟、渠)工程地质平面图。

③1:500 改河(沟、渠)工程地质纵断面图。

④1:200 ~ 1:500 改河(沟、渠)工程地质横断面图。

⑤钻探工程地质柱状图、轻型勘探工程展示图、螺纹钻记录表、钻孔水文地质抽

（提）水试验综合成果表。

　　⑥各种统计表、汇总表。

　　⑦地面物探报告及附图、附件。

3.2.4　涵址、地下通道、人行天桥勘察

涵是下穿路基等的过水工程，除评价过水条件，勘察地形、地质、水文、水力条件外，应注重收集、利用相邻路段的勘察成果和资料。地下通道与涵有类似的结构特征，但须充分考虑人畜通行安全。人行天桥跨主干道等，墩台地基地质条件为评价重点。

涵址、地下通道、人行天桥的勘察成果内容有限，可采用评价表，但各项工程应绘制布设地段的工程地质纵横断面，为设计提供依据和参数。

1）涵址勘察

（1）勘察范围

涵址勘察阶段的勘察范围：涵址轴线两侧各 10 m，出口端外延 20 m，进口端延至上游汇水区。

（2）勘察精度及工作量

①涵址上游汇水区水文地质调查精度为 1∶10 000。

②涵址的拟建场地工程地质测绘，工程地质纵、横断面的测量精度为 1∶200～1∶500。

③涵址工程地质纵断面（与路线轴向垂直）长度达进出口外 20 m；勘探工程以轻型勘探工程或钻探为主（岩体裸露可用地质观测点代替），揭露深度达持力层以下 3～5 m。

④涵洞的地基持力层和上覆土体分层采样试验，不同岩性样品试验成果分别不少于 3 组（含相邻构筑物相同岩性样品试验成果）。

⑤水环境复杂时，布设钻孔水文地质抽水试验 1～2 孔段和采水样试验。

⑥开展地面物探，勘探位置及精度应与涵址勘察的工程地质纵断面位置和精度一致。

（3）技术要求及评价内容

①1∶200～1∶500 工程地质测绘和断面测量。

a.复核调查涵洞进口汇水条件、出口排水环境条件及微地形地貌条件；

b.调查涵址上游汇水区范围、面积、岩土体出露特点、冲沟纵坡坡降、产生山洪固体径流的可能性及危险性；

c.查明涵址拟建场地的岩土体地层层位、岩性、产状等，持力层的工程地质性质及稳定性；

d.结合涵址工程地质条件的复杂程度，绘制涵址工程地质纵、横断面图，客观、全面地反映涵址工程地质条件。

②布设钻探工程、轻型勘探工程、地面物探等揭露持力层的埋藏分布情况，评价涵址的地基地质条件。

③分层统计持力层、上覆土体样品试验成果（或利用相邻构筑物相同条件的试验成果），拟定涵址地基持力层允许承载力、容许承载力、基底摩擦系数。

④根据施工地质条件,提出保证施工安全的工程地质建议。

⑤评价涵址拟建场地工程地质条件的适宜性,提出保持水环境安全的措施建议。

（4）主要成果

①涵址勘察工程地质条件评价表,见表3.13。

表3.13　涵址勘察工程地质条件评价表

涵址序号	涵址位置	勘察工作量	涵的类型及规模	涵进出口地形特征及纵坡降	上游汇水区面积等水环境条件评价	持力层特征、地基承载力、基底摩擦系数等	工程地质条件评价及建议
1							
2							
⋮							
n							

②1:200～1:500涵址工程地质纵横断面图。

③钻探工程地质柱状图、轻型勘探工程展示图、触探柱状图,岩、土、水试验报告以及相关统计表、汇总表。

④地面物探报告及附图、附件。

2）地下通道勘察

（1）勘察范围

地下通道勘察阶段的勘察范围:内容同涵址勘察中的勘察范围。

（2）勘察精度及工作量

内容同涵址勘察中的勘察精度及工作量。

（3）技术要求及评价内容

内容同涵址勘察中的技术要求及评价内容。

（4）主要成果

①地下通道详细勘察工程地质条件评价表,见表3.14。

表3.14　地下通道详细勘察工程地质条件评价表

人行地下通道序号	人行地下通道位置	勘察工作量	人行地下通道规模	人行地下通道进出口特点及纵坡降	通道出口地形条件、水环境及影响评价	持力层出露埋藏条件、地基持力层承载力、基底摩擦系数建议	工程地质条件评价及建议
1							
2							
⋮							
n							

②1:200～1:500 地下通道工程地质纵横断面图。

③钻探工程地质柱状图、轻型勘探工程地质展示图、触探柱状图,岩、土、水试验报告以及统计表、汇总表等。

④地面物探报告及附图、附件。

3）人行天桥勘察

（1）勘察范围

人行天桥的勘察范围:人行天桥桥位轴线两侧 10 m,桥位两端外延 20 m。

（2）勘察精度及工作量

①工程地质纵、横断面测量精度为 1:200～1:500。

②定点查明桥位、墩位拟建场地的地基条件及施工地质条件。

③沿纵断面(与路线走向垂直)按桥台和桥墩拟建位置布设勘探工程。地质条件简单的人行天桥拟建场地布设纵断面 1 条,地质条件较复杂或车用天桥拟建场地布设纵断面 2 条。

④工程地质横断面以钻孔和轻型勘探工程为主,每条勘探断面勘探工程不少于 2 个(岩体裸露应用刻槽采样点和地质观测点代替),勘探工程揭露深度达持力层中风化界面以下 5 m。

⑤人行天桥墩台地基持力层涉及的岩体、上覆土体,不同岩性样品试验成果分别不少于 3 组(可引用相邻构筑物相同岩性样品试验成果)。

（3）技术要求及评价内容

①结合人行天桥墩台地基地质条件的评价,开展工程地质断面测量:定点复核墩台位置岩土体的地层层位、岩性、产状及上覆土体稳定性;复核拟建场地地质环境的稳定性和适宜性。

②沿纵断面(与线路轴线垂直)布设勘探工程,揭露持力层埋藏条件、强风化带岩体厚度、岩土界面特征以及上覆土体稳定条件等,评价地基条件。

③统计持力层的物理力学指标,拟定各墩台的地基持力层承载力、基底摩擦系数等地基地质参数。

④评价人行天桥桥位地质环境的稳定性和适宜性。

⑤评价人行天桥的施工条件,提出施工安全的工程地质建议。

⑥结合评价人行天桥拟建场地工程地质条件的适宜性,提出维护环境安全的措施建议。

（4）主要成果

①人行天桥详细勘察工程地质条件评价表,见表3.15。

②1:500 人行天桥工程地质纵断面图。

③1:200 人行天桥墩台工程地质横断面图。

④钻探工程地质柱状图、轻型勘探工程地质展示图,刻槽采样机及地质观测点记录卡等,岩、土、水试验报告及统计表、汇总表。

表 3.15　人行天桥详细勘察工程地质条件评价表

人行天桥序号	人行天桥位置	勘探工作量	人行天桥规模	桥位及墩、台位置地形地貌条件	墩、台基础持力层、基础形式、埋置深度(高程)及地基承载力、基底摩擦系数建议值			工程地质条件评价及建议
					0 号台	1 号墩	2 号台	
1								
2								
⋮								
n								

3.3　桥位勘察

　　桥是以独立深基础为结构特征的构筑物,有复杂的上部结构,主要用于跨大江、大河或复杂的地形地貌环境。它能承受较大的静、动荷载,对地质环境的稳定性要求高。因此,桥位应选择在河道顺直、岸坡稳定、地质条件清楚、岩体强度高和岩体完整均一地段,并避开不良地质现象易发区、特殊岩土体出露区,以最佳方式跨越活动性断裂构造带、风化深槽以及强岩溶化岩体出露地段。

3.3.1　桥梁分类、分级

　　按总长度、单跨跨径,把桥的规模划分为特大桥、大桥、中桥、小桥,见表 3.16;按桥梁结构的力学特点,可将桥分为梁式桥、拱式桥、刚架桥、斜拉桥和悬索桥等,见表3.17。勘察时须考虑它们对地质地貌环境稳定性、地基地质条件的要求,并注重施工地质条件的针对性评价。

表 3.16　桥梁规模分级表

规模分级	多孔跨径总长 L/m	单孔跨径 L_k/m
特大桥	>1 000	>150
大桥	100 ~ 1 000	40 ~ 150
中桥	30 ~ 100	20 ~ 40
小桥	8 ~ 30	5 ~ 20

表 3.17　大桥、特大桥梁按桥梁力学特点分类表

桥梁分类	桥梁结构力学特点
梁式桥	主梁为主要受力承重构件,主梁受力
拱式桥	拱肋为主要承重构件,拱承压、支承处有水平推力

续表

桥梁分类	桥梁结构力学特点
刚架桥	支柱与主梁二者刚性连接共同受力,在主梁端部产生负弯矩,减少跨中截面正弯矩,支座不仅提供竖向力,还承受弯矩
斜拉桥	以梁、索、塔为主要承重构件,利用索塔上伸出的斜拉索,在跨内增加弹性支承,减少梁内弯矩、增大跨度
悬索桥	主缆承重,外荷载从梁经系杆传递到主缆,再到两端锚碇

鉴于特大桥、特殊桥桥位对路线的控制性作用,工可阶段和初步勘察阶段应投入一定的勘探工程,对影响桥位、桥型、桥跨的桥塔、高墩、拱座、锚碇布设地段的工程地质条件进行控制勘探。

3.3.2　梁桥桥位勘察

大型梁桥桥位具有独立深基础、桥位长、建设条件变化影响大的特点。初步勘察主要评价桥位区场地地质环境的稳定性和适宜性;详细勘察则要求逐墩、逐台系统评价墩、台的地质环境稳定性、适宜性,地基地质条件及施工地质条件和建桥对环境的影响。

1)梁桥桥位初步勘察

(1)勘察范围

梁桥桥位初步勘察的范围:各路线方案梁桥桥位起止端外延不小于 20 m,桥位轴线两侧各不小于 50 m。

(2)勘察精度及工作量

①梁桥桥位工程地质测绘及工程地质纵断面测量精度为 1:2 000,工程地质横断面测量精度为 1:500。

②横断面勘探工程以钻孔工程、轻型勘探工程为主;横断面上勘探钻孔、轻型勘探工程,刻槽采样点不少于 3 个(岩体裸露时可用地质观测点代替);钻探工程揭露深度达稳定中风化岩体以下 3 倍桩径或不少于 5 m。

③桥位勘察的横断面数量根据桥梁的规模、桥位工程地质条件复杂程度确定,见表 3.18。

④墩、台地基持力层、上覆土体及软弱夹层分层采样试验,各持力层、软弱夹层等样品试验成果分别不少于 3 组。

⑤30% 钻孔开展声波测井和岩块弹性波测试。

⑥跨河等水环境复杂的桥位,钻孔水文地质抽水试验 2~3 孔段,并采水样化验。

⑦沿桥位工程地质断面可布设地面物探,探测断面的精度及位置应与工程地质断面一致。

表 3.18　梁桥桥位初步勘察横断面数量表

桥梁规模	工程地质条件复杂程度		
	简单	较复杂	复杂
	横断面数量/条		
中桥	2～3	3～4	≥4
大桥	3～5	5～7	≥7
特大桥	≥5	≥7	≥10

（3）技术要求及评价内容

①根据桥梁规模开展 1∶2 000 桥位工程地质测绘和工程地质纵断面测量。

a. 初步查明桥位所处的地质构造部位、地貌单元及微地形地貌特点；

b. 初步查明桥位及墩、台布设地段岩土体的地层层位、岩性、产状及工程地质性质；

c. 初步查明桥位断裂构造发育特点、岩石风化类型、可溶岩岩溶化程度及不良地质现象的种类、分布位置、规模及危害性；

d. 初步查明岩土体的渗透性,强透水岩土体的岩性、出露条件、厚度等水文地质条件；

e. 初步查明岸坡坡体地质结构,墩、台地基地质条件沿纵断面的变化和差异；

f. 初步查明桥位及高墩等地质环境的稳定性和适宜性；

g. 初步查明跨江桥位的最高洪水位、冲刷特点,堆积层的岩性结构、出露情况、厚度及渗透性；

h. 绘制主要墩、台的工程地质横断面,客观、准确地反映桥位的工程地质条件和问题。

②有侧重地沿纵、横断面布设勘探工程,揭露持力层、上覆土体、软弱夹层的出露埋藏条件,统计钻探岩芯采取率、RQD 值、岩体及岩块波速测试成果、岩体的完整性和均一性,评价桥位工程地质条件。

③统计样品试验成果,初步评价墩、台基础持力层、基础形式和地基地质参数。

④根据钻孔水文地质抽水试验成果,评价施工阶段基坑涌水等水文地质条件。

⑤结合桥位微地形地貌条件、坡体地质结构、岩土体工程地质性质,评价桥位及墩、台的施工地质条件。

⑥根据桥位布设地段工程地质条件的复杂程度及变化,结合桥位工程地质条件的适宜性,提出维护桥位稳定、保护地质环境安全的优化方案建议。

（4）主要成果

①桥位工程地质初步勘察报告。

②中小桥初步勘察工程地质条件评价表,见表 3.19。

③1∶2 000 桥位工程地质平面图。

④1:2 000 桥位工程地质纵断面图。

⑤1:500 桥位工程地质横断面图。

⑥勘探工程地质柱状图,轻型勘探工程展示图,岩、土、水试验报告,钻孔水文地质抽(提)水综合成果表,各类汇总表、统计表。

⑦地面物探报告及附图、附件。

表 3.19 中小桥初步勘察工程地质条件评价表

序号	路线方案编号	桥位位置及里程	桥梁规模	勘察工作量	持力层、岩性、成因类型产状及工程地质性质	微地形地貌、水环境及不良地质现象	持力层、基础形式、地基地质条件评价	施工边坡、基坑排水等工程地质条件评价
1								
2								
⋮								
n								

2)梁桥桥位详细勘察

(1)勘察范围

梁桥桥位详细勘察的范围:梁桥桥位及墩台范围至周边不小于 10 m。

(2)勘察精度及工作量

①桥梁拟建场地工程地质测绘和工程地质纵断面测量精度为 1:500,各墩、台位置工程地质横断面测量精度为 1:200 ~ 1:500。

②桥台勘察网按"井"字形布设纵横断面,勘探断面的勘探工程以钻探为主;断面上的勘探钻孔、轻型勘探工程,刻槽采样点不少于 3 个(岩体出露好时可用地质观测点代替);钻孔揭露深度达稳定持力层以下 5 ~ 10 m。

③桥墩勘察主要结合桥墩结构形式和工程地质条件复杂程度布设勘察纵横断面和勘探工程数量,满足按桥型图逐墩逐台的评价要求;钻孔揭露深度达稳定中风化持力层以下 3 倍桩径或不少于 5 m。

④钻探遇断裂构造、软弱夹层、风化现象破碎带、岩溶洞穴等,须揭穿 5 m 后才可终孔。

⑤各墩台持力层、上覆土体、软弱夹层等分层采样试验,各持力层样品的试验成果分别不少于 6 组(含初步勘察样品试验成果)。

⑥50% 墩台勘探钻孔布设声波测井和岩块弹性波测试。

⑦土体厚度超过 3 m 桥位布设剪切波测量。

⑧水环境复杂桥位墩、台拟建场地钻孔水文地质抽(提)水试验 3 ~ 5 孔段,并采水样化验。

（3）技术要求及评价内容

①结合桥梁墩台高度、桥跨和拟建场地地形地质条件的复杂程度，开展1∶500～1∶2 000桥位及墩台工程地质测绘和工程地质断面测量，定点复核初步勘察成果。

②增加横断面和勘探工程数量，提高勘探试验对桥梁墩台工程地质条件的控制程度和准确性。

③结合地面物探，复核断裂构造位置、产状及规模，岩石风化范围、风化深槽宽度和延伸特点，可溶岩岩溶化程度、溶洞层发育情况以及软弱夹层分布规律等，评价桥位及墩台地质环境的稳定性和适宜性。

④分层统计持力层和上覆土体的试验成果，结合钻孔的岩芯采取率、RQD值、声波测井成果、岩体完整性系数、岩体基本质量指标，评价地基地质条件，拟定各墩台的基础形式、基础埋置深度、桩基础的桩端允许承载力、基底摩擦系数、单桩轴向承载力容许值的相关参数等地基地质参数。

⑤结合桥位土体持力层的特点，统计分析土工采样试验成果和静力触探、动力触探成果，评价地基地质条件，拟定桥位各墩台摩擦桩的桩侧土的侧摩阻力标准值、桩周摩擦系数、桩端土的承载力基本容许值、基底摩擦系数等地基地质参数。

⑥复核上覆土体、欠稳定斜坡、软弱夹层的抗剪强度指标，开展基坑边坡和欠稳定边、斜坡稳定性计算，评价各墩台的施工地质条件。

⑦分析剪切波测试成果，复核地震效应评价。

⑧分析水文地质抽水试验成果，复核各墩台施工排水的水文地质条件。

⑨结合墩台施工边坡及基坑稳定性，提出施工方法、施工工艺、施工顺序及安全施工的建议。

⑩根据梁桥拟建场地工程地质条件的适宜性，评价各墩台的稳定性、地基地质条件、施工地质条件，并提出保障施工安全和维护地质环境安全的措施建议。

（4）主要成果

①桥位详细勘察报告。

②中小桥详细勘察工程地质条件评价表，见表3.20。

表3.20　中小桥详细勘察工程地质条件评价表

序号	桥梁名称	墩、台位置及里程	勘探工作量	微地形地貌条件、水环境、不良地质现象影响评价	桥梁墩台持力层地层层位、岩性、强度、出露情况，基础形式、基础埋置深度（高程）、地基承载力、基底摩擦系数等建议	工程边坡、基坑稳定性、施工排水评价及施工方法、顺序、安全措施建议
1						
2						
⋮						
n						

③1:2 000 桥位工程地质平面图。

④1:2 000 桥位工程地质纵断面图。

⑤1:200～1:500 桥位工程地质横断面图。

⑥钻探工程地质柱状图,轻型勘探工程展示图,岩、土、水试验报告,钻孔抽(提)水试验综合成果表,各种统计表、汇总表。

⑦地面物探报告及附图、附表等。

3.3.3 特大桥桥塔、高墩勘察

桥塔、高墩对地质环境稳定性较为敏感,对地基地质条件要求较高,除对山体稳定性、边坡稳定性、岩体稳定性进行评价外,应充分考虑岩体中岩溶发育特征,软弱夹层、风化深度等对岩体完整性、均一性的影响。初勘阶段需要对不利条件进行控制。详细勘察评价地基地质条件时,建议采用岩体强度 R_c、岩体完整性指数 K_v 和岩体基本质量指标 BQ 进行多因素综合评价。

①地质条件简单、岩性单一桥位,采用持力层岩体强度、岩体完整性指数、岩体质量指标随深度的变化曲线,评价地基地质条件、选择持力层和确定基础埋置深度。

②地质条件相对复杂的桥位,则采用持力层岩体强度、岩体完整性指数和岩体基本质量指标的展示图(图 3.2),评价特大桥、特殊桥桥塔等地基地质条件,选择构筑物基础持力层和基础埋置深度。

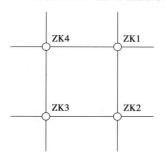

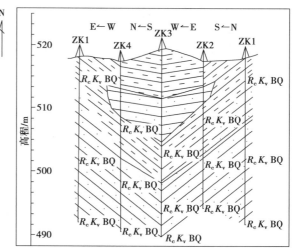

说明:

1. ZK1,ZK2,ZK3,ZK4 为勘探钻孔位置及编号。

2. R_c,K_v,BQ 是样品试验提取的地基地质参数及采样位置。

图 3.2 梁桥墩台地基条件及主要地基参数展示图

1)特大桥桥塔、高墩初步勘察

(1)勘察范围

特大桥桥塔、高墩初步勘察的范围:特大桥桥位桥塔、高墩布设地段及周边不小于 20 m。

(2)勘察精度及工作量

①桥塔、高墩布设地段工程地质测绘及工程地质纵断面测量精度为 1:2 000,工程地质横断面测量精度为 1:500。

②桥塔、高墩勘探用二纵二横或二纵三横勘探网控制;勘探工程以钻探为主,钻孔布设于桥塔、高墩角点或勘探线交汇点上,断面上钻孔数量2~3个;揭露深度不低于梁桥桥墩初步勘察深度要求,根据嵌岩深度的要求适当加深;勘探断面长度达高墩、桥塔轮廓线外侧20 m。

③持力层涉及的岩体分层采样试验,不同岩性岩体分层采样试验成果分别不少于3组。

④50%勘探钻孔布设声波测井和岩块弹性波测试。

⑤土体分布广或厚度大的墩位布设剪切波测试。

⑥结合水环境条件开展3个落程或大泵量钻孔水文地质抽水试验2~3孔段,并采水样化验。

⑦必要时可布设地面物探工作,探测的断面位置及精度与工程地质纵横断面一致。

(3)技术要求及评价内容

①收集桥位区域地质、地层岩性、地质构造、断裂带发育情况、可溶岩岩溶化程度、岩石风化等前期成果。

②开展1:500桥塔、高墩布设地段工程地质测绘及纵横断面工程地质测量:

a.复核桥塔、高墩布设地段微地形地貌条件及水环境条件;

b.复核布设地段岩体的地层层位、岩性、产状及上覆土体稳定性;

c.复核持力层的工程地质性质及稳定性;

d.复核断裂构造、岩石风化、强岩溶化岩体、卸荷带等的分布位置、规模及影响;

e.结合桥型绘制桥塔、高墩的工程地质断面图,准确反映桥塔、高墩布设地段的工程地质条件及问题。

③按勘探网布设钻探工程、物探测试,揭露墩位深部岩体岩性、产状、断裂构造、强岩溶化岩体、岩石风化深槽等斜坡或岸坡的坡体地质结构,评价布设地段地质环境的稳定性和适宜性。

④统计样品试验成果,分析持力层强度、完整性指数、岩体基本质量指标等随深度的变化;初步评价桥塔、高墩布设地段的地基地质条件,拟定地基地质参数。

⑤分析钻孔水文地质抽水试验成果,评价透水岩土体对桥塔、高墩施工地质条件的影响。

⑥分析物探成果,复核桥位区地震效应评估结论。

⑦结合桥塔、高墩布设地段微地形地貌环境、岸坡稳定性,评价桥塔、高墩的地质环境稳定性、适宜性、施工地质条件及布设桥塔、高墩对水环境、地质环境等的影响。

⑧根据桥塔、高墩布设地段工程地质条件的复杂程度,结合建设方案的适宜性,提出优化方案建议和维护桥塔、高墩布设地段环境安全的建议。

(4)主要成果

①桥塔、高墩初步勘察报告。

②1:2 000桥位工程地质平面图。

③1:2 000 桥位工程地质纵断面图。

④1:500 桥塔、高墩拟建场地工程地质平面图。

⑤1:500 桥塔、高墩拟建场地工程地质纵横断面图。

⑥钻探工程地质柱状图,轻型勘探工程展示图,岩、土、水试验报告。

⑦钻孔水文地质抽(提)水试验综合成果表及各种统计表、汇总表。

⑧地面物探报告及附图。

2)特大桥桥塔、高墩详细勘察

(1)勘察范围

特大桥桥塔、高墩详细勘察的范围:桥塔、高墩拟建场地范围及周边不小于 20 m。

(2)勘察精度及工作量

①桥塔、高墩拟建场地工程地质测绘精度为 1:500,工程地质纵横断面测量精度为 1:200。

②勘探线网根据桥塔、高墩结构形式和拟建场地的工程地质条件的复杂程度布设。勘探线间距:工程地质条件简单墩位 8~12 m,较复杂墩位 5~8 m,复杂墩位小于 5 m;桥塔、高墩等纵横断面密度及钻孔数量见表 3.21;钻孔深度不低于梁桥桥墩详细勘察深度要求,根据嵌岩深度的要求适当加深(揭露到断裂构造、软弱夹层、岩溶洞穴层、夹层风化现象时,应揭穿其以下 5 m)。

表 3.21 桥塔、高墩工程地质详细勘察勘探线间距及钻孔数量表

勘探网密度	工程地质条件复杂强度		
	简单	较复杂	复杂
勘探线间距/m	8~12	5~8	≤5
钻孔数量/个	4~5	5~6	8~9

③持力层涉及的岩体分层采样试验,不同岩性样品试验成果数量分别不少于 6 组(含初步勘察试验成果),并增加部分三轴试验。

④50% 以上钻孔进行声波测井和岩块弹性波测试;地质条件复杂地段布设物探综合测井,孔内电视、摄像等。

⑤土体厚度大时,应进行剪切波测试。

⑥布设 3 个落程或最大泵量钻孔水文地质分层抽水试验 2~3 孔段,并采集水样化验。

(3)技术要求及评价内容

①结合桥塔、高墩拟建场地的地质环境稳定性和地基条件,开展 1:500 工程地质测绘和 1:200 工程地质断面测绘,定点复核初步勘察成果及结论。

②复核断裂构造、强岩溶化岩体、夹层风化现象、风化深槽、软弱夹层等对桥塔、高墩拟建场地地质环境稳定性和适宜性的影响。

③增加纵横断面勘探密度、钻孔数量、钻孔声波测井和综合测井数量,提高勘察对

桥塔、高墩持力层岩性、岩相变化等深部地质现象的控制程度和准确性。

④统计、分析持力层强度指标、完整性指标、岩体基本质量指标等随深度（高程）的变化，编制各项指标随深度变化的趋势线，评价桥塔、高墩的地基地质条件；拟定桥塔、高墩的基础形式、基础埋置深度、地基容许承载力、基底摩擦系数等地基地质参数。

⑤统计、分析钻孔水文地质抽（提）水试验成果，分析强渗透岩土体或导水断裂构造等影响，评价基坑排水的水文地质条件。

⑥统计、分析剪切波测试成果，复核地震效应评价结论。

⑦复核江、河、湖、冲沟等水体水文资料，收集该地区施工经验，建议适宜的施工季节和环境。

⑧根据拟建场地坡体地质结构的特点，评价施工基坑边坡的稳定性，提出施工方法、施工工艺、施工顺序及保障安全施工的措施建议。

⑨结合桥塔、高墩拟建场地工程地质条件的适宜性、地基地质条件、施工地质条件，桥塔、高墩建设等对环境的影响，并提出安全和施工建议。

（4）主要成果

①桥塔、高墩详细勘察报告。

②1:2 000 桥位工程地质平面图。

③1:2 000 桥位工程地质纵断面图。

④1:500 桥塔、高墩拟建场地工程地质图。

⑤1:200 桥塔、高墩工程地质纵横断面图。

⑥钻探工程地质柱状图，轻型勘探工程展示图，岩、土、水试验报告，钻孔水文地质抽（提）水试验综合成果表。

⑦持力层强度等物理力学指标分层统计表及其他统计表、汇总表。

⑧物探报告及附件、附图，钻孔孔壁摄像相片等。

3.3.4　拱桥拱座勘察

拱桥是我国古今桥梁建设使用很广的一种桥型。拱桥和梁桥不仅在外形上有较大的差别，在受力方式方面也有很大不同。拱桥在竖向荷载作用下，拱座支撑处同时承受水平方向和竖向的反力。

拱桥拱座基础勘察是桥位勘察的主要内容。拱座除承受重力外，还承受一定的水平推力，对山体、斜坡坡体、岩体的完整性和稳定性要求较高。因此，初步勘察将山体、斜坡坡体、岩体的完整性和稳定性作为桥位勘察、评价的重点；而详细勘察则对地质环境的稳定性和适宜性、地基地质条件、施工地质条件进行评价。

1）拱桥拱座初步勘察

（1）勘察范围

拱桥拱座初步勘察的范围：拱桥拱座布设地段周边不小于 50 m。

（2）勘察精度及工作量

①拱桥桥位工程地质测绘及工程地质纵断面测量精度为 1:2 000。

②拱座工程地质测绘及工程地质断面测量精度为 1∶500,沿拱座纵横断面布置槽探等轻型勘探工程剥土,编制拱座剥土工程地质图。

③拱座勘探网为三纵二横或三纵三横;勘探工程布设于拱座轮廓线角点或勘探断面交点之上,断面间距为 20~40 m;每条断面钻孔数不少于 3 个;钻孔揭露深度达设计基础以下完整、稳定的新鲜岩体的 5~10 m(终孔前遇断裂构造、夹层风化、软弱夹层、溶蚀洞穴等,应予揭穿至完整岩体内 5 m)。

④结合拱座基础设计深度分层采岩样试验,每个拱座不同岩性岩体样品试验成果不少于 6 组,并有三轴抗剪试验指标和上覆土体抗剪试验指标试验成果。

⑤50% 钻孔布设声波测井和岩块弹性波测试。

⑥每个拱座布设钻孔水文地质试验和钻孔地下水水位动态观测 2~3 孔段,并采水样化验。

⑦根据需要可布设物探工作,探测断面的位置和精度与拱座勘察的工程地质断面一致。

(3)技术要求及评价内容

①收集区域地质资料,掌握拱桥桥位及拱座布设地段的地质地貌背景。

②开展 1∶500~1∶2 000 桥位及拱座工程地质测绘和工程地质断面测量。

a. 基本查明桥位、拱座布设地段的微地形地貌条件及稳定性;

b. 基本查明桥位布设地段上覆土体的地层层位、岩性结构、成因类型及稳定性;

c. 基本查明拱座布设地段岩体的地层层位、岩性、产状、岩石风化类型、岩溶发育程度等工程地质条件;

d. 基本查明断裂构造、卸荷带、危岩、岩溶等不良地质的分布和影响;

e. 结合方案绘制拱座的工程地质纵、横断面图,客观、准确地反映桥位及拱座布设地段的工程地质条件和问题。

③利用槽探剥土,编制拱座剥土工程地质图,细化拱座布设地段岩石风化类型及特征、断裂结构构造及软弱夹层分布情况、可溶岩及岩体岩溶化程度等斜坡坡面地质特征。

④布设钻探工程、声波测井和地面物探,揭露深部岩土体出露情况、岩土界面特征、强风化带岩石厚度、可溶岩岩溶发育程度、断裂构造、软弱夹层分布及规模,评价坡体地质结构对桥位和拱座地质环境稳定性和适宜性的影响。

⑤统计岩土体样品试验和声波测井成果;统计岩体强度、完整性指数、岩体基本质量指标,进行拱座围岩稳定性分级;评价拱座地基地质条件,初步确定拱座持力层地基地质参数。

⑥分析水文地质抽水试验和地下水动态观测成果,评价地下水对拱座等构筑物稳定性的影响。

⑦分析拱座布设地段的坡体地质结构、岩体强度、完整性、岩体基本质量等级,评价拱座开挖形成的施工边坡和基坑边坡的稳定性。

⑧根据拱座布设地段工程地质条件的复杂程度,结合布设地段工程地质条件的适

宜性以及对地质环境的影响,并提出桥位及拱座优化方案的建议。

(4)主要成果

①拱桥拱座初步勘察报告。

②1:2 000拱桥桥位工程地质平面图。

③1:2 000拱桥桥位工程地质纵断面图。

④1:500拱桥拱座布设地段工程地质图(剥土)。

⑤1:500拱桥拱座工程地质纵横断面图。

⑥钻探工程地质柱状图,槽探工程展示图,岩、土、水试验报告,钻孔水文地质试验综合成果表及各类统计表、汇总表。

⑦地面物探报告及附件、附图。

2)拱桥拱座详细勘察

(1)勘察范围

拱桥拱座详细勘察的范围:拟审定的路线拱桥方案的拱桥拱座拟建场地及周边20 m。

(2)勘察精度及工作量

①桥位工程地质测绘精度为1:2 000;拱座工程地质测绘及纵横断面测量精度为1:200~1:500。

②拱座勘探的勘探网间距:工程地质条件简单地段为10~20 m,较复杂地段为5~10 m,复杂地段不超过5 m。

③勘探网勘探工程以钻探为主,勘探钻孔按拱座角点和轮廓线布设,钻孔揭露深度达拱座基础设计底板以下3~5 m(终孔前若遇见断裂构造、风化夹层风化、软弱夹层、溶蚀洞穴等应予揭穿后5 m终孔)。

④按持力层和围岩分层采样试验,不同岩性样品试验成果分别不少于6组;抗剪试验成果6组;三轴试验成果2~3组(含初步勘察样品试验成果)。

⑤复杂条件下,根据需要可布设大型现场剪切试验。

⑥逐孔进行声波测井和岩块弹性波测试;综合物探测井2~3孔。

⑦每个拱座钻孔水文地质抽(提)水试验和地下水水位动态观测2~3个孔段,并采水样化验。

(3)技术要求及评价内容

①结合拱座地质环境和地基地质条件评价,开展1:200~1:500工程地质测绘及断面测量,定点复核拟建场地坡面特征、结构面发育情况以及布设地段岩体的完整性和均一性,完善拱座剥土工程地质图等初步勘察成果。

②沿勘探线、勘探网布设钻探、地面物探综合测井,提高对拟建场地工程地质条件的控制程度和准确性,评价拱座拟建场地地质环境的稳定性和适宜性。

③统计样品试验成果,结合拱座基础底板设计高程的岩体强度、岩体完整性指数、基本质量指数,评价拱座的围岩稳定性和地基地质条件,拟定拱座的地基容许承载力、基底摩擦系数等地基地质参数。

④结合基坑边坡坡体地质结构、变形破坏模式、岩土体工程地质性质,评价拱座开挖形成的边坡和基坑的稳定性,提出边坡坡率和维护稳定性的防护措施建议。

⑤分析钻孔水文地质抽水试验和地下水水位动态观测结果,评价地下水对拱座边坡稳定性的影响,提出基坑防水、防侵、防腐蚀的措施建议。

⑥评价施工基坑稳定性、基坑防排水等施工地质条件,提出施工工艺和安全施工的措施建议。

⑦结合拱桥桥位及拱座拟建场地的工程地质条件和适宜性,提出保障施工安全、维护地质环境稳定性的措施建议。

(4)主要成果

①拱桥拱座详细勘察报告。

②1:2 000拱桥桥位工程地质平面图。

③1:2 000拱桥桥位工程地质纵断面图。

④1:500拱座拟建场地工程地质图(剥土)。

⑤1:200拱座工程地质纵横断面图。

⑥钻探工程地质柱状图,岩、土、水试验报告,钻孔水文地质抽(提)水试验综合成果表。

⑦岩体原位大型试验报告、试验记录、相册等。

⑧地面物探报告及附件、附图。

⑨各种统计表、汇总表。

3.3.5 悬索桥锚碇(重力锚、隧道锚)勘察

悬索桥锚碇用于固定主缆,承载一定的抗拔力。悬索桥的锚碇必须布设在完整、稳定的岸(斜)坡坡体和岩体地段。勘察阶段除评价地质地貌条件的适宜性外,还需重点评价锚碇布设地段山体、坡体和岩体的抗滑稳定性和施工地质条件。硐探是探明隧道锚工程地质条件的重要选择。平硐不仅可以用来布置锚塞,还可以直接掌握隧道锚布设地段的工程地质条件和问题,布设现场大型抗拔试验,为悬索桥设计提供地质依据和参数。

1)悬索桥重力锚锚碇初步勘察

(1)勘察范围

悬索桥重力锚锚碇初步勘察的范围:悬索桥重力锚锚碇布设地段及周边不小于20 m。

(2)勘察精度及工作量

①悬索桥重力锚锚碇布设地段及周边工程地质测绘和工程地质断面测量的精度为1:500。

②勘探网断面二纵三横,以钻探、轻型勘探工程为主,钻孔布设于轮廓角点和勘探断面交点;钻孔揭露深度达重力锚锚碇设计底板高程以下3~5 m(钻孔终孔前遇缓倾角断裂带、软弱夹层、夹层风化、溶蚀洞穴等应揭穿至上述现象底板以下5 m)。

③沿纵横勘探线布设槽探等轻型勘探工程剥土,编制重力锚锚碇剥土工程地质图。

④结合地基地质条件和施工边坡稳定性评价,分层采样试验,各层位不同岩性样品试验成果数量分别不少于3组,上覆土体及软弱层应增加抗剪试验。

⑤逐孔进行声波测井和不同岩性岩块弹性波测试。

⑥布设水文地质钻孔抽(提)水试验和钻孔地下水水位等动态观测2~3孔段,并采样化验。

⑦沿工程地质纵横断面可开展高密度电法、探地地质雷达或浅层地震等物探方法探测,探测断面的位置及精度应与工程地质断面一致。

(3)技术要求及评价内容

①开展悬索桥重力锚锚碇布设地段1:500工程地质测绘和工程地质纵横断面测量。

a. 基本查明重力锚布设地段岸(斜)坡的微地形地貌条件及水环境;

b. 基本查明重力锚布设地段不良地质现象的种类、位置、规模及影响;

c. 基本查明重力锚布设地段岩体的地层层位、岩性、产状及上覆土体成因类型和稳定性;

d. 基本查明重力锚持力层工程地质性质、软夹层分布、断裂构造发育特征、位置、规模等对岸(斜)坡坡体地质结构及稳定性的影响;

e. 完善、细化重力锚工程地质图,直接展示开挖地段的工程地质条件及问题;

f. 结合重力锚布设地段地质环境和重力锚设计方案比选,绘制工程地质纵横断面图,客观、准确地反映重力锚布设地段工程地质条件的适宜性。

②布设钻探工程及物探探测,揭露、验证重力锚布设地段岸(斜)坡地层及风化卸荷情况、断裂构造发育程度、强风化岩石特点及岩溶溶蚀现象等,评价布设地段地质环境的稳定性和适宜性。

③根据岩层产状、节理产状、断层断裂构造及软弱夹层等结构面的组合特征,结合岩石强风化带厚度、可溶岩岩溶化程度等坡体地质结构的影响,评价锚碇的抗滑稳定性。

④统计岩体强度指标、完整性指数、岩体基本质量指数,开展基坑围岩分级,评价重力锚的地基地质条件和地基地质参数。

⑤利用水文地质钻孔抽(提)水试验和地下水动态观测成果,评价地下水对锚碇区稳定性的影响。

⑥结合施工边坡坡体地质结构、变形破坏模式、岩土体稳定性,评价重力锚锚碇施工边坡稳定性等施工地质条件。

⑦根据锚碇布设地段斜坡体地质结构、工程地质条件适宜性、重力锚对地质环境稳定性的影响,提出方案的优化建议。

(4)主要成果

①悬索桥重力锚锚碇初步勘察报告。

②1:2 000悬索桥桥位工程地质平面图。

③1:2 000悬索桥桥位工程地质纵断面图。

④1:500重力锚锚碇布设地段工程地质图(剥土)。

⑤1:500重力锚锚碇工程地质纵横断面图。

⑥钻探工程地质柱状图,槽探等轻型勘探工程展示图,岩、土、水试验报告,钻孔水文地质抽(提)水综合成果表,地下水水位钻孔动态观测成果表。

⑦各种统计表、汇总表。

⑧地面物探报告及附图、附表。

2)悬索桥重力锚锚碇详细勘察

(1)勘察范围

悬索桥重力锚锚碇详细勘察的范围:审定路线方案拟定的悬索桥重力锚锚碇场地及周边至少外延 20 m。

(2)勘察精度及工作量

①悬索桥重力锚锚碇拟建场地工程地质测绘及工程地质纵横断面测量精度为 1:200 ~ 1:500。

②勘探线间距:工程地质条件简单地段 10 ~ 20 m,较复杂地段 5 ~ 10 m,复杂地段不超过 5 m;纵断面前端增加钻孔控制;钻孔揭露深度达重力锚锚碇底板以下 3 ~ 5 m(钻孔终孔前遇断裂构造、软弱夹层、可溶岩溶蚀洞穴等应揭穿至底板以下 5 m)。

③逐孔进行声波测井和岩块弹性波测试,可增加井中电视、摄影等综合探测手段。

④重力锚锚碇地基持力层、上覆土体、软弱层采样试验,各层位不同岩性分层采样试验成果分别不少于 6 组;涉及锚碇抗滑稳定性评价和基坑边坡稳定性评价的软弱层,其样品试验成果应达 9 组以上。

⑤钻孔水文地质抽水试验和地下水水位动态观测 3 孔段以上,并采水样化验。

⑥沿重力锚锚碇工程地质纵横勘探线可布设地面物探探测,探测断面的位置及精度应与工程地质断面一致。

(3)技术要求及评价内容

①结合悬索桥重力锚锚碇抗滑稳定性和施工边坡稳定性评价,开展 1:200 ~ 1:500 工程地质测绘和断面测量,定点复核重力锚锚碇拟建场地地质环境的稳定性和适宜性、地基地质条件、施工地质条件评价等初步勘察成果,完善锚碇拟建场地工程地质图。

②有侧重地增加钻探工程、物探及采样试验等工作量,提高勘探的控制程度和准确性,进一步查明拟建场地岸(斜)坡坡体的地质结构、岩土体出露埋藏条件、地基地质条件、基坑边坡稳定性。

③统计岩土体样品试验成果,拟定锚碇地基允许承载力、容许承载力,基底摩擦系数,边坡土体、岩体抗剪指标等地基地质参数。

④计算、评价重力锚锚碇抗滑稳定性,提出锚碇抗滑方案建议。

⑤结合重力锚施工基坑边坡坡体的地质结构、变形破坏模式、岩土体工程地质性质,评价施工边坡的稳定性。

⑥结合地下水赋存条件,评价地下水对锚碇施工和运行阶段的影响。

⑦结合施工边坡稳定性,提出基坑的施工工艺、施工顺序及安全措施建议。

⑧结合重力锚拟建场地工程地质条件的适宜性、基坑开挖,对岸(斜)坡地质环境的影响,提出保障施工安全、维护地质环境安全的措施建议。

（4）主要成果

①悬索桥重力锚锚碇详细勘察报告。

②1:2 000悬索桥桥位工程地质平面图。

③1:2 000悬索桥桥位工程地质纵断面图。

④1:500重力锚锚碇拟建场地工程地质图（剥土）。

⑤1:200重力锚锚碇工程地质纵横断面图。

⑥钻探工程地质柱状图，槽探等轻型勘探工程展示图，岩、土、水试验报告，钻孔水文地质抽（提）水综合成果表，钻孔地下水水位动态观测成果表，以及各种统计表、汇总表。

⑦地面物探报告及附图、附件。

3）悬索桥隧道锚初步勘察

（1）勘察范围

悬索桥隧道锚初步勘察的范围：悬索桥隧道锚布设地段及周边不少于50 m。

（2）勘察精度及工作量

①悬索桥隧道锚布设地段工程地质测绘和工程地质纵横断面测量精度为1:500。

②可沿纵横断面布设槽探、坑探剥土，编制隧道锚布设地段剥土工程地质图。

③勘探网断面二纵三横，勘探工程以钻孔勘探工程为主；勘探横断面钻孔布设于隧道锚轴线起点、中点和端点，每条勘探线钻孔数量不少于3个；钻孔揭露深度达隧道锚设计底板以下5~10 m（钻孔终孔前断裂构造、软弱夹层或可溶岩溶蚀洞穴等应揭穿至底板以下5 m）。

④隧道锚涉及的岩体应分层采样试验，各地层层位不同岩性岩体分层采样试验成果分别不少于3组，软夹层增加抗剪和三轴试验。

⑤逐孔进行声波测井和岩块弹性波测试；深孔应布设物探综合测井，井中电视、孔内摄影1~2孔。

⑥开展钻孔水文地质抽（提）水试验和钻孔地下水水位动态观测2~3孔段，并采水样化验。

⑦沿工程地质纵横断面位置布设物探工作。

（3）技术要求及评价内容

①开展1:500悬索桥隧道锚布设地段工程地质测绘和工程地质纵横断面测量：

a.基本查明隧道锚布设范围内的地质构造、部位及特点、地貌单元等；

b.基本查明隧道锚布设地段岩体的地层层位、岩性、产状、上覆土体成因类型及稳定性；

c.基本查明岩体风化类型，可溶岩发育程度，断裂构造规模、产状等；

d.基本查明硐口布设地段微地形地貌、水环境、卸荷带分布范围和规模、强风化带岩位厚度、可溶岩岩溶化程度等进硐条件；

e.绘制隧道锚纵横断面图，客观、准确地反映隧道锚布设地段的工程地质条件及问题。

②布设钻探工程、地面物探、深井综合物探测井、声波测井等，揭露隧道锚布设地

段岩体出露埋藏条件、断裂构造节理裂隙等结构面发育情况、岩石风化类型及强风化带发育深度、可溶岩岩溶化程度及溶蚀洞穴等。

③完善、细化隧道锚布设地段剥土工程地质图,掌握隧道锚隧道进口段的山体、坡体、岩体的稳定性、工程地质性质、岩石风化特点、可溶岩岩溶化程度、断裂构造及结构面的延伸方向、规模。

④统计岩体样品试验成果,分析岩体完整性指数、岩体基本质量指标,进行围岩分级,评价隧道锚围岩稳定性,初步拟定隧道锚地基地质参数。

⑤分析钻孔水文地质抽(提)水试验和钻孔地下水水位动态观测成果,评价地下水赋存状况对隧道锚稳定性的影响。

⑥根据隧道锚布设地段剥土工程地质图揭示的隧道锚进口段斜坡坡面特征和坡体地质结构,评价隧道锚进口坡体的稳定性。

⑦结合山体地质结构及稳定性,评价隧道锚的施工地质条件。

⑧根据隧道锚布设地段工程地质的复杂程度,工程地质条件的适宜性,以及布设隧道锚对地质环境的影响,提出方案优化建议。

(4)主要成果

①悬索桥隧道锚初步勘察报告。

②1:2 000 悬索桥桥位工程地质平面图。

③1:2 000 悬索桥桥位工程地质纵横断面图。

④1:500 隧道锚布设地段工程地质图(剥土)。

⑤1:500 隧道锚工程地质纵断面图。

⑥1:500 隧道锚工程地质横断面图。

⑦钻探工程地质柱状图,槽探等轻型勘探工程展示图,岩、土、水试验报告,钻孔水文地质抽(提)水综合成果表,地下水水位钻孔动态观测成果表。

⑧物探深井综合探测报告及附图、附件。

⑨地面物探报告及附图、附件。

⑩各种统计表、汇总表。

4)悬索桥隧道锚详细勘察

(1)勘察范围

悬索桥隧道锚详细勘察的范围:拟定路线方案的悬索桥隧道锚拟建场地及周边20 m。

(2)勘察精度及工作量

①悬索桥隧道锚拟建场地工程地质测绘及工程地质纵横断面测量精度为1:200 ~ 1:500。

②沿隧道锚位置或平行轴向布设工程地质勘探网,勘探网断面间距:简单地段10 ~ 20 m,较复杂地段 5 ~ 10 m,复杂地段不超过 5 m(纵、横勘探断面交点应有钻孔控制);钻孔揭露深度达隧道锚设计基础底板以下 3 ~ 5 m(钻孔终孔前遇断裂构造、软弱夹层、可溶岩溶蚀洞穴等应揭穿 5 m 后终孔)。

③隧道锚涉及岩体按地层层位不同岩性分层采样试验,不同岩性样品试验成果分别不少于6组,并增加抗剪试验和三轴试验(含初步勘察试验成果)。

④逐孔进行声波测井、岩块弹性波测试;深孔布设钻孔综合测井、孔内电视、孔内摄像。

⑤每个隧道锚布设钻孔水文地质抽(提)水试验和钻孔地下水位动态观测 3 孔段以上,并采水样化验。

⑥沿隧道锚轴线开展地面物探探测,探测断面的位置及精度应与勘探断面一致。

⑦复杂地质条件悬索桥隧道锚勘察:

a. 沿隧道锚布设位置或平行隧道锚轴线布设 2 m×2 m 硐探,每个隧道锚数量 1 ~ 2 个,硐探深度达锚固体设计底板位置锚固体底端 10 m;

b. 选择适当的位置和深度布设硐探,开展大型抗剪、抗拔试验。

(3)技术要求及评价内容

①根据悬索桥隧道锚建设特点,开展 1∶200 ~ 1∶500 工程地质测绘及工程地质断面测量;定点复核岩体、坡体、山体的完整性及地质环境的稳定性和适宜性等初步勘察成果。

②有侧重地增加钻探工程、地面物探、声波测井及物探综合测井等勘探工作量,提高勘探的控制程度和准确性,进一步查明隧道锚拟建场地山体地质结构、断裂构造、软弱夹层、岩溶洞穴等的控制程度和准确性。

③统计样品试验成果,分析岩体强度指标、岩体完整性指数、岩体基本质量指标,进行围岩分级,分级评价围岩的稳定性。

④布设硐探直接观测隧道围岩的岩性、厚度、产状、完整性、均一性、岩石风化类型、强风化岩石及厚度、裂隙发育程度、断裂构造及软弱夹层分布位置和规模、可溶岩溶蚀洞穴发育情况等工程地质特征,评价围岩的稳定性。

⑤开展大型原位变形试验、岩体原位直剪试验、岩面与结构面原位抗剪试验、混凝土与围岩岩面的抗剪试验以及大型原位抗拔试验,直接提取隧道锚锚塞体的抗滑稳定参数,计算并评价隧道锚锚塞的抗拔稳定性。

⑥分析水文地质钻孔抽水试验和地下水动态观测成果,评价地下水对隧道锚稳定性的影响,评价水质的腐蚀性,提出防渗、防腐蚀等措施建议。

⑦统计样品试验成果和原体大型试验成果,拟定评价隧道锚的抗剪强度、周边侧摩阻力、混凝土与岩体的摩擦系数等建议值。

⑧根据进洞口的坡面特征、坡体地质结构、岩土体工程地质,评价隧道锚进洞口的稳定性。

⑨评价隧道锚施工地质条件,提出维护洞口稳定性的防治措施、基坑围岩稳定性及防排水的措施建议。

⑩结合隧道锚拟建场地的山体地质结构、工程地质条件的适宜性,提出保障施工安全、维护地质环境安全的措施建议。

(4)主要成果

①悬索桥隧道锚详细勘察报告。

②1:2 000 悬索桥桥位工程地质平面图。

③1:2 000 悬索桥桥位工程地质纵断面图。

④1:500 隧道锚拟建场地工程地质图(剥土)。

⑤1:500 隧道锚锚固区工程地质纵横断面图。

⑥1:200 隧道锚工程地质纵断面图。

⑦1:200 隧道锚工程地质横断面图。

⑧1:200 隧道锚硐探工程地质展示图。

⑨钻探工程地质柱状图,岩、土、水试验报告,钻孔水文地质抽(提)水试验综合成果表,钻孔地下水动态观测成果表等。

⑩硐探原位大型试验报告、试验记录、相册等。

⑪地面物探综合测井报告及附图、附件。

⑫深孔物探钻孔综合测井报告及附图、附件。

⑬各种统计表、汇总表。

3.4 隧址勘察

隧道工程是开挖于山体内一定深度的线型构筑物。受勘察手段和方法制约,隧址工程地质主要通过收集前人成果,进行工程地质和水文地质测绘,利用有限的钻探工程和地球物理勘探,掌握隧址山体地质结构和相关的地质现象及问题,利用地质结构和地质规律等,开展隧址围岩稳定性、水环境及环境地质问题的工程地质评价。因此,测量地层剖面,建立隧址区地层层序,开展隧址工程地质测绘、专门水文地质和环境地质调查,实测隧道工程地质纵横断面等是隧址勘察的基础工作。

3.4.1 隧道工程分类、分级及勘察方法

1)隧道工程分类、分级

(1)隧道工程分类

隧道根据穿越山体的地质结构特点,可分为越岭隧道、傍河隧道、城市隧道和水下隧道等多种类型,见表3.22。

表3.22 公路隧道山体地质结构分类表

隧道类型	山体地质结构及特点
越岭隧道	穿越地形分水岭,地质环境及工程地质条件具有多样性,施工地质条件复杂
傍河隧道	穿越河谷岸坡山嘴,环境脆弱,山体稳定性对隧道安全影响显著
城市隧道	隧址与人口聚居区关系密切,相互干扰,影响因素多,灾害后果严重
水下隧道	水文地质条件复杂,水体对隧道安全威胁明显

(2)隧道工程分级

隧道根据工程的规模,可分为特长隧道、长隧道、中隧道、短隧道,见表3.23。

表3.23 公路隧道长度分级表

隧道长度分级	特长隧道	长隧道	中隧道	短隧道
隧道长度 L/m	> 3 000	1 000 ~ 3 000	500 ~ 1 000	≤500

隧道根据跨度不同,可分为小跨度、中跨度、大跨度和特大跨度隧道,见表3.24。

表3.24 公路隧道跨度分级表

隧道跨度分级	小跨度	中跨度	大跨度	特大跨度
开挖跨度 B/m	<9	9 ~ 14	14 ~ 18	≥18

隧道根据在地下的埋置深度,还可分为浅埋隧道、一般埋隧道和深埋隧道,见表3.25。在类似山体地质结构条件下,由于规模、埋深的差异,其工程地质条件、环境工程地质问题、勘察评价内容、方法及勘察难度都具有不同的特点和区别。

表3.25 公路隧道埋置分级表

隧道埋置分级	浅埋隧道	一般埋隧道	深埋隧道
隧道埋深/m	> 30	30 ~ 600	≥600

2)隧道勘察方法

(1)选址原则

隧址勘察以探明山体深部的地质结构和工程地质条件为主。受勘探工作量局限,隧址应选择地质构造清晰、地层岩性简单、环境工程地质问题少、进出口相对稳定的地段,并远离以下情况:

①隧道轴线走向与高应力区最大主应力方向(或较强残余应力的主应力方向)垂直或大角度相交的地段。

②活动性断裂带及相邻地段,以及多条断裂构造交会地段。

③普遍存在地震遗迹的古今地震频发区。

④高瓦斯煤层、天然气田、含盐地层、膨胀性地层、有害矿体、放射性剂量较高的地段。

⑤大型复杂的矿产采空区。

⑥岩溶化程度较高的封闭储水构造,以及与大型水库、湖泊、河流、冲沟、湿地等地表水体同在一个强渗透岩层的地段。

⑦隧道进出口或洞身段为山崖卸荷带,或进出口一带是山洪、滑坡、崩塌、泥石流的易发区和频发区。

(2)隧道围岩稳定性分级和评价方法

①隧址勘察涉及地层层位多,岩性、岩相相对复杂,并受勘探工程量有限制约,影响隧道围岩稳定性分级和评价质量。因此,施工勘探钻孔时,应有计划地逐钻孔采集各层位不同岩性样品试验,提取岩体的强度、完整性等各项指标,保障围岩分级成果的客观性和完整性。

②隧道围岩稳定性评价主要采用围岩基本质量指标(BQ)和围岩基本质量指标修

正值([BQ])进行计算和分级评价,即

    A. 隧道围岩基本质量指标 BQ 为

$$BQ = 100 + 3R_c + 250K_v$$

式中　R_c——岩石单轴饱和强度,MPa;

      K_v——岩体完整性系数。

    a. 当 $R_c > 100K_v + 30$ 时,应取 $R_c = 100K_v + 30$ 和 K_v 代入计算 BQ 值;

    b. 当 $K_v > 0.04R_c + 0.4$ 时,应取 $K_v = 0.04R_c + 0.4$ 和 R_c 代入计算 BQ 值;

    c. R_c 应采用实测值,当无条件取得实测值时,可采用实测的岩石点荷载强度指数 $I_{S(50)}$ 换算。

    B. 围岩基本质量指标修正值 BQ 为

$$[BQ] = BQ - 100 \times (K_1 + K_2 + K_3)$$

式中　[BQ]——围岩基本质量指标修正值;

      BQ——围岩基本质量指标;

      K_1——地下水影响修正系数;

      K_2——地质构造影响修正系数;

      K_3——山体初始应力状态影响修正系数。

围岩基本质量指标的地下水影响修正系数(K_1)、地质构造影响修正系数(K_2)和山体初始应力状态影响修正系数(K_3)受多种复杂因素制约,为了较客观、方便地提取围岩基本质量指标修正值,建议采用勘察中易提取、影响最普遍、最突出的两种水文地质、工程地质因素进行评判和提取。提取方法见表 3.26、表 3.27 和表 3.28。

表 3.26　隧道围岩基本质量指标地下水影响修正系数(K_1)提取表

水环境	围岩水文地质特征及渗透性分级 $K/(cm \cdot s^{-1})$				
	极强透水性岩体(具有管道流的强岩溶化岩体和大型导水断裂)$K \geqslant 1$	强透水岩体(强岩溶化岩体、导水断裂及裂隙发育的砂砾岩等硬质岩)$10^{-2} \leqslant K < 1$	中等透水岩体(岩溶化岩体,裂隙发育的砂岩、结晶岩、变质岩等)$10^{-4} \leqslant K < 10^{-2}$	弱透水岩体(粉、细砂岩,裂隙不发育的砂岩、结晶岩、变质岩等)$10^{-5} \leqslant K \leqslant 10^{-4}$	微、极微透水岩体(黏土岩、泥岩、页岩等)$K < 10^{-5}$
地下水垂直循环带(饱气带)	0.4 ~ 0.6	0.2 ~ 0.4	<0.2	0	0
地下水季节变动带	0.6 ~ 0.8	0.4 ~ 0.6	0.2 ~ 0.4	<0.2	0
地下水水平循环带,水头压力小于 0.1 MPa	0.8 ~ 1.0	0.6 ~ 0.8	0.4 ~ 0.6	0.2 ~ 0.4	<0.2
地下水水平循环带,水头压力大于 0.1 MPa	≥1.0	0.8 ~ 1.0	0.6 ~ 0.8	0.4 ~ 0.6	<0.4

注:表中 K 为地下水渗透系数,与地下水影响修正系数 K_1 不是相同或相关概念。

表 3.27　隧道围岩基本质量指标地质构造影响修正系数(K_2)提取表

控制性结构面与洞轴的空间关系	围岩强度及完整性特征				
	新鲜完整坚硬岩组	新鲜完整硬岩组	弱风化、风化的软硬岩互层岩组,硬岩的两组以上裂隙发育	软岩为主的软硬岩互层岩组,断裂带碎裂岩组,强岩溶化可溶岩等	软岩、极软岩、全强风化结晶岩;断裂带碎裂岩组,强岩溶化可溶岩溶洞层等
控制性结构面与洞轴的夹角小于30°	0	<0.6	0.6~0.8	0.8~1.0	≥1.0
控制性结构面与洞轴的夹角为30°~60°	0	<0.2	0.2~0.6	0.6~0.8	0.8~1.0
控制性结构面与洞轴的夹角大于60°	0	<0.2	0.2~0.4	0.4~0.6	0.6~0.8

注:表中上、下限根据控制性结构面类型、规模等取值。

表 3.28　隧道围岩基本质量指标山体初始应力状态影响修正系数(K_3)表

应力初始状态		围岩特征				
		新鲜、完整坚硬岩组	新鲜、完整硬岩组	裂隙发育的软岩、硬岩互层岩体	软岩为主,软硬岩互层,部分断裂带碎裂岩	软岩、极软岩,断裂带碎裂岩,全强风化岩体
极限应力区	主应力方向与隧道轴夹角大于60°	1.0	1.0	≥1.0	≥1.0	≥1.0
	主应力方向与隧道轴夹角小于30°	0.7	0.7	0.6~0.8	0.7	0.7
高应力区	主应力方向与隧道轴夹角大于60°	0.5	0.5	0.5~0.8	0.8~1.0	1.0
	主应力方向与隧道轴夹角小于30°	0.3	0.3	0.3~0.5	0.4~0.6	0.6

(3)隧道勘察应探明的环境地质问题

①地下水病害是山区公路隧址勘察中最常见的环境地质问题。据统计,山区地下水病害80%都集中在强岩溶化的可溶岩隧道段。为准确、客观地评价岩溶水病害对隧道施工、营运造成的危害,隧址勘察应布设一个完整水文地质单元的岩溶水水文地质调查,掌握区域内岩溶发育规律、岩溶水赋存、运移条件等水环境;同时,应准确揭露、控制强岩溶化渗透岩层及埋藏特征,提取水文地质参数,计算地下水天然补给量、天然

排泄量。隧道施工疏干地下水产生的灾害水量以及运营阶段强降水过程的成灾水量，为预测岩溶水病害提供依据。

②隧道穿越煤层、天然气田等地质环境时，应充分收集前人勘察成果，开展矿井井巷调查，测试可燃气气体种类、浓度、压力等，分析、掌握有毒有害气体溢出、转移条件、途径及危害。

③开展矿井采空区调查，复核隧道位置与矿层、矿井巷道、井巷的空间关系，掌握隧道压矿情况，优化、选定隧道通过范围。

④进行隧址含盐地层、膨胀性岩层调查和勘察，有计划地采集样品进行含盐成分鉴定、矿物鉴定、化学成分分析、岩块溶解性和岩块溶解速度试验，提取岩石成分溶解速度、溶解量、膨胀性指标及侵蚀性指标，为设计提供依据和参数。

⑤收集放射性地层层位放射性的相关资料，约请专业部门现场测试放射性围岩中的放射性剂量，评价危害程度，为工程地质评价和安全施工提供依据。

⑥适时布置隧址水文地质动态观测，准确掌握隧道的水环境特征和隧道施工阶段疏干地下水对地下水水位区域性下降的影响及对地质生态环境的影响，为处置灾害提供依据。

3.4.2 隧道进出口勘察

隧道进出口应垂直地形等高线布设于山体、斜坡坡体、岩体相对完整稳定且不受山洪侵扰的地段。勘察各阶段除工程地质测绘外，主要通过较大密度的工程地质横断面、纵断面进行控制，勘察内容以评价进出口的边、仰坡稳定性和围岩稳定性为主。

1）隧道进出口初步勘察

（1）勘察范围

隧道进出口初步勘察的范围：各路线方案隧道进出洞口前 20 m，至洞顶厚度不小于 30 m 的洞段。

（2）勘察精度及工作量

①隧道进出口布设地段工程地质测绘及地质纵、横断面测量的精度为 1∶500。

②工程地质纵断面沿洞轴线布设，各进出口实测纵断面 1 条，断面长度达洞顶山体厚度 30 m 范围。

③工程地质横断面垂直洞轴线实测 5 条，横断面间距为 3～5 m，控制范围达堑坡坡肩外侧 10 m。

④控制性横断面上的钻探工程、轻型勘探工程、刻槽采样点数量不少于 3 个（岩体出露可用地质观测点代替）；钻探工程揭露深度达隧道设计底板以下 3～5 m。

⑤隧道进出口涉及的各地层层位不同岩性岩体和上覆土体分层采样试验，不同岩性样品试验成果不少于 3 组；土体应增加抗剪试验。

⑥逐孔进行声波测井和岩块弹性波测试。

⑦布设地面物探探测，探测断面的位置及精度与进出口工程地质断面一致。

（3）技术要求及评价内容

①结合隧道进出口稳定性评价，开展 1∶500 工程地质测绘和工程地质断面测量：

a.根据越岭隧道或傍河隧道穿越山体的特点,查明进出口段微地形地貌条件;

b.查明山洪、欠稳定斜坡等对隧道进出口安全的影响;

c.查明进出口一带岩土体的地层层位、岩性、产状、叠置关系及岩土体工程地质性质、土体成因类型及稳定性;

d.查明岩土界面、强弱风化带岩石界面、断裂构造发育特征,统计裂隙等结构面(各进出口不少于3组),基本查明进出口地段斜坡坡体地质结构;

e.根据坡体地质结构和进洞方案,绘制隧道进出口工程地质纵横断面图,准确反映进出口的工程地质条件。

②布设钻探、轻型勘探工程、物探及声波测井等,揭露隧道进出口一带岩体的出露及埋藏条件、强风化带厚度、可溶岩岩溶发育情况、地下水赋存条件等,评价进出口地质环境的稳定性和适宜性。

③分析进出口仰坡、堑坡的坡体地质结构、稳定性控制因素、变形失稳模式,评价仰坡、堑坡的稳定性。

④结合上覆土体出露条件,计算并评价土质边、仰坡的稳定性。

⑤统计进出口段岩体强度指标和声波测试成果,进行进出口段围岩稳定性分级和围岩稳定性评价。

⑥在进出口上覆土体较深厚地段布设剪切波测试,评估地震效应。

⑦初步评价隧道进出口的施工地质条件。

⑧根据进出口工程地质条件的复杂程度,结合布设地段工程地质条件的适宜性,提出进出口位置的优化建议。

(4)主要成果

①隧道进出口初步勘察报告。

②1:2 000隧道进出口工程地质平面图。

③1:500隧道进出口工程地质纵断面图。

④1:500隧道进出口工程地质横断面图。

⑤钻孔地质柱状图,岩、土、水试验报告,以及各类统计表、汇总表。

⑥物探报告及附图、附件。

2)隧道进出口详细勘察

(1)勘察范围

隧道进出口详细勘察的范围:审定的隧址方案进出口。

(2)勘察精度及工作量

①隧道进出口拟建场地工程地质测绘和工程地质纵断面测量精度为1:500,工程地质横断面测量精度为1:200。

②每个进出口实测纵断面1条、横断面5条(间距3~5 m)。

③横断面勘探工程以钻探工程为主,控制性横断面的钻孔不少于2个,钻孔揭露深度达隧道设计底板高程以下3~5 m,其余每条横断面上的地质观测点、裂隙统计点、探坑数量不少于3个。

④隧道进出口稳定性评价涉及的岩体分别采样试验,不同岩性样品试验成果分别不少于 3 组;上覆土体应有抗剪指标试验成果(含初勘试验成果)。

⑤逐钻孔进行声波测井。

⑥土体厚度大于 3 m 的隧道进出口布设剪切波测量。

⑦布设地面物探,探测断面的位置及精度应与隧道进出口实测的工程地质断面一致。

（3）技术要求及评价内容

①结合进出口稳定性评价,开展 1∶200 ~ 1∶500 隧道进出口工程地质测绘和工程地质断面测量,定点复核进出口坡体地质结构、岩土体工程地质性质及结构面发育情况等初步勘察成果。

②增加工程地质钻探、物探、轻型勘探工程的勘探工程数量,提高勘探工程对进出口岩土体出露条件、坡体地质结构的控制程度和准确性。

③统计样品采样试验成果和声波测井资料,进行围岩稳定性分级,评价围岩稳定性。

④进行仰坡、堑坡上覆土体稳定性计算和评价。

⑤结合坡体地质结构、变形破坏模式以及结构面发育特征,评价隧道进出口岩质边、仰坡的稳定性。

⑥结合隧道进出口坡体地质结构、变形破坏模式和岩体工程地质性质,拟定边、仰坡坡率和防护措施建议。

⑦复核剪切波测量成果和地震效应评估结论。

⑧针对施工地质条件提出施工方法、施工工艺、施工顺序及预加固措施等建议。

⑨结合拟建场地进洞条件适宜性和施工地质条件,提出安全进洞的措施建议。

（4）主要成果

①隧道进出口详细勘察报告。

②1∶500 隧道进出口工程地质平面图。

③1∶500 隧道进出口工程地质纵断面图。

④1∶500 隧道进出口工程地质横断面图。

⑤钻孔地质柱状图,坑槽探展示图,岩、土、水试验报告,以及各类统计表、汇总表。

⑥物探报告及附图、附件。

3.4.3 隧道洞身勘察

1）隧道洞身勘察方法

隧道洞身勘察常受勘察手段和勘探工作量限制,勘察前必须充分收集、掌握区域地质背景资料,了解山体地质结构、断裂构造及软弱岩层特征、可溶岩类型和可溶岩岩溶化程度等,有针对性地布置隧道洞身勘察。

初步勘察阶段应查明洞身围岩的稳定性及影响因素;可岩溶出露区隧址需要开展岩溶水水文地质调查,查明强岩溶化岩体和强渗透岩层的发育、分布规律,引发地下水病害的水环境条件;开展矿山采空区、煤层瓦斯、有毒有害气体等各类环境地质问题的资料收集、专门调查和采样试验,评价环境地质问题对隧道施工、运营环境的影响和危害,为隧址选线提供依据。

详细勘察阶段则针对性地投入勘探工作量,复核初步勘察成果,定量评价洞身围岩稳定性、环境地质问题,为保障、维护工程安全、施工安全、环境安全提出措施建议;适时开展隧址区地下水疏干动态观测和煤层瓦斯、有毒有害气体监测预报,为保障隧道施工安全和地质环境安全提供依据。

2)隧道洞身初步勘察

(1)勘察范围

隧道洞身初步勘察的范围:各路线方案相关隧址隧道洞身段及轴线两侧各200 m。

(2)勘察精度及工作量

①隧址工程地质测绘及工程地质纵横断面测量精度为1:2 000。

②隧址洞身段横断面间距为300 ~ 500 m;横断面勘探钻孔1 ~ 2个,钻孔设计深度达隧道设计底板以下5 ~ 10 m(若钻探工程遇断裂构造、软弱夹层、岩溶洞穴等揭露5 ~ 10 m后再终孔)。

③隧道洞身稳定性评价涉及的岩体应分层采样试验,不同岩性样品试验成果分别不少于3组。

④逐孔进行声波测井和岩块弹性波测试。

⑤开展一个完整水文地质单元的1:10 000 ~ 1:50 000隧址岩溶地质、岩溶水水文地质调查。

⑥岩溶强渗透段实施3个降深或最大泵量钻孔抽(提)水试验和钻孔地下水位动态观测2 ~ 3孔段,并采水样化验。

⑦布设地面物探探测,探测断面的位置及精度与隧址工程地质纵横断面的位置和精度一致。

(3)技术要求及评价内容

①收集前人勘察的成果和结论,了解、掌握隧址及洞身段山体地质结构及主要的工程地质问题。

②开展1:2 000隧道洞身工程地质测绘和工程地质纵断面测量。

a.基本查明隧址及洞身段所处的地质构造部位、地貌单元、微地形地貌特征;

b.建立隧址区地层层序,查明各地层岩体的岩性特征、工程地质性质、断裂构造等山体地质结构以及沿隧道出露、埋藏分布的里程桩号范围;

c.基本查明洞顶第四系土层的成因类型、分布特征、厚度及稳定性,地表水体发育情况、分布、规模及地下水露头等水环境特征;

d.基本查明岩石风化类型、全强风化岩石沿断裂构造发育分布的特点及影响;

e.基本查明隧道洞身段可溶岩的种类、可溶性及岩溶现象类型、特征、分布规律,强岩溶化岩体分布里程及范围;

f.基本查明煤系地层的分布里程、采矿现状、采空区范围以及与洞身的空间关系;

g. 基本查明隧道洞身段的水环境、高放射性地层、有毒有害气体、可燃气体层位、矿山区采空区等的位置、里程等；

h. 根据山体地质结构、水环境绘制隧道洞身工程纵断面图，客观、准确地反映隧道洞身段工程地质及水文地质条件。

③布置一个完整水文地质单元的岩溶地质、岩溶水水文地质调查，掌握可溶岩岩溶发育类型、岩溶化程度，强岩溶化岩体出露特征、范围、渗透性、富水性及赋水构造等。

④开展隧址区矿坑调查，厘清矿产开采区、采空区的范围，隧道与采空区的空间关系及巷道充水、变形现象的位置、规模等。

⑤通过钻探工程和物探，揭露深部岩体的出露和埋藏条件，软弱夹层、断裂构造、强岩溶化岩体、溶蚀洞穴层的埋藏条件，判断、预测隧道洞身的稳定性。

⑥统计样品试验和声波测井成果，进行隧道围岩稳定性分级，分段评价隧道洞身的稳定性，逐段评价各级围岩段的控制性地质因素及影响。

⑦进行降雨入渗现象观测和冲沟、泉域枯季截流，提取隧址区主要含（透）水层的降水渗入系数、地下水径流模数，计算隧址区地下水天然补给量和天然排泄量。

⑧结合区域水文地质调查成果和钻孔抽水试验，提取强渗透岩组渗透系数等水文地质参数，计算施工条件下地下水的疏干量，预判施工阶段地下水病害发生的里程及涌突水水量。

⑨约请专业部门开展煤层瓦斯与天然气浓度和压力测量、放射性地层的放射性剂量测量，评价有毒有害气体浓度和高放射剂量对施工环境的影响。

⑩根据矿井坑道变形现象调查和钻探岩芯现象，判断地应力环境特点；结合地应力测量成果，评价影响程度。

⑪评价隧道洞身段地质环境稳定性和工程地质条件的适宜性。

⑫评价洞身围岩稳定性及影响围岩稳定的主要地质因素。

⑬评价岩溶现象、导水断裂对隧道洞身涌水、有毒有害气体等环境地质问题的影响。

⑭提出预防灾害、保障安全的优化建议。

⑮汇编隧道进出口和通风井的初步勘察成果。

（4）主要成果

①隧址工程地质初步勘察报告（包括进出口和通风井报告内容）。

②1:2 000 隧址工程地质平面图。

③1:2 000 隧道工程地质纵断面图。

④1:10 000 隧址区岩溶水水文地质平面图。

⑤1:10 000 隧道洞身段岩溶水水文地质平面图。

⑥1:500 隧道进出口工程地质平面图。

⑦1:500 隧道进出口工程地质纵断面图。

⑧1:500 隧道进出口工程地质横断面图。

⑨钻探地质柱状图,坑槽探展示图,岩、土、水试验报告,钻孔抽水试验综合成果表,以及各种汇总表、统计表。

⑩岩溶及岩溶水水文地质调查报告,物探工作报告,地下水动态观测成果,有毒有害气体等特殊项目专门检测报告及附图、附件。

3)隧道洞身详细勘察

(1)勘察范围

隧道洞身详细勘察的范围:审定隧址的洞身段。

(2)勘察精度及工作量

①隧道洞身工程地质测绘及工程地质纵断面测量精度为1∶2 000。

②勘探横断面或控制性钻孔间距:岩性单一、工程地质条件简单的隧道洞身段间距为300～500 m,无可溶岩分布或无大型断裂构造的较复杂洞身段间距为100～300 m,可溶岩岩溶发育或大型断裂构造发育的复杂洞身段间距不超过100 m;钻孔勘探深度达设计洞底高程以下5～10 m(钻探工程若遇断裂构造、软弱夹层、岩溶洞穴应予揭穿后5 m终孔)。

③洞身稳定性评价涉及各地层层位岩体分层采样试验,不同岩性样品试验成果分别不少于3组(含初步勘察试验成果)。

④逐孔逐层进行声波测井和岩块弹性波测试。

⑤可溶岩含水层进行3个降深或最大泵量钻孔水文地质分层抽水试验和地下水水位动态观测不少于3孔段,并采水样化验。

⑥深孔布设物探综合测井、井中电视、井中摄影,复核地下水水位、流向、流速及深部岩溶洞穴位置等。

⑦沿隧道工程地质纵断面和横断面布设物探方法进行勘探。

(3)技术要求及评价内容

①开展1∶2 000工程地质测绘和工程地质纵断面测量,定点复核隧道洞身段岩体沿纵断面的出露层序,可溶岩、煤系、断裂构造、软弱夹层等出露的里程,强岩溶化岩体的分布及特点等初步勘察成果。

②增加钻探、物探、综合测井、声波测井等多种手段,控制密度,提高勘察对岩层出露顺序、断裂构造、强岩溶化岩体、岩溶洞穴层、软弱夹层、地下水储水构造及地下水水位等的控制程度和准确性。

③统计隧道洞身各地层层位、不同岩性岩层力学试验成果、岩体完整性指数、岩体基本质量指标和修正后的岩体质量指标,进行围岩稳定性分级,分段评价隧道围岩稳定性。

④结合软弱结构面、强岩溶化岩体及断裂构造影响,评价围岩洞身Ⅴ级段的稳定性,提出预防坍塌的措施建议。

⑤复核、完善岩溶水储水体系区划的水文地质成果和钻孔水文地质抽水试验成果,验算隧址地下水天然补给量、天然排泄量、隧道施工产生地下水疏干引起的灾害涌水量。

⑥结合隧道可溶岩岩溶水水循环带的特点,判断地下水病害发生的形式、位置,预测施工阶段地下水病害的瞬时涌水量和涌水持续时间。

⑦计算并预测运营阶段强降水过程引起的地下水灾害水量及影响范围。

⑧开展瓦斯、天然气浓度及压力测试,放射性矿体及地应力测试,评价瓦斯、天然气溢出的影响;评价高放射性剂量危害和高地应力的影响;评价矿产开采、采空、压矿的影响。

⑨评价隧道施工地下水疏干对区域水环境、地质环境稳定性、生态环境的影响。

⑩汇总隧道进出口、通风井等附属构筑物的详细勘察成果。

⑪评价隧道施工地质条件,提出保障施工安全的措施建议。

⑫逐项评价隧道进出口、隧道洞身及通风井等构筑物地质环境的稳定性和工程地质条件。

⑬评价隧道洞身围岩的稳定性、影响各级围岩段的控制因素及各级围岩段的位置、长度等。

⑭评价塌陷、大变形、地下水涌水灾害、有毒有害气体、采空区、压矿等环境地质问题及影响范围。

⑮结合施工地质条件、施工建设对水环境、地质环境的影响,提出预防灾害的工程地质措施建议。

（4）主要成果

①隧址工程地质详细勘察报告(汇总进出口及通风井报告内容)。

②1∶2 000 隧址工程地质平面图。

③1∶2 000 隧道工程地质纵断面图。

④1∶500 隧道进出口工程地质纵横断面图。

⑤通风井及附属构筑物拟建场地的工程地质图、纵横断面图、各类附属构筑物的工程地质纵横断面图。

⑥1∶10 000 隧址区岩溶水水文地质平面图。

⑦1∶2 000 隧道洞身水文地质纵断面图。

⑧钻探地质柱状图,坑槽探展示图,岩、土、水试验报告,钻孔水文地质抽水试验综合成果表以及各种汇总表、统计表。

⑨水文地质调查报告、物探报告及各种特殊项目报告。

3.4.4 隧道通风井及附属构筑物勘察

1）隧道通风井及附属构筑物勘察及方法

隧道通风井及附属构筑物是特长隧道不可或缺的构筑物,应有计划地投入勘察工作量进行勘察,评价工程地质条件和水文地质条件。隧道通风井位置应选择在地表无山洪干扰的弱透水或微透水层出露区,避免地表水、地下水涌入隧道通风井影响隧道正常运营。

受初步勘察阶段路线方案待定的影响,隧道通风井选址勘察主要通过收集前人勘察成果、现场水文地质调查、工程地质测绘,了解、掌握隧道通风井布设地段地质环境的稳定性、适宜性及水环境,结合部分隧址深孔成果为选址提出建议。详细勘察在拟定的隧道通风井拟建场地,开展隧道通风井及附属构筑物场地工程地质条件的全面勘察和定量评价,为施工图设计提供依据和参数。

隧道通风井及附属构筑物勘察除竖井或斜井进口、洞身勘察外,还包括施工场地、施工道路及管理用房等建设场地勘察。

2)通风井及附属构筑物初步勘察

(1)勘察范围

通风井及附属构筑物初步勘察的范围:通风井各备选方案涉及的区域。

(2)勘察精度及工作量

①通风井各备选方案布设地段和施工便道工程地质测绘及工程地质纵断面测量精度为1:2 000。

②通风井勘探深孔1个(或借用洞身勘探孔)。

③通风井及附属构筑物设计的各地层层位岩土体分层采样试验。不同岩性样品试验成果不少于3个,进行声波测井、岩块弹性波速测试和深孔综合测井。

④施工便道的工程地质条件类似路段有1条工程地质横断面,相同条件路基工程长度超过500 m时,应增加横断面数量,横断面精度为1:500。

⑤横断面上的轻型勘探工程、地质观测点不少于3个。

⑥通风井及附属构筑物布设地段工程地质勘探网横断面为2～3条,精度为1:500;断面上的钻孔、轻型勘探工程、刻槽采样点、地质观测点3～5个。

⑦水环境复杂地段布设钻孔水文地质抽水试验1～2孔段,并采水样化验。

⑧开展地面物探,探测断面的位置及精度应与拟建场地测量的工程地质断面一致。

(3)技术要求及评价内容

①结合通风井和施工道路便道地质环境比选评价,开展1:500～1:2 000工程地质测绘及工程地质断面测量:

a.基本查明备选场地的微地形地貌条件和水环境特点;

b.基本查明备选场地岩土体的地层层位、岩性、产状、成因类型及工程地质性质;

c.基本查明备选场地施工便道道路的微地形地质环境、不良地质现象及影响;

d.结合方案比选,绘制隧道通风井及附属构筑物布设地段工程地质断面图,反映各隧道通风井备选场地布设地段的山体地质结构及地质环境的稳定性特征;

e.绘制各备选场地施工道路施工便道工程地质纵横断面,客观反映施工便道工程地质条件和问题。

②结合勘探资料,评价各备选场地通风井、通风井附属构筑物、施工便道及弃渣场等布设地段地质环境的适宜性及地基地质条件。

③统计岩体强度指标、完整性指数、岩体基本质量指标,进行通风井围岩稳定性分级,评价通风井围岩稳定性。

④评价水环境、山洪等不良地质现象等对通风井、通风井附属构筑物、施工便道安全的影响。

⑤评价通风井进口、洞身及施工道路等附近构筑物的施工地质条件。

⑥评价通风井及附近构筑物布设地段的地质环境稳定性及工程地质条件。

⑦评价通风井井口段进洞工程地质条件及洞身围岩稳定性。

⑧结合通风井及附属构筑物施工地质条件,提出维护工程安全、施工安全、环境安全的优化建议。

(4)主要成果

①通风井及附属构筑物拟建场地初步勘察报告。

②1:2 000 各方案通风井比选场地工程地质平面图。

③1:2 000 各方案通风井比选场地工程地质纵断面图。

④通风井工程地质纵断面图。

⑤1:2 000 各方案施工道路施工便道工程地质平面图。

⑥1:2 000 各方案施工道路施工便道工程地质纵断面图。

⑦1:500 各方案施工道路施工便道工程地质横断面图。

⑧钻探地质柱状图,轻型勘探工程展示图,岩、土、水试验报告,钻孔水文地质抽(提)水试验综合成果表。

⑨各种汇总表和统计表。

3)通风井及附属构筑物详细勘察

(1)勘察范围

通风井及附属构筑物详细勘察的范围:审定的通风井方案及各类构筑物拟建场地。

(2)勘察精度及工作量

①通风井及附属构筑物拟建场地工程地质测绘和工程地质纵横断面测量精度为1:500。

②通风井勘探深孔 1~2 个;深孔地质编录精度为 1:100;钻探工程孔深达隧道洞身设计底板高程;孔深每 100 m 钻孔测斜一次。

③通风井及附属构筑物拟建场地勘探纵横断面间距:地形平坦、岩体裸露的简单地段为 20~40 m,地形地质条件及岩土体种类较复杂地段为 10~20 m,地形地质条件及岩土体种类复杂地段不超过 10 m。勘探断面上的勘探工程以钻探、轻型勘探为主。钻孔设计深度达拟建场地稳定持力层内 3~5 m。

④施工便道纵断面测量精度为1:2 000,横断面测量精度为 1:500;简单地段横断面间距为 120~200 m,较复杂地段为 80~120 m,复杂地段不超过 80 m;断面上钻勘工程、轻型勘探工程不少于 2 个,揭露深度达稳定持力层内 3~5 m。

⑤通风井围岩及地表附属构筑物持力层涉及的岩土体、软弱夹层、断裂构造岩分层采样试验,不同岩性样品试验成果不少于 3 组。

⑥通风井深孔全孔进行声波测井、岩块弹性波测试,并进行综合测井、井中摄

像等。

⑦勘探钻孔进行提钻后、下钻前地下水水位测量和终孔后地下水水位动态观测。

⑧布设两种以上地面物探、勘测断面的精度及位置,与工程地质断面的精度和位置一致。

（3）技术要求及评价内容

①开展1∶500通风井进洞地段和附属构筑物拟建场地的工程地质测绘、工程地质纵横断面测量;1∶2 000施工道路施工便道工程地质测绘和纵断面测量;1∶500精度横断面测量,控制地表工程地质条件。

a.复核通风井洞口、地表构筑物拟建场地和施工道路施工便道的微地形地貌条件;

b.复核拟建场地持力层出露和埋藏条件、岩性、工程地质性质、产状及土体的成因类型、厚度及稳定性等;

c.复核进洞口和附属构筑物拟建场地的岩石风化特征、可溶岩岩溶发育程度、降水排泄条件等水环境;

d.复核施工便道各路段斜坡坡体的地质结构及稳定性,调查不良地质现象、强降水、霜冻等的影响;

e.绘制通风井洞口、地表附属构筑物、施工道路施工便道拟建场地的工程地质纵横断面,准确反映拟建场地的工程地质条件及问题。

②布设勘探深孔,揭露通风井的地质条件。

a.揭露通风井各井段的地层层位、岩性、厚度、岩石风化类型、强风化岩石风化层厚度界线及位置;

b.揭露可溶岩埋藏条件、厚度、强岩溶化岩体及溶蚀洞穴埋藏深度和位置;

c.揭露煤层等有毒有害层位、有害矿层的埋藏位置;

d.揭露断裂带规模及位置、碎裂带厚度和渗透性等;

e.系统提取岩体、岩块弹性波波速和岩体完整性指标;

f.绘制通风井竖向工程地质纵横断面,分段评价通风井的工程地质条件及问题。

③进行物探综合测井、井中电视、井中摄影,验证深孔勘探成果,提高对通风井围岩、强岩溶化岩体、断裂构造、地下水赋存状况以及强透水位置等的控制程度和准确性。

④统计采样试验成果,分段计算岩体的完整性指数、岩体基本质量指标,进行围岩稳定性分级,分段评价通风井围岩稳定性。

⑤统计地面附属构筑物拟建场地和施工道路施工便道样品试验成果,分段评价地基地质条件,拟定地基地质参数。

⑥评价通风井拟建场地地质环境的稳定性和适宜性。

⑦分段评价通风井、附属构筑物拟建场地及施工便道的施工地质条件。

⑧评价兴建通风井、地面各类构筑物、施工便道及弃渣等对地质环境的影响。

⑨逐项评价各类工程构筑物地质环境的稳定性及工程地质条件的适宜性,并提出

地质环境安全的措施建议。

⑩评价通风井洞口、洞身的稳定性,以及各级围岩分布范围及控制因素。

⑪分段评价各类附属构筑物和施工便道地质环境的稳定性、地基地质条件、施工地质条件等。

⑫提出预防灾害、维护环境安全的措施建议。

(4)主要成果

①通风井及附属构筑物拟建场地详细勘察报告。

②1:500 通风井洞口及附属构筑物拟建场地工程地质平面图。

③1:200 ~ 1:500 通风井洞口及附属构筑物拟建场地工程地质纵横断面图。

④1:500 通风井工程地质纵断面图。

⑤1:2 000 施工道路施工便道工程地质平面图。

⑥1:2 000 施工道路施工便道工程地质纵断面图。

⑦1:500 施工道路施工便道工程地质横断面图。

⑧钻探工程地质柱状图,轻型勘探工程展示图,岩、土、水试验报告。

⑨各类汇总表、统计表。

⑩物探测井、地面物探报告及附图、附件。

3.4.5 隧道工程施工地质编录

隧道工程施工地质编录是隧道工程监控的重要手段,是准确掌握隧道工程地质条件变化、预测和预防地质灾害的有效方法,需要编录人员有一定的地质、水文地质专业知识及经验。

1)隧道工程施工地质编录的目的

通过隧道施工现场地质现象观测、描述,复核、验证地质勘察成果和施工图设计文件结论,预判施工地质环境的变化,为安全施工、动态设计、防灾减灾以及运营管理提供地质依据。

2)隧道工程施工地质编录的工作内容

(1)准备工作

①了解隧址区的区域地质背景、地形地貌特征、山体地质结构、水文地质、工程地质环境。

②熟悉隧址工程地质勘察成果和施工图设计文件内容,逐段掌握隧道围岩的岩体结构、围岩级别、结构面等影响围岩稳定性的主要地质因素。

③根据区域地质资料、前人勘察成果和隧址详细勘察报告,分析、掌握隧道施工过程中可能出现的涌突水灾害、瓦斯等有毒气体、采空区、压矿干扰、放射性矿体、欠稳定易溶矿体的影响或风险,确立施工地质编录的技术思路、工作重点和难点。

④人员、器材组织准备。

(2)施工地质编录的主要内容

①基础地质编录内容(施工断面和隧道两壁):

a.量测围岩分级界线位置,描述分界线两侧的地层层位、岩性、结构、构造、产状、

主要成分及围岩稳定性级别;

b. 量测结构面出露位置,描述结构面类型、产状、规模、与隧道洞身的空间关系,以及对围岩稳定性的影响;

c. 量测地下水溢出现象位置,描述出水点的地层、岩性、产状、裂隙发育情况、渗透介质特征、地下水涌水量、水温、透明度、气味、味道等;

d. 量测大型溶洞、地下暗河的分布位置及范围,描述发育的地层层位,可溶岩岩性、产状,大型溶洞、地下暗河发育特征、规模、隔水层与断裂构造、裂隙密集带的联系,对隧道围岩稳定性的影响;

e. 量测充水或有水溶洞的分布位置,描述溶洞发育的地层层位、可溶岩岩性及地下水水位、水位涨落对隧道施工安全和运营的影响;

f. 量测隧道穿越地段采矿井巷位置、采空区位置、压矿范围及位置,描述采矿井巷、采空区等与洞身的空间关系,对隧道围岩稳定性的影响程度;

g. 量测放射性矿体、欠稳定易溶矿体的位置及范围,描述矿体的种类、分布范围、地层岩性,结合放射性浓度、溶解性测试成果,对不良矿体影响施工安全的程度进行评价和警示。

②重要地质现象和问题编录内容:

a. 量测地下水涌突水的位置及范围,描述突水段岩层的地层层位、岩性,渗水介质,涌水前超前预报情况、涌水前兆、涌水时间、瞬时涌水量、涌水持续时间、涌水总量、对工程施工危害程度;

b. 量测煤层、天然气和页岩气储气层位置,描述煤层、储气层与隧道洞身的空间关系,瓦斯等有毒有害气体的压力、浓度等测试成果,复核、记录防护措施落实情况;

c. 量测隧道洞身冒顶、片帮位置及范围,描述发生变形现象的地层层位、岩性,岩层产状与洞身的空间关系,量测、记录变形方向、变形量、变形时间以及工程措施等;

d. 量测隧道洞身坍塌、掉块的位置及范围,描述坍塌、掉块的地层层位、岩性、发生时间、规模、诱发因素,控制性结构面的类型、规模、产状以及对围岩失稳的影响。

3)隧道工程施工地质编录的具体要求

①参与施工地质编录的人员应有工程地质基础知识和两年施工经验。

②量测采用全站仪或钢卷尺度量尺寸、罗盘定方位和产状。

③施工编录无重大地质现象或问题遗漏。

④隧道施工量测、描述断面精度为 1:500。断面密度:一般视围岩的情况而定,复杂隧道段量测断面密度小于 10 m,中等复杂隧道段量测断面密度 10~40 m,一般复杂隧道段量测断面密度 40~80 m。

⑤量测、描述采用卡片进行,须包括以下栏目内容:

a. 简况栏包括隧道名称、起止里程、隧道长度、进出口高程、量测洞别(左洞或右洞)、左壁测点编号、右壁测点编号、地下水渗水点位置及高程、渗水量、地下水水温、洞温等;

b. 量测、描述内容栏;

c. 素描图、示意断面图或示意平面图栏(须有图名、方位、比例尺);

d. 相片栏(须有拍照方位、内容说明、时间、拍照人姓名);

e. 综合评述栏;

f. 署名栏包括记录、核对、检查人,记录日期。

4)隧道工程施工地质编录成果

(1)隧道工程施工地质编录成果内容

①隧道工程施工地质编录报告其主要章节及内容如下:

A. 工作简况:

a. 任务来由;

b. 工程概况;

c. 编录方法及完成的工作量;

d. 量测方法及编录质量评述。

B. 隧道围岩稳定性:

a. 隧道围岩的岩性特征;

b. 影响围岩稳定性的主要地质因素;

c. 隧道围岩稳定性分段简评;

d. 隧道围岩稳定性分级变更情况;

e. 隧道围岩变形、失稳现象及危害程度。

C. 隧道变形、失稳现象及工程处置措施。

D. 地质灾害及处置措施。

E. 结论与建议。

②隧道工程施工地质展示图。

a. 隧道工程施工地质展示图的内容包括隧道左壁、右壁、拱顶的地质现象,即"两壁一顶"的地质现象量测成果和描述内容,绘制比例尺以 1∶500 为宜。

b. 第一手素材必须在初期支护前完成和进行地质编录的现场完成。

c. 量测、绘制方法为先左壁,再右壁,最后完成拱顶内容的绘制方法。

d. "两壁一顶"横断面为弧形,图面上"两壁一顶"应将弧线展为直线,绘图时直线长用弧线的长度尺寸表示。

e. 隧道工程施工地质展示图包括图名、比例尺、方位指示、图例、洞顶注记、左壁注记、右壁注记、里程标注、说明栏、署名、完成日期栏等。

f. 隧道工程施工地质展示图图饰示意,如图 3.3 所示。

(2)成果上报与汇交

①隧道施工地质编录应定期编制月报或重大地质问题简报。将文字说明内容和当月记录的隧道左、右壁隧道工程施工地质纵断面图汇交业主、主管部门,及时汇报施工过程中新发现的地质现象和问题,为业主决策、动态设计提供地质依据。

②特长隧道、长隧道施工跨年份时,应编制年度总结及隧道左、右壁隧道工程施工地质纵断面图,并上报主管部门检查、指导工作和备案等。

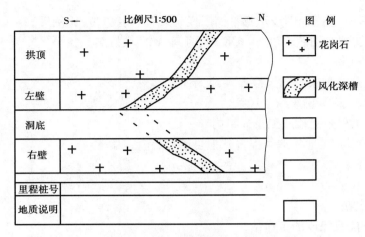

图 3.3　隧道工程施工地质展示图

③隧道工程施工结束后,应根据业主、施工主管部门要求汇交隧道工程施工地质编录报告和隧道工程施工地质展示图,全面、系统地汇编、总结隧道工程施工中各类地质现象及问题对工程施工安全、工程安全的影响。

④隧道工程施工地质编录报告、隧道工程施工地质展示图是隧道工程竣工成果中不可或缺的组成部分,经专门审查和完善后同竣工图一同汇交。

3.5　互通式立交工程勘察

互通式立交工程在组织路网交通等方面有举足轻重的作用,结构也相对复杂,常常需要布设路、桥、隧、涵及支挡工程等多种类型、不同规模的构筑物,加之山区地质地貌条件复杂多样,互通式立交工程选址、勘察等备受关注。

3.5.1　互通式立交工程分类及勘察方法

1)互通式立交工程分类

根据互通式立交工程在公路路网中的作用、功能、建设规模及结构特点,可分为一般互通立交工程和枢纽式互通立交工程两大类,见表 3.29。

表 3.29　互通式立交工程分类表

类　型	功　能	特　点	常见结构形式
一般互通立交工程	一般等级公路接入和转化	设计公路等级低、匝道设计车速低、匝道平纵技术指标低,规模小,常设收费站	喇叭形、菱形、迂回形等
枢纽式互通立交工程	高速公路之间、高速公路与城市快速通道、高速公路与交通干线等之间的转换	相交公路等级高、匝道设计车速快、匝道平纵技术指标高、规模大、层次多,不设收费站	"T"字形、半定向半苜蓿叶形、直速形等

2）互通式立交工程勘察方法

①鉴于互通式立交工程在路网中的功能和重要性，建设场地应选择在地质地貌条件相对稳定、不良地质现象不发育或已建工程少、远离人群居住的地段。

②初步勘察需要从互通式立交工程整体布局，研究、评价布设地段地质地貌条件的适宜性和稳定性，在主干道基本拟定的条件下评价各匝道不同构筑物的建设条件；而详细勘察阶段则按照确定的建设方案、设计原则和技术标准，有针对性地对主干道、匝道各类构筑物拟建场地进行勘察，分段评价主干道、匝道各类构筑物拟建场地的地质环境稳定性、地基地质条件、施工地质条件以及互通式立交工程实施对相邻地段地质环境的影响。

③互通式立交工程拟建场地范围大，涉及的微地形地貌条件和岩土体工程地质资源类型多，路、桥、隧、涵等构筑物对地质条件的要求也不相同。因此，应进一步细化互通式立交工程拟建场地勘察的地基地质和边坡稳定性评价成果。

④互通式立交工程集路、桥、隧、涵于一身，上述构筑物上跨下穿相互交织，为维护工程安全、充分利用拟建场地的地质资源，勘察成果应编制构筑物上跨下穿部位的工程地质纵横断面图，评价施工地质条件，强调施工工艺、施工顺序等，维护工程和地质环境安全。

⑤互通式立交工程建设场地工程地质条件比选应突出方案的工程地质条件整体适宜性、工程的整体安全和地质环境安全等。

⑥互通式立交工程是一个完备的构筑物体系，勘察成果应统一汇编（本节突出匝道工程地质条件勘察，主干道及构筑物已纳入路线勘察）。

3.5.2　主干道各类构筑物勘察

1）主干道初步勘察

参见 3.1 ~ 3.4 节中山区公路构筑物建设场地勘察等初步勘察内容。

2）主干道详细勘察

参见 3.1 ~ 3.4 节中山区公路构筑物建设场地勘察等详细勘察内容。

3.5.3　匝道勘察

1）匝道初步勘察

（1）勘察范围

匝道初步勘察的范围：各路线方案互通式立交工程及各匝道布设地段。

（2）勘察精度及工作量

①互通式立交工程布设地段工程地质测绘精度为 1:2 000。

②各匝道工程地质纵断面测量精度为 1:2 000，工程地质横断面测量精度为 1:500。

③工程地质条件类似的匝道有 1 条横断面，相同条件匝道超过 500 m 应增加断面；横断面上的控制性钻孔、轻型勘探工程、刻槽采样点数量不少于 3 个（岩体裸露区可用地质观测点代替）；钻孔揭露深度达匝道持力层内以下 3 ~ 5 m。

④根据匝道桥规模布设横断面2~5条,横断面勘察钻孔深度达稳定的弱风化持力层以下5~7倍桩径深度。

⑤匝道各类构筑物持力层涉及的岩体、上覆土体分层采样试验,土体增加抗剪指标强度试验;不同岩性持力层样品试验成果不少于3组。

⑥水环境复杂场地布设钻孔水文地质抽水试验2~3孔段,并采水样试验。

⑦沿匝道开展地面物探探测,探测断面的精度及位置与匝道工程地质断面的精度及位置一致。

(3)技术要求及评价内容

①结合互通式立交工程的整体布局、主干道和匝道特点,开展1:2 000互通式立交工程布设地段工程地质测绘和各匝道工程地质纵断面测量。

a.基本查明互通式立交工程布设地段微地形地貌条件及水环境;

b.建立地层层序,基本查明布设地段岩土体的地层层位、岩性、产状、厚度、工程地质地性及稳定性等;

c.基本查明各类大型建筑工程、不良地质现象的位置及规模等对互通式立交工程的影响;

d.基本查明各匝道挖方路段的坡体地质结构及稳定性,填方路段的地基地质条件;

e.查明匝道桥桥位工程地质条件的适宜性;

f.结合路基工程挖填特点及构筑物的空间关系,绘制各匝道工程地质纵横断面图,准确反映各匝道的工程地质条件及问题。

②结合各匝道布设地段斜坡的坡向、坡角、斜坡地质结构类型,布设钻探、物探、轻型勘探工程,揭露坡体地质结构,评价匝道地质环境的稳定性和适宜性。

③定点观测井、泉等水文地质现象,地表水体分布状况、土体的渗透性等水环境特征,评价水环境对匝道稳定性的影响。

④根据匝道挖、填等结构形式,统计岩土体试验成果,评价各匝道地基地质条件,初步拟定地基地质参数。

⑤计算、评价匝道边坡稳定性,初步拟定各匝道不同坡体地质结构边坡的坡率建议。

⑥调查、评价互通式立交工程拟建场地一带不良地质现象的类型、分布、规模及影响程度。

⑦调查、评价高压输变电网、高铁、燃气管网、水库等大型工程与互通式立交工程的空间关系及相互干扰程度。

⑧评价互通式立交工程各匝道的施工地质条件。

⑨评价互通式立交工程布设地段地质环境整体稳定性和适宜性。

⑩结合互通式立交工程各匝道布设地段工程地质条件适宜性,提出优化建议。

⑪结合主干道和匝道勘察成果,编写互通式立交工程初步勘察的地质勘察报告及成果图。

（4）主要成果

①互通式立交工程初步勘察报告。

②1∶2 000 互通式立交工程地质平面图。

③1∶2 000 主干道及匝道工程地质纵断面图。

④1∶500 主干道及匝道路基工程、桥位等工程地质横断面图。

⑤勘探工程地质柱状图，岩、土、水试验报告，钻孔水文地质抽（提）水试验综合成果表。

2）匝道详细勘察

（1）勘察范围

匝道详细勘察的范围：审定的互通式立交工程各匝道轴线两侧 20 m（高边坡路肩外侧 10 m，高填路基外侧 10 m）。

（2）勘察精度及工作量

①互通式立交拟建场地工程地质测绘及各匝道工程地质纵断面测量精度为1∶500。

②各匝道路基工程地质横断面测量精度为 1∶200；横断面间距：工程地质条件简单路段为 80 ~ 120 m，较复杂路段为 40 ~ 80 m，复杂路段不超过 40 m。

③勘察横断面布设的钻探工程、轻型勘探工程、刻槽采样点、地质观测点 3 ~ 5 个，其中钻探工程、轻型勘探工程不少于 2 个。

④匝道桥则逐墩、逐台布设勘探横断面，勘探工程须以钻探工程为主，每条断面钻孔不少于 2 个（若拟建场地岩体出露可用地质观测点代替）。

⑤匝道隧址分布按进出口纵横断面、洞身围岩稳定性布设勘探钻孔，揭露山体地质结构，采样试验提取围岩强度和完整性指标等参数。

⑥匝道及匝道桥分层采样试验，不同岩性持力层、上覆土体分层采样试验成果分别不少于 6 组（含初步勘察试验成果）；土体应增加抗剪试验和静力触探、动力触探测试成果。

⑦水环境复杂地段布设钻孔水文地质抽（提）水试验钻孔 2 ~ 3 孔段，并采水样化验。

⑧土体分布广、厚度大的拟建场地和可溶岩岩溶发育的复杂地段，布设地面物探，探测断面的位置及精度与匝道工程地质纵横断面的位置及精度一致。

（3）技术要求及评价内容

①针对各匝道构筑物的结构形式和工程地质条件，开展 1∶200 ~ 1∶500 工程地质测绘和工程地质断面测量，定点复核各匝道拟建场地岩土体出露情况、地基地质条件、边坡坡体地质结构、水环境和不良地质现象的影响、施工地质条件等初步勘察成果。

②增加各匝道构筑物拟建场地工程地质纵横断面钻探、物探、轻型勘探工程的数量，提高勘察对各匝道构筑物拟建场地工程地质条件的控制程度和准确性。

③统计匝道岩土体试验成果，分段评价各匝道、各类构筑物拟建场地的地基地质条件，拟定各匝道不同地段构筑物拟建场地的地基承载力容许值、基底摩擦系数等地

基地质参数。

④结合路基工程挖填方式、斜坡坡体地质结构、控制结构面特征以及人工边坡变形破坏模式,评价岩质边坡的稳定性,拟定各匝道不同路段岩质边坡的坡率和防护措施建议。

⑤结合土质边坡坡体结构,分段计算土质边坡的稳定性和下滑推力,提出分段支护建议。

⑥逐墩、逐台评价匝道桥地质环境的稳定性、地基地质条件和施工地质条件。

⑦评价隧址进出口稳定性、洞身围岩稳定性、隧道施工地质条件以及对地质环境的影响。

⑧针对不良地质现象、大型工程的影响,提出调整匝道平、纵曲线等处置建议。

⑨结合匝道拟建场地地质环境、水文地质条件,评价施工边坡、施工基坑稳定性,提出保障施工安全的方法、施工顺序、措施及基坑排水等建议。

⑩结合匝道各类构筑物拟建场地的工程地质条件的适宜性及问题,提出保障工程安全、施工安全和地质环境安全的措施建议。

⑪汇总匝道、主干道勘察成果,编制互通式立交工程详细勘察报告。

(4)主要成果

①互通式立交工程详细勘察报告。

②1:500 互通式立交工程地质平面图。

③1:500 主干道工程地质纵断面图。

④1:500 主干道工程地质横断面图。

⑤1:500 各匝道工程地质纵断面图(若干)。

⑥1:200 匝道路基工程,匝道桥墩、台工程地质横断面图(若干)。

⑦互通工程的钻探工程地质柱状图,岩、土、水试验报告,钻孔水文地质抽(提)水试验综合成果表,轻型勘探工程展示图。

⑧各种统计表、汇总表。

⑨物探报告及附图、附件。

3.6 服务区、收费站勘察

3.6.1 服务区、收费站勘察方法

服务区、收费站等构筑物以框架结构基础为主,除收费大棚承受风荷载影响,基础埋置深度较大外,其余各类构筑物的地基承受的静荷载普遍有限。

初步勘察阶段受路线方案暂未确定制约,服务区、收费站勘察仅布置工程地质测绘及数量有限的控制性勘探和采样工作量为选择场地提供依据。详细勘察阶段则遵照现行《岩土工程勘察规范》的规定,对服务区、收费站构筑物逐项布置勘察工作量和定量评价工程地质条件。

鉴于山区公路服务区、收费站涉及的地形地貌条件、水环境以及岩土体工程地质问题等相对复杂,地基地质条件差异很大,勘察结束时应编制反映山区公路服务区、收

费站拟建场地工程地质条件及问题的工程地质勘察报告、工程地质图、工程地质纵横断面图等勘察成果。

3.6.2 服务区勘察

1）服务区初步勘察

（1）勘察范围

服务区初步勘察的范围：各路线方案服务区备选场地。

（2）勘察精度及工作量

①各服务区备选场地工程地质测绘及工程地质纵横断面测量精度为 1∶2 000。

②工程地质勘探断面 2~3 条，以钻探工程、轻型勘探工程为主，数量不少于 3 个（岩体裸露可用地质观测点代替）。

③各类构筑物地基持力层、涉及岩体和上覆土体分层采样试验，不同岩性持力层试验成果不少于 3 组。

④水环境复杂地段布设钻孔水文地质抽（提）水试验 2~3 孔段，并采水样试验。

⑤土体较厚或岩溶发育的复杂地段，可布设地面物探，探测断面的位置及精度与工程地质断面一致。

（3）技术要求及评价内容

①开展 1∶2 000 服务区工程地质测绘和工程地质纵横断面测量：

a. 初步查明备选场地的微地形地貌条件及水环境；

b. 初步查明服务区布设地段的地层层位、岩性、产状及工程地质性质；

c. 查明相邻大型工程和不良地质现象的种类、规模及相互影响；

d. 绘制工程地质纵横断面图，准确反映备选场地的工程地质条件。

②布设钻探、物探，揭露服务区布设地段的地基地质条件。

③统计岩土样品试验成果，评价各类构筑物布设地段的地基地质条件，初步拟定地基地质参数。

④调查、评价高压输压电网、高铁、燃气管网等大型工程的影响。

⑤复核并评价不良地质现象的种类、规模、稳定性及危害性。

⑥评价服务区各备选场地的工程地质条件的适宜性，提出方案建议。

⑦结合工程地质条件的适宜性，提出优化建设方案的建议。

（4）主要成果

①服务区初步勘察报告。

②1∶2 000 服务区工程地质平面图。

③1∶2 000 服务区工程地质纵横断面图。

④钻探工程地质柱状图，轻型勘探工程展示图，岩、土、水试验报告。

⑤各种统计表、汇总表。

⑥地面物探报告及附图、附件。

2）服务区详细勘察

（1）勘察范围

服务区详细勘察的范围：审定的服务区各类构筑物拟建场地。

（2）勘察精度及工作量

①各类构筑物拟建场地工程地质测绘及工程地质纵横断面测量精度为1：500。

②按客运中心（服务楼）、加油站、职工宿舍、食堂、车库等主要构筑物角点布设勘探网。勘探网间距10～15 m或按构筑物角点布置勘探线。

③勘探工程以钻探工程为主，勘探断面上钻探工程、轻型勘探工程、刻槽采样点3～5个，每条勘探线钻孔数量不少于3个；钻孔揭露深度达持力层以下3～5 m（若岩体出露，可用地质观测点代替）。

④各类构筑物持力层岩土体分层采样试验，不同岩性试验成果分别不少于6组（含初步勘察试验成果），上覆土体应增设抗剪试验。

⑤土体分布较广或厚度较大时，应增设30%～50%的静力触探和动力触探试验。

⑥水环境复杂的拟建场地布设钻孔水文地质抽水试验2～3孔段，并采水样化验。

⑦上覆土体厚度大或岩溶发育地段，可布设地面物探，探测断面的位置及精度与工程地质断面一致。

（3）技术要求及评价内容

①结合服务区各类构筑物特点及地质环境的稳定性，开展1：500工程地质测绘和工程地质断面测量，定点复核初步勘察成果。

②采用综合勘探方法，提高各类构筑物地基地质条件的勘探控制程度和准确性。

③统计岩石样品试验成果，拟定各类构筑物持力层地基容许承载力、基底摩擦系数等地基地质参数。

④根据岩质边坡坡体地质结构及变形失稳模式、岩体工程地质性质及稳定性，评价边坡稳定性，分段提出边坡坡率、支护方式的建议。

⑤结合土质边坡坡体地质结构和软弱夹层特点，计算土质边坡稳定性，分段拟定土质边坡的支护参数。

⑥根据物探成果，复核、评价拟建场地土体软弱层或隐伏岩溶现象对各类构筑物地基稳定性的影响。

⑦评价地下水赋存对地基地质条件及建设环境的影响，评价施工地质条件。

⑧针对拟建场地填土层工程地质性质和稳定条件，提出加固处置建议。

⑨结合服务区地质条件的环境稳定性、工程地质条件的适宜性，提出保障各构筑物安全及环境安全的措施建议。

（4）主要成果

①服务区工程地质详细勘察报告。

②1：500服务区工程地质平面图。

③1：500服务区各构筑物工程地质纵横断面图。

④1：500服务区人工边坡工程地质纵横断面图。

⑤钻探地质柱状图,轻型勘探工程展示图,岩、土、水试验报告、钻孔水文地质抽(提)水试验综合成果表。

⑥各种汇总表、统计表。

⑦地面物探报告及附图、附表。

3.6.3　收费站勘察

1)收费站初步勘察

(1)勘察范围

收费站初步勘察的范围:各路线方案收费站备选场地。

(2)勘察精度及工作量

①各收费站备选方案工程地质测绘及工程地质纵横断面测量精度为1:2 000。

②收费大棚及附属构筑物布设地段纵横勘探线 2~3 条;勘探断面的勘探工程以钻探、轻型勘探工程为主,数量不少于 3 个(岩体裸露可用地质观测点代替),钻孔深度达稳定持力层以下 3~5 m。

③收费大棚及附属构筑物地基持力层、涉及的岩体和上覆土体分层采样试验,分层采样试验成果分别不少于 3 组。

④水环境复杂地段布设钻孔水文地质抽水试验 3 孔段,并采水样化验。

⑤可溶岩出露区、土体较厚地段布设物探,探测断面的位置及精度与工程地质断面一致。

(3)技术要求及评价内容

①根据收费大棚和附属构筑物的特点,开展 1:2 000 工程地质测绘和工程地质断面测量。

　　a.初步查明比选场地的微地形地貌条件及水环境;

　　b.初步查明持力层、上覆土体的地层层位、岩性、产状、厚度及工程地质性质;

　　c.查明大型工程和不良地质现象的种类、分布及影响;

　　d.绘制工程地质断面图,准确反映比选场地的工程地质条件及问题。

②布设钻探、轻型勘探工程和物探,揭露收费大棚及附属构筑物布设地段的地基地质条件等。

③统计岩土体样品试验成果,初步拟定收费大棚及附属构筑物的地基地质参数。

④核实高压输变电网、燃气管网、高铁等大型工程对收费大棚及附属构筑物等的影响。

⑤结合收费大棚及附属构筑物布设地段的地质地貌特点,评价地质环境的整体稳定性和适宜性,以及施工地质条件。

⑥汇编收费大棚及附属构筑物布设地段初步勘察的结论和建议。

⑦结合收费大棚及附属构筑物布设地段地质环境的稳定性、工程地质条件的适宜性,提出优化建设方案的建议。

（4）主要成果

①收费站初步勘察报告。

②1：2 000 收费站工程地质平面图。

③1：2 000 收费站工程地质纵横断面图。

④钻探地质柱状图、轻型勘探工程展示图，岩、土、水试验报告。

⑤各类统计表、汇总表。

⑥地面物探报告及附图、附件。

2）收费站详细勘察

（1）精度范围

收费站详细勘察的范围：审定的收费大棚及各类构筑物拟建场地。

（2）勘察精度及工作量

①收费大棚及附属构筑物拟建场地工程地质测绘和工程地质纵横断面测量精度为1：500。

②按收费大棚及附属构筑物分别布设勘探网，勘探网间距为 10 ~ 15 m。

③勘探断面上勘探工程以钻孔、轻型勘探工程为主，每条断面上勘探工程数量为3~5 个，其中线钻孔数量不少于 2 个；揭露钻孔深度达持力层以下 3 ~ 5 m。

④构筑物持力层岩土体样品试验成果不少于 6 组（含初步勘察试验成果），上覆土体应增抗剪试验，并布设 30% ~50% 静力触探、重力触探试验。

⑤水环境复杂场地布设钻孔水文地质抽水试验 2 ~ 3 孔段，并采水样化验。

⑥土体厚度较大或岩溶发育区布设地面物探，探测断面的位置及精度与工程地质断面一致。

⑦填土区和欠稳定斜（边）坡段应布设相应的勘探断面、采样试验和地面物探。

（3）技术要求及评价内容

①根据收费大棚及各类构筑物特点，开展 1：500 工程地质测绘和工程地质纵横断面测量，定点复核初步勘察成果。

②增大勘探工程密度，开展综合工程地质勘察，提高收费大棚和各类构筑物拟建场地工程地质条件的控制程度和准确性。

③分层统计持力层、上覆土体的试验成果，评价收费大棚和各类构筑物拟建场地的地基地质条件，分段拟定收费大棚和附属构筑物地基容许承载力、基底摩擦系数等地基地质参数。

④结合边坡坡体地质结构、变形破坏模式，评价边坡稳定性，拟定边坡坡率。

⑤根据土质边坡坡体地质结构、软弱夹层出露条件、工程地质性质，计算土质边坡稳定性，拟定支护方案和支护参数建议。

⑥结合水环境、不良地质现象影响，评价各类构筑物拟建场地地质环境的稳定性和适宜性。

⑦结合构筑物特点，评价施工地质条件，提出保障施工安全的措施建议。

⑧针对拟建场地填土层工程地质性质和稳定条件，提出加固处置建议。

⑨结合收费大棚及各类构筑物工程地质条件的适宜性,提出保障工程安全、地质环境安全的措施建议。

(4)主要成果

①收费站工程地质详细勘察报告。

②1:500 收费站工程地质平面图。

③1:500 收费大棚工程地质纵横断面图。

④1:500 各类附属构筑物工程地质纵横断面图。

⑤钻探地质柱状图,轻型勘探工程展示图,岩、土、水试验报告,钻孔水文地质抽水试验综合成果表。

⑥地面物探报告及附图、附表。

⑦各种汇总表、统计表。

3.7 弃渣场及沿线筑路材料勘察

3.7.1 弃渣场勘察

1)弃渣场选址原则及勘察方法

受山区地形地貌条件制约,弃渣场设置和弃渣场安全问题已成为山区公路建设的重要课题,同时山区地质地貌环境脆弱,为保障山区生态环境,弃渣场选址和勘察应遵循如下原则:

(1)必须避开的路段

①滑坡、崩塌、泥石流等不良地质现象的易发区或欠稳定的斜坡地段。

②河流、冲沟在雨季或汛期的行洪地段。

③与地下暗河系统联系密切的溶蚀洼地、落水洞地段。

④人口聚居区、高铁、交通干线、燃气管道、高压输电塔等大型工程相邻的斜坡上段。

(2)各阶段勘察的重点

弃渣场初步勘察以工程地质测绘为主,主要掌握候选弃渣场的微地形地貌条件、水环境,以及候选场地的地质环境的稳定性和适宜性;详细勘察则需要针对弃渣场安全、地质环境安全评价布设综合勘察,有侧重地对拦渣坝、排水系统进行工程地质勘察和工程地质定量评价。

2)弃渣场初步勘察

(1)勘察范围

弃渣场初步勘察的范围:各候选弃渣场及影响范围。

(2)勘察精度及工作量

①候选弃渣场工程地质测绘及工程地质纵横断面测量精度为1:2 000。

②1:10 000 弃渣场环境地质调查。

③弃渣场环境地质调查的地质观测点、刻槽采样点、螺纹钻等控制点密度,每平方分米(0.01 m²)图面不少于5个。

（3）技术要求及评价内容

①开展1:2 000弃渣场工程地质测绘、工程地质测量及1:10 000环境地质调查。

a.基本查明候选弃渣场的微地形地貌条件及水环境；

b.基本查明待选地段地质构造部位、地层层位、岩层产状；

c.基本查明待选地段土体的成因类型、岩性、工程地质性质及稳定性；

d.查明井泉出露情况及岩土体渗透性等水文地质特征；

e.调查强降雨等灾害性天气引发山洪、产生固体径流的可能性和危害性；

f.基本查明上覆土体、不良地质现象的分布范围、规模、稳定性及其影响；

g.掌握待选地段下游人口聚居区、大型工程等分布情况及布设弃渣场对环境安全的影响程度。

②评价不良地质现象、水环境对弃渣场的影响。

③评价弃渣场对人口聚居区、高铁、交运干线、燃气管、高压输电网的影响。

④评价弃渣场地质环境的整体稳定性和适宜性。

⑤提出优化弃渣场选址的建议。

（4）主要成果

①弃渣场初步勘察工程地质条件评价表，见表3.30。

表3.30　弃渣场初步勘察工程地质条件评价表

序号	路线方案编号	位置及里程桩号	设计规模/$10^4 m^3$	勘察工作量	地层层位、岩性、产状及土体成因类型、厚度和稳定性	微地形地貌条件、地表水系汇水面积、常年水流量	不良地质现象、灾害性降水及山洪影响	地质环境稳定性、适宜性评价	候选场地优化建议
1									
2									
⋮									
n									

②1:10 000 ~ 1:50 000各路线方案弃渣场分布图。

③1:2 000候选弃渣场工程地质平面图。

④1:2 000候选弃渣场工程地质纵横断面图。

⑤螺纹钻、轻型勘探工程记录或展示图。

3）弃渣场详细勘察

（1）勘察范围

弃渣场详细勘察的勘察范围：审定路线方案弃渣场涉及的范围。

（2）勘察精度及工作量

①弃渣场工程地质测绘精度为1:500。

②弃渣场排水工程纵断面测量精度为1:500。

③拦渣坝勘探精度为1∶200,拦渣坝纵断面控制范围达坝肩两端外侧20 m。

④拦渣坝勘探横断面间距:岩体裸露、工程地质条件简单地段为20 m,有上覆土体、工程地质条件较复杂地段为10~20 m,工程地质条件复杂地段不超过10 m。拦渣坝工程地质横断面(含纵断面钻孔)以钻孔、轻型勘探工程为主,数量不少于3个;钻孔揭露深度达完整稳定岩体以下3~5 m为宜。

⑤拦渣坝持力层岩体和上覆土体分层采样试验,不同岩性样品试验成果不少于6组;软夹层、上覆土体增加抗剪试验。

⑥上覆土体分布广、厚度大或存在岩溶地质现象时,应布设地面物探,探测断面的位置及精度与工程地质纵横断面一致。

(3)技术要求及评价内容

①开展1∶500工程地质测绘和断面测量。

a. 复核弃渣场拟建场地上下游的微地形地貌条件及稳定性;

b. 复核弃渣场拟建场地上覆土体的成因类型、岩性、厚度及稳定性;

c. 复核弃渣场拟建场地上下游的水环境、冲沟规模、汇水范围面积、雨季发生山洪灾害的条件;

d. 复核布设地区强降水、持续降雨、引发山洪的历史资料。

②开展1∶200弃渣场排水系统各类工程拟建场地工程测量,提出选择排水方案的建议。

③开展弃渣场拦渣坝拟建场地勘察。

a. 开展1∶200~1∶500工程地质测绘和工程地质纵横断面测量,掌握拟建场地岩土体工程地质性质等地质背景条件;

b. 沿拦渣坝拟建场地纵横断面布设综合工程地质勘察,揭露地基地质条件;

c. 分段、分层统计试验成果,拟定拦渣坝拟建场地各段的地基地质参数;

d. 结合水环境,评价拦渣坝拟建场地强渗透岩层的渗透性、渗透介质及分布范围等对拦渣坝安全的影响;

e. 结合岩土体出露情况,分段评价拦渣坝的地基地质条件,拟定拦渣坝基础埋置深度及施工要求;

f. 评价兴建弃渣场地质环境的整体稳定性和适宜性;

g. 分段评价弃渣场拦渣坝及排水系统的施工地质条件,并提出安全施工建议;

h. 评价排水系统拟建场地水文地质条件,提出渗漏岩层的防渗漏建议;

i. 分别评价弃渣场、拦渣坝、排水系统的工程地质适宜性;

j. 提出保障弃渣场安全、生态环境安全的措施建议。

(4)主要成果

①弃渣场勘察成果总报告。

a. 弃渣场详细勘察报告或弃渣场详细勘察工程地质条件评价表(表3.31);

b. 1∶500弃渣场工程地质平面图;

c. 1∶500弃渣场工程地质纵横断面图;

　　d.钻探地质柱状图,轻型勘探工程展示图,岩、土、水试验报告,钻孔水文地质抽(提)水试验综合成果表;

　　e.各种统计表、汇总表。

　　②弃渣场拦渣坝勘察成果。

　　a.1:200拦渣坝工程地质平面图;

　　b.1:200拦渣坝工程地质纵断面图;

　　c.1:200拦渣坝工程地质横断面图;

　　d.钻探柱状图,轻型勘探工程展示图,岩、土、水样品试验报告,钻孔水文地质抽(提)水试验综合成果表;

　　e.各种统计表、汇总表;

　　f.地面物探、声波测井报告及附图、附件。

　　③排水系统成果。

　　a.1:200排水系统工程地质平面图;

　　b.1:200排水系统工程地质纵断面图;

　　c.1:200排水系统工程地形及纵断面测量成果和记录。

表3.31　弃渣场详细勘察工程地质条件评价表

编号	分段评价的里程桩号	设计规模/10^4m³	完成的勘探工作量	拦渣坝、排水系统工程地质环境稳定性、适宜性	拦渣坝、排水系统工程地基地质条件评价及设计参数建议值	水环境及不良地质现象影响评价	弃渣场整体适宜性评价及施工地质条件评价	维护地质环境和生态环境安全的措施建议
1								
2								
⋮								
n								

3.7.2　沿线筑路材料勘察

　　公路工程建设需要大量的岩、土、水等建筑材料,山区公路建设还有建筑材料运输不便的困难,而山区常常具有丰富的岩、土、水资源,合理开发、利用,是保护环境和降低造价的重要举措,沿拟建公路及附近布置沿线筑路材料勘察是山区公路勘察的任务之一。

　　1)沿线筑路材料勘察原则

　　山区公路沿线筑路材料勘察应探明公路工程沿线筑路材料的种类、质量、数量、产地的开采运输条件和现状,为满足工程建设需要,筑路材料勘探应有较高的保证率。

　　沿线筑路材料勘察以调查为主,重点对重要产地、新开料场建筑材料开展有侧重的地质测绘和勘探试验,以达到探明储量和实际储量的误差率小于10%的目标,同时在筑路材料料场选址、开采方法和行为等方面都必须遵循维护地质环境安全的原则。

山区公路施工用水应遵循利用地表水为主的方针,在地表水缺乏的干旱缺水区才布设供水水文地质勘察或开挖探采结合水井,以满足工程施工需要。

2)沿线筑路材料初步勘察

(1)勘察范围

沿线筑路材料初步勘察的范围:沿路线的产地、料场或交通运输条件优良的相邻地区的材料产地和料场。

(2)勘察精度及工作量

①沿线筑路材料调查精度为 1:2 000 ～ 1:10 000。

②稀缺或主力重点料场垂直岩层走向布设勘探断面 1 ~ 2 条,断面上的钻探工程、轻型勘探工程、刻槽采样点、地质观测点等数量不少于 3 个。

③稀缺或重点料场采样进行物理力学指标、矿物成分鉴定和检测,采样试验数量成果不少于 3 组。

④调查施工用水水源地,并进行动态观察和采样化验。

(3)技术要求及评价内容

①收集沿线筑路材料料场资料,调查主要料场的位置及筑路材料、种类、质量、数量、开采现状及运输条件;

②布设 1:2 000 ～ 1:10 000 主要料场及产地地质调查和地质纵断面测量:

a. 基本查明筑路材料的种类、数量、质量、开采运输条件、权属等;

b. 基本查明黏性土等材料的成因类型、岩性、结构、厚度及适用性;

c. 基本查明开采活动引发次生灾害的风险。

③根据现行《公路工程地质勘察规范》第 5.15.7、第 5.15.8 和第 5.15.9 条的规定,评价筑路材料的质量及适用性。

④布设勘探工程,复核稀缺或主力重点料场筑路材料的储量。

⑤评价稀缺或主力重点料场的开采运输条件。

⑥开展 1:10 000 区域水文地质及水环境调查,评价施工用水水源地。

⑦评价筑路材料开采对地质环境的影响。

⑧结合沿线筑路材料及施工用水条件的开采、利用条件,提出相关建议。

(4)主要成果

①沿线筑路材料(含施工用水)初步勘察报告和筑路材料料场及产地评价表,见表 3.32。

②1:10 000 沿线筑路材料施工用水水源地分布图。

③1:2 000 主要料场或产地地质分布平面图。

④1:2 000 主要料场或产地地质勘察断面图。

⑤沿线筑路材料试验报告。

⑥沿线供水水源水质试验报告。

⑦勘探钻孔地质柱状图、轻型勘探工程展示图等。

⑧各种汇总表、统计表。

表 3.32　沿线筑路材料(含施工用水)产地初步勘察评价表

序号	路线方案编号	位置及里程桩号	勘探工作量	筑路材料的主要指标					开采条件及适用程度
				品种	储量/$10^4 m^3$	开采量/$10^4 m^3$	主要质量指标	运输条件	
1									
2									
⋮									
n									

3)沿线筑路材料详细勘察

(1)勘察范围

沿线筑路材料详细勘察的范围:审定筑路材料料场及产地。

(2)勘察精度及工作量

①稀缺材料料场、主力重点料场、新拓料场开展 1:500~1:1 000 料场地质测绘及断面测量。

②稀缺材料料场、主力重点料场或新拓料场布设勘探线网,勘探网间距:厚度大、地质条件较稳定料场的勘探间距为 100~200 m,地质条件较复杂料场的勘探间距为 50~100 m,厚度薄或数量有限的复杂料场的勘探间距不超过 50 m。

③每条勘探线的钻孔数量不少于 3 个,勘探钻孔揭露深度达有用材料底板以下 3 m。

④供水水文地质调查精度为 1:10 000,地下水供水源地布设供水水文地质钻孔 2~3 个,并采水样化验。

⑤稀缺材料料场、主力重点料场、新拓料场及产地开展地面物探探测,探测断面的位置及精度应与勘探断面一致。

(3)技术要求及评价内容

①开展 1:500~1:2 000 沿线筑路材料料场及产地地质测绘和断面测量,定点复核既有沿线筑路材料料场及产地的材料种类、数量、质量、开采运输条件等初步勘察成果。

②针对重要料场和新拓材料产地,布设 1:500~1:1 000 精度地质测绘、断面测量及有侧重的钻探、物探、采样试验,提高筑路材料勘探控制度和准确性。

③采用两种以上计算方法评价筑路材料可开采、利用部分的勘探储量。

④评价主要筑路材料料场的质量、可开采数量、可利用程度和开采条件。

⑤评价筑路材料开采对地质环境、生态环境的影响。

⑥计算地表水体和供水钻孔的供水量,评价施工用水的开采利用条件。

⑦结合开采筑路材料和施工用水的适宜性,提出开采安全及保护地质环境、生态

环境安全的措施建议。

（4）主要成果

①总论部分。

a.沿线筑路材料（含施工用水）详细勘察报告及勘察评价表（表3.33）；

表3.33　沿线筑路材料（含施工用水）料场详细勘察评价表

序号	位置及里程桩号	勘探工作量	筑路材料的主要指标						适用性、保证率及可采用评价
			品种	规格	地质储量/$10^4 m^3$	开采储量/$10^4 m^3$	主要质量指标	开采、运输条件	
1									
2									
⋮									
n									

b.1:10 000 沿线筑路材料及供水水源地分布图；

c.1:500～1:2 000 料场及产地地质分布平面图；

d.1:500～1:2 000 料场及产地地质断面图；

e.沿线筑路材料及供水水源地一览表；

f.沿线筑路材料及供水水源地水质化验成果一览表；

g.沿线筑路材料及供水水源地水质化验报告。

②主要料场勘探成果。

a.料场地质报告；

b.1:500～1:1 000 料场地质分布平面图；

c.1:500～1:2 000 料场地质断面图；

d.储量计算书；

e.勘探钻孔柱状图、轻型勘探工程展示图、样品化验报告、样品化验成果统计表；

f.物探报告及附图、附件。

③供水水源勘探成果。

a.供水水源地质勘探报告；

b.1:1 000 供水水文地质图；

c.1:1 000 供水水文地质断面图；

d.钻孔水文地质综合成果表、水质化验报告、水质化验成果统计表；

e.物探报告及附图、附件。

第4章 地质条件复杂路段工程地质勘察

4.1 地质条件复杂路段的勘察思路及方法

山区地质环境十分脆弱,地质营力活跃,常因岩石风化、强降水、地震等自然因素或人类大型工程活动引发环境恶化和地质灾害,是地质灾害的易发区和频发区,这些地段也是山区公路建设、营运现代化管理最关注的地区和路段。为有效地开展山区复杂路段公路工程地质勘察,本章重点对滑坡路段、崩塌路段、泥石流路段、强岩溶化路段、渗漏路段、水库塌岸路段、矿山采空区路段等地质条件复杂路段的公路工程地质勘察技术方法进行论述和介绍。为便于公路工程地质勘察,分轻重缓急地处置地质条件复杂路段的不良地质现象和地质灾害,本书按地质灾害的危害程度和产生的后果,将地质灾害分为超大型、大型、中等和一般四级,见表4.1。

表 4.1 复杂路段地质灾害按危害程度分级表

危害程度分级	分级指标
超大型灾害	人身财产损失超过1亿元者;或灾害损失超过工程总造价35%者;或威胁人身安全超过300人者;或对建设项目方案有颠覆性影响
大型灾害	人身财产损失达0.5亿~1亿元者;或灾害损失占工程总造价10%~35%者;或威胁人身安全人数达50~300人者;或工程建设方案须进行重大设计变更
中等灾害	人身财产损失达0.1亿~0.5亿元者;或灾害损失占工程总造价1%~10%者;或威胁人身安全人数不足50人者;或工程建设方案进行局部调整或部分设计变更
一般灾害	人身财产损失不足0.1亿元者;或灾害损失占工程造价不足1%者;或无人员安全问题;或对工程建设方案基本无影响

复杂路段的工程地质条件受特定地质因素制约,有一定发育特征和规律,勘察前应充分收集、熟悉前人勘察成果,确定客观、合理的勘察思路,选择恰当的勘察方法和手段,因地制宜地开展工程地质勘察。地质条件复杂路段勘察重在预防地质灾害的危害和影响,因此地质条件复杂路段的勘察成果应紧扣公路工程建设及防灾、减灾需要,并为预防、处置地质灾害服务。

　　地质条件复杂路段需要布置两阶段勘察。初步勘察阶段应根据区域地质规律查明复杂路段的地质地貌背景、地质环境、水环境特点以及相联系的地质灾害种类、分布、规模、活动性、发生发展机制,编制地质灾害危害程度分区图,评价地质灾害的危害性及危险性,为选定路线方案和绕避颠覆性地质灾害提供依据。

　　详细勘察阶段则针对审定的路线方案绕避地质条件不良地段,或处置病害以通过地质条件复杂路段进行较系统的综合勘察,为防灾、减灾设计或处置地质灾害提供完备的依据和参数,因此地质条件复杂路段详细勘察中的地质灾害勘察目的、任务与常规地质灾害详细勘察的目的和任务有一定区别。

4.2　滑坡路段勘察

　　滑坡是斜坡坡体地质结构中欠稳定岩土体沿特定的滑移面或滑床长期、持续活动的地质现象。其中,滑床、滑面的形态特征,水环境,前缘抗阻条件变化,以及滑带土的结构、成分、物理力学性质等对滑坡活动性都有深刻影响。因此,评价滑坡滑面、滑床特征和滑带土的工程地质性质及特征是滑坡路段勘察的重点。

4.2.1　滑坡分类、分级及勘察方法

1)滑坡分类、分级

　　滑坡分类、分级在滑坡灾害勘察评价中有具体而特定的防灾意义和价值。目前,各行业按斜坡坡体地质结构、滑面与岩层层面的空间关系、滑动的地质力学方式、滑坡活动时间及滑体体积进行了多种分类和分级。

　　(1)滑坡的主要类型

　　①滑坡按斜坡坡体地质结构及滑面特征分类,见表4.2。

表4.2　按斜坡坡体地质结构及滑面特征分类表

滑坡类型	斜坡坡体地质结构及滑面特征
土质滑坡	土体组成的斜坡,滑面呈圆弧形发育
岩质顺层滑坡	顺层岩质斜坡,滑面顺岩层层面发育
岩质切层滑坡	为坡体岩质结构,滑面切岩层层面发育

　　②滑坡按滑移的地质力学特征分类,见表4.3。

表4.3　按滑移的地质力学特征分类表

滑坡运动方式分类	滑移的地质力学特征
牵引式滑坡	前缘滑动,逐次引起后缘岩土体失稳滑动
推移式滑坡	后缘岩土体失稳,推动前缘岩土体滑动

③滑坡按发生的时代分类,见表4.4。

表4.4 按发生的时代分类表

滑坡类型	发生的时代
近现代滑坡	人类有记忆的滑坡(近50年左右)
老滑坡	全新世以来的滑坡
古滑坡	全新世以前的滑坡

(2)滑坡按滑移岩土体的体积规模分级(表4.5)

表4.5 按滑移岩土体的体积规模分级表

滑坡体积分级	小型滑坡	中型滑坡	大型滑坡	特大型滑坡
滑坡体积 $V/10^4$ m³	$V \leq 10$	$10 < V \leq 100$	$100 < V \leq 1\,000$	$V > 1\,000$

2)滑坡路段勘察方法

(1)按两阶段布置勘察

初步勘察阶段需要查明滑坡路段的区域地质背景、滑坡活动历史和过程、斜坡坡体地质结构、发生及发展机制、滑面与滑带土的工程地质特征及性质;评价滑坡对路线方案和构筑物安全的危害性、危险性,为路线方案选择服务。详细勘察则在初步勘察评价的基础上,结合构筑物安全开展针对性的勘察及采样试验、动态观测工作,判断滑坡的演进阶段及稳定状态(表4.6),补充、分析滑带土等试验成果,并根据工况、荷载组合进行滑坡稳定性计算,评价滑坡的稳定性和滑坡产生条件,并根据滑坡稳定性(表4.7)、滑坡与构筑物的空间关系、滑坡对构筑物的危害强度,分段提出削坡减载、前缘反压、布设支挡工程或排水措施等工程建议。

表4.6 滑坡活动演变阶段表

演变阶段	滑带特征	滑坡前缘	滑坡后缘	滑坡两侧	滑坡体
变形阶段	主滑段出现蠕动变形,滑体未沿滑动带位移	无明显变化	地表出现与地形等高线大体平行的张裂缝	无明显裂缝和边界	无明显异常,偶见"醉汉林"现象
蠕动阶段	形成主滑带,滑体已局部沿滑带位移,可见镜面、擦痕、搓揉现象	表层隆起、具放射状、垂直张裂缝,局部有坍塌现象和地下水溢出	地表张裂缝增多、加宽、贯通,外侧下错	出现雁行剪切裂缝	出现裂缝、沉陷现象、"醉汉林"等

续表

演变阶段	滑带特征	滑坡前缘	滑坡后缘	滑坡两侧	滑坡体
滑动阶段	滑带全面贯通,滑带土新鲜、饱水量高,有镜面、擦痕及搓揉现象	剪出口错出,滑坡舌明显鼓张伸出,伴有坍塌、压致张裂带生成和地下水浑浊现象	滑坡两侧产生剪切裂缝,张裂缝贯通,滑坡壁平直不断扩容	羽状裂缝与滑坡两侧剪切裂缝连通,滑坡壁平直不断扩容	滑坡体整体位移、运动显著,形成纵向裂缝,形成"醉汉林"等
停滑稳定阶段	滑体不再沿滑带位移,滑带土含水量降低,进入固结阶段	滑坡舌覆盖原地表或受前方阻挡壅高,鼓丘不再发展,地下水清澈	裂缝扩容中止,滑坡壁清晰	羽状裂缝扩容中止,趋于闭合	滑体变形终止、斜坡坡面变缓、裂缝趋于闭合

表 4.7 滑坡稳定性安全系数取值

工况	安全系数		
	Ⅰ	Ⅱ	Ⅲ
校核工况	1.25	1.20	1.15
非校核工况	1.20	1.15	1.10

（2）滑坡稳定性计算参数的选取

①滑坡稳定性计算应根据坡体地质结构、滑坡坡体特征等客观情况选择适宜的计算方法。值得注意的是:稳定性计算中选用的滑带土计算参数,无论是选取采样试验统计结果,还是地区经验值、反算值等,它们的客观性、代表性对滑坡稳定性计算结果有举足轻重的影响,因此应把合理、科学选取滑带土计算参数放在计算、评价的首位。

②滑坡稳定性计算应采用钻孔倾斜监测仪提取各勘探断面、不同地段滑体的滑移方向、滑移速度、滑移面位置及深度等边界条件进行计算和评价,以保障滑坡稳定性计算成果的客观性和准确性。

（3）滑坡稳定性计算的主要方法

滑坡稳定性计算方法根据滑坡类型和可能的破坏形式,可按下列原则确定:

①土质滑坡和较大规模的碎裂结构岩质滑坡宜采用简化的毕肖普法计算。

②对可能产生平面滑动的滑坡宜采用平面滑动法进行计算。

③对可能产生折线滑动的滑坡宜采用折线滑动法进行计算。

（4）折线滑动法(传递系数法)

折线滑动法(传递系数法)计算公式如下(图4.1):

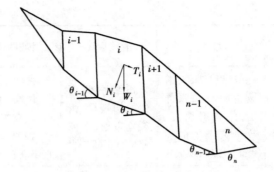

图 4.1 传递系数法计算说明图

$$F_s = \dfrac{\displaystyle\sum_{i=1}^{n-1}\left(R_i\prod_{j=i}^{n-1}\psi_j\right) + R_n}{\displaystyle\sum_{i=1}^{n-1}\left(T_i\prod_{j=i}^{n-1}\psi_j\right) + T_n} \tag{4.1}$$

$$\psi_j = \cos(\theta_i - \theta_{i+1}) - \sin(\theta_i - \theta_{i+1})\tan\phi_{i+1} \tag{4.2}$$

$$\prod_{j=i}^{n-1}\psi_j = \psi_i \cdot \psi_{i+1} \cdot \psi_{i+2} \cdot \cdots \cdot \psi_{n-1} \tag{4.3}$$

$$R_i = N_i\tan\phi_i + c_i l_i \tag{4.4}$$

$$T_i = W_i\sin\theta_i + \Delta p_i\cos\theta_i \tag{4.5}$$

$$N_i = W_i\cos\theta_i - \Delta p_i\sin\theta_i - U_i \tag{4.6}$$

$$\Delta p_i = \frac{1}{2}\gamma_w(h_b^2 - h_a^2) \tag{4.7}$$

$$W_i = \gamma V_{in} + \gamma_{sat} V_{id} + F_i \tag{4.8}$$

$$U_i = \frac{1}{2}(h_a + h_b)\gamma_w l_i \tag{4.9}$$

式中　F_s——滑坡稳定性系数;

ψ_i——第 i 块段的剩余下滑力传递至 $i+1$ 块段时的传递系数($j=i$);

R_i——第 i 计算条块滑体抗滑力,kN/m;

T_i——第 i 计算条块滑体下滑力,kN/m;

N_i——第 i 计算条块滑体在滑动面法线上的分力,kN/m;

c_i——第 i 计算条块滑动面上岩土体的黏结强度标准值,kPa;

ϕ_i——第 i 计算条块滑带土的内摩擦角标准值,(°);

l_i——第 i 计算条块滑动面长度,m;

W_i——第 i 计算条块自重与建筑等地面荷载之和,kN/m;

θ_i——第 i 计算条块底面倾角,(°),反倾时取负值;

Δp_i——第 i 个条块土体两侧静水压力的合力,kN/m;

U_i——第 i 个条块土体底部孔隙压力,kN/m;

γ_w——水的容重,kN/m^3;

V_{in}——第 i 计算条块岩土体的浸润线以上体积,m^3/m;

V_{id}——第 i 计算条块岩土体的浸润线以下体积，m^3/m；

γ——岩土体的天然容重，kN/m^3；

γ_{sat}——岩土体的饱和容重，kN/m^3；

F_i——第 i 计算条块所受地面荷载，kN。

孔隙水压力的计算示意图，如图 4.2 所示。

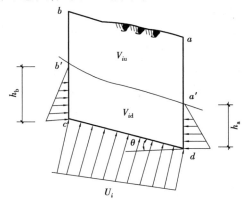

图 4.2　孔隙水压力计算示意图

（5）简化毕肖普法

圆弧形滑面的滑坡可采用简化毕肖普法（图 4.3），滑坡稳定性系数可按式（4.10）计算：

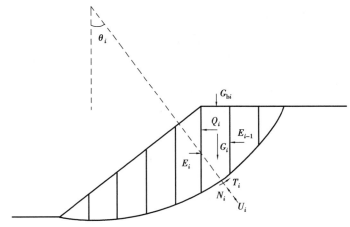

图 4.3　简化毕肖普法计算示意图

$$F_s = \frac{\displaystyle\sum_{i=1}^{n} \frac{1}{m_{\theta_i}}\left[c_i l_i \cos \theta_i + (G_i + G_{bi} - U_i \cos \theta_i) \tan \varphi_i \right]}{\displaystyle\sum_{i=1}^{n} \left[(G_i + G_{bi}) \sin \theta_i + Q_i \cos \theta_i \right]} \qquad (4.10)$$

$$m_{\theta_i} = \cos \theta_i + \frac{\tan \varphi_i \sin \theta_i}{F_s} \qquad (4.11)$$

$$U_i = \frac{1}{2}\gamma_w(h_{wi} + h_{w,i-1})l_i \tag{4.12}$$

式中　F_s——滑坡稳定性系数;

c_i——第 i 计算条块滑面黏聚力,kPa;

φ_i——第 i 计算条块滑面内摩擦角,(°);

l_i——第 i 计算条块滑面长度,m;

θ_i——第 i 计算条块滑面倾角,(°),滑面倾向与滑动方向相同时取正值,滑面倾向与滑动方向相反时取负值;

U_i——第 i 计算条块滑面单位宽度扬压力,kN/m;

G_i——第 i 计算条块单位宽度自重,kN/m;

G_{bi}——第 i 计算条块单位宽度竖向附加荷载,kN/m,方向指向下方时取正值,指向上方时取负值;

Q_i——第 i 计算条块单位宽度侧向静水压力,kN/m;方向指向坡外时取正值,指向坡内时取负值;

$h_{wi},h_{w,i-1}$——第 i 及第 $i-1$ 计算条块滑面前端水头高度,m;

γ_w——水重度,取 10 kN/m³;

i——计算条块号,从后方起编;

n——条块数量。

(6)平面滑动法

采用平面滑动法时,滑坡稳定性按下列公式计算:

$$F_s = \frac{R}{T} \tag{4.13}$$

$$R = N\tan\phi + cl \tag{4.14}$$

$$T = W\sin\theta + V\cos\theta \tag{4.15}$$

$$N = W\cos\theta - V\sin\theta - U \tag{4.16}$$

$$W = V_u\gamma + V_d\gamma_{sat} + F \tag{4.17}$$

$$V = \frac{1}{2}\gamma_w h_w^2 \tag{4.18}$$

$$U = \frac{1}{2}\gamma_w l h_w \tag{4.19}$$

式中　F_s——滑坡稳定性系数;

R——滑坡体抗滑力,kN/m;

T——滑坡体下滑力,kN/m;

N——滑坡体在滑动面法线上的分力,kN/m;

C——滑面黏聚力标准值,kPa;

Φ——滑面内摩擦角标准值,(°);

L——滑动面长度,m;

W——滑坡体自重与建筑等地面荷载之和,kN/m;

α——计算条块地下水流线倾角,(°);

V_u——滑坡体岩土体的浸润线以上体积,m^3/m;

V_d——滑坡体岩土体的浸润线以下体积,m^3m;

F——滑坡体所受地面荷载,kN;

θ——滑面倾角;

γ——岩土体的天然容重,kN/m^3;

γ_{sat}——岩土体的饱和容重,kN/m^3;

γ_w——水重度,取 10 kN/m^3;

V——后缘裂隙静水压力,kN/m;

U——底部地下水扬压力,kN/m;

h_w——裂隙充水高度,m,取裂隙深度的 1/2 ~ 2/3。

后缘裂隙静水压力和滑面扬压力,如图 4.4 所示。

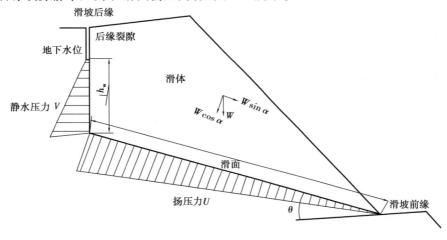

图 4.4　后缘裂隙静水压力和滑面扬压力

4.2.2　滑坡路段两阶段勘察

1)滑坡路段初步勘察

(1)勘察范围

滑坡路段初步勘察的范围:各路线方案中与构筑物安全关系密切的滑坡或欠稳定斜坡路段。

(2)勘察精度及工作量

①滑坡、欠稳定斜坡工程地质测绘及工程地质纵横断面测量精度为 1:500。

②沿主滑坡方向布设工程地质纵向勘探线 1 条,滑坡宽度超过 200 m 时应增加纵向勘探线。纵向勘探线上端应达斜坡坡顶,下端至斜坡坡脚。

③勘探纵断面上的钻探工程、轻型勘探工程不少于 5 个(含后壁以上、剪出口以下稳定路段各 1 个);勘探工程间距不超过 80 m(条件复杂时应加密);揭露深度达滑床以下稳定岩土体内 5 ~ 10 m。

④垂直主滑方向布设横向勘探断面 1 条,横断面与纵断面交点应布设勘探钻孔,横断面钻探工程和轻型勘探工程不少于 5 个(勘探工程间距、揭露深度与纵断面要求一致)。

⑤浅井、坑探等轻型勘探工程量为勘探工程总量的 15%。

⑥稳定岩土体、滑坡体、滑带土分层采样试验。滑带土样品应逐钻孔、逐探坑采集和进行剪切试验,滑带土样品试验成果不少于 6 组(其余样品试验成果不少于 3 组)。

⑦50% 以上钻孔进行声波测井和岩块弹性波测试。

⑧逐孔进行提钻后、下钻前地下水水位测量和终孔地下水水位测量。

⑨水环境复杂地段布设钻孔水文地质抽水试验 2~3 孔段,并采水样化验。

⑩布设地面物探方法探测,探测断面的位置及精度应与勘探断面一致。

(3)技术要求及评价内容

①开展 1:500 工程地质测绘和工程地质断面测量,重点查明以下内容:

a. 发生滑坡地段和欠稳定斜坡的微地形地貌特征及滑坡的平面范围;

b. 坡体地质结构,岩土体的地层层位、岩性、产状、上覆土体、岩性、成因类型、叠置关系;

c. 坡面的各类变形现象、形态特征、分布、规模、滑体剪出现象、地下水溢出现象及位置;

d. 借助坑探、浅井描述滑床形态特征、位置、埋深以及滑带土的岩性、成分、厚度、饱水状态、黏塑性等;

e. 根据各类裂缝发育分布规律、组合关系,判断滑坡滑移的动力地质性质、发育演进阶段;

f. 查明滑坡发生的应力应变机制、诱发因素及稳定性趋势。

②调查滑坡发生发展历史、演进过程、近现代活动特点、诱发因素及危害性和危险性。

③结合滑坡的固有特征及现象,布设钻探工程、轻型勘探工程,揭露滑体、滑床、滑带土等滑坡要素。

④采样试验,提取滑体和滑带土的天然含水率、密度、塑限、液限、压缩系数、凝聚力、内摩擦系数等主要指标。

⑤沿工程地质勘探断面布设高密度电法、浅层地震或地探雷达等物探方法,验证滑坡体的厚度、滑床的形态特征、地下水赋存状况。

⑥埋置专门设备观测地表滑移变形的变形量、变形方向、变形速度,验证滑坡滑移变形的特点,确定滑移面发育位置及深度。

⑦结合坡体地质结构、变形现象及滑坡发育演进阶段,计算不同工况条件下滑坡的稳定系数和欠稳定状态的剩余下滑力。

⑧根据滑坡路段的地质地貌背景、滑坡发生频率、群发特征及危害性,评价路线方案通过滑坡地段的可行性及风险。

⑨根据滑坡的活动性、危害程度及危险性,编制滑坡危害程度分区图,拟定绕避滑

坡或提出处置滑坡的方案建议。

⑩结合路线方案,评价滑坡路段的适宜性或风险,提出防灾、减灾的建议。

（4）主要成果

①滑坡路段初步勘察报告。

②1:2 000 滑坡路段工程地质图。

③1:2 000 滑坡路段工程地质纵横断面图。

④1:500 滑坡工程地质图。

⑤1:500 滑坡工程地质纵横断面图。

⑥钻探工程地质柱状图,轻型勘探工程展示图,岩、土、水试验报告,钻孔水文地质抽水试验综合成果表。

⑦各种统计表、汇总表。

⑧物探勘察报告及附图、附表等。

⑨滑坡变形现象动态观测记录、图册、旬报、月报、小结等。

2）滑坡路段详细勘察

（1）勘察范围

滑坡路段详细勘察的范围:通过路线方案的滑坡和欠稳定斜坡路段。

（2）勘察精度及工作量

①滑坡、欠稳定斜坡路段工程地质测绘及纵横断面测量精度为 1:200 ~ 1:500。

②沿主滑方向和垂直主滑方向布设勘探网,勘探网间距:活动性及活动性有限的滑坡或欠稳定斜坡为 40 ~ 80 m,具活动性并存在较严重后果的滑坡或欠稳定斜坡为 20 ~ 40 m,活动性显著、致灾后果突出的滑坡不超过 20 m。

③勘探网交点应有勘探钻孔,钻孔揭露深度达滑床以下稳定岩土体内 5 ~ 10 m。

④浅井等轻型勘探工程量不少于勘探工程总量的 15%。

⑤稳定岩土体、滑体岩土体分层采样试验,分层采样试验成果不少于 6 组。

⑥滑带土、滑体内软弱夹层等分层采样试验范围应覆盖整个滑坡,滑带土剪切试验成果不少于 9 组。

⑦滑体内各类构筑物、地表变形现象、非滑坡区应布设地表动态测点不少于 10 处;滑坡主滑段及变形显著地段埋置钻孔测斜管 5 ~ 10 套,以开展深部动态观测;观测时间从勘察初期至病害处置结束后不少于一个水文年。

⑧设雨量观测站,观测记录强降水过程或持续降水时段的降雨量。

⑨逐孔进行提钻后、下钻前孔内地下水水位和终孔地下水水位测量。

⑩水文地质抽水试验和地下水水位动态观测 2 ~ 3 孔段,并采水样化验。

⑪沿纵横勘察断面布设高密度电法、浅层地震或地探雷达等地面物探,探测断面的精度及位置应与工程地质勘探断面一致。

（3）技术要求及评价内容

①开展 1:200 ~ 1:500 滑坡或欠稳定斜坡工程地质测绘和工程地质纵横断面测量,重点复核以下内容:

a. 滑坡地段的坡体地质结构、地层岩性、岩土体叠置关系等;

b. 滑坡变形现象、滑移速度、滑移距离、滑坡发展及演进阶段等初步勘察成果;

c. 滑带土岩性、分布、厚度、含水量、可塑性、矿物成分等。

②沿勘察线、勘察网的密度布设钻探、轻型勘探工程和物探,提高勘探工程对滑坡现象、滑坡坡体地质结构、滑床特征、滑带土分布及厚度、滑带连续性等的控制程度和准确性。

③结合地表和地下变形现象动态观测,验证滑坡变形方向、变形量、变形速度、滑移界面位置及特征,准确掌握滑坡活动的边界条件。

④统计滑带土样品试验成果和反算值、相同背景滑带土经验值,选取各勘探断面不同段落滑带土的黏聚力和内摩擦角等参数。

⑤分段计算各断面不同工况条件下的稳定系数和欠稳定条件下的剩余下滑力。

⑥统计抽水试验成果和地下水水位动态观测成果,评价地下水对滑坡稳定性的影响。

⑦根据滑坡对公路构筑物的危害程度,编制滑坡活动影响分区图,评价滑坡的威胁和危害,分段拟定滑坡处置工程措施建议。

⑧结合施工地质条件,提出施工工艺、施工顺序、施工安全、预支护施工措施等处置建议。

⑨评价滑坡对公路和构筑物安全的影响程度,并提出保障各类构筑物安全施工的措施建议。

（4）主要成果

①滑坡路段详细勘察报告。

②1:2 000 滑坡路段工程地质图。

③1:2 000 滑坡路段工程地质纵断面图。

④1:500 滑坡工程地质图。

⑤1:500 滑坡勘察工程地质纵断面图。

⑥1:500 滑坡勘察工程地质横断面图。

⑦1:500 滑坡勘察动态观测布置图。

⑧滑坡变形现象动态观测报告及图册和观测记录。

⑨滑坡稳定性计算书。

⑩钻探工程地质柱状图,轻型勘探工程展示图,岩、土、水试验报告,钻孔水文地质抽水试验综合成果表,以及各类统计表、汇总表。

⑪地面物探报告及动态观测图册、观测记录、月报、季报、年报等。

4.3　崩塌路段勘察

崩塌现象是高、陡斜坡上岩体或岩块失稳、脱离山体下坠产生的重力地质现象,岩块崩塌产生的巨大冲击力常使遭冲击地段人身财产、各类构筑物蒙受巨大破坏或威胁,因此崩塌现象及灾害备受关注。

崩塌灾害是经危岩发展形成的,因此崩塌路段勘察的核心就是查明、评价斜坡上危岩的类型、分布、数量、规模、稳定性、危害性和危险性等。

4.3.1　危岩分类、分级及勘察方法

1)危岩分类、分级

(1)危岩动力地质类型

根据危岩形成的斜坡坡体地质结构、变形破坏模式,可分为顺层滑落型、外倾结构面型、基座压碎型、房檐型等多种动力地质类型,见表4.8。

表4.8　按坡体地质结构、变形破坏模式的危岩分类表

类　型	图　示	受控地质因素	崩塌方式
顺层滑落型		岩体顺岩层层面发生牵引式滑移,发生崩塌	滑移变形后,发生崩塌
外倾结构面型		岩体沿外倾结构面发生剪切变形,脱离母岩发生崩塌	拉张溃屈式崩塌为主
基座压碎型		脱离母岩岩块的下卧岩体遭压碎后发生崩塌	受下卧岩体影响,多压溃式崩塌
房檐型		危岩或岩块自稳性下降引起崩塌	变形过程复杂,以拉裂式崩塌为主

(2)危岩分级

危岩下坠具有自由落体的特点,冲击力和破坏性与危岩体的体积、下坠高度正相关。危岩按危岩体积和下坠高度分级为:

①按危岩体积可分为大、中、小、微型4级,见表4.9。

表4.9　按危岩体积分级表

危岩及危岩带 体积/m³	$V \leq 100$	$100 < V \leq 500$	$500 < V \leq 1\ 000$	$V > 1\ 000$
体积分级	微型	小型	中型	大型

②按危岩下坠高度可分为特高位危岩、高位危岩、中位危岩和低位危岩4级,见表4.10。

表4.10　危岩下坠高度分级表

危岩下坠高度/m	$H \leqslant 15$	$15 < H \leqslant 50$	$50 < H \leqslant 100$	$H > 100$
高度分级	低位危岩	中位危岩	高位危岩	特高位危岩

大、中型高位危岩下坠的冲击能量极大,极易引起危岩下坠冲击区滑坡等欠稳定地质体发生次生地质灾害。查明危岩下坠冲击区地质环境的稳定性、岩土体类型、欠稳定地质体的工程地质性质及次生灾害的危害性等,也是崩塌路段勘察、评价的重要内容。

2)危岩勘察方法

(1)准确掌握危岩转变为崩塌灾害的主要地质要素

危岩动力地质类型、变形破坏模式、维持危岩稳定的地质因素以及发展演进阶段(表4.11)4个地质要素,全面、系统地反映了危岩向崩塌灾害转变的机制和过程,是崩塌路段勘察、评价的理论和实践基础,需要进行系统论述和评价。

表4.11　危岩发生、发展演进阶段表

危岩发展阶段	切割阶段	分离阶段	危岩阶段	崩塌阶段
主要地质力学特点	受裂隙切割,岩块与母岩保持整体稳定	岩块分离母岩,整体稳定基本破坏,部分岩块稳定性趋于恶化	岩块稳定仅靠脆弱因素维持	脆弱因素已不能维持岩块稳定而最终失稳、下坠的阶段
危岩稳定状态	$F \geqslant F_t$	$1.15 \leqslant F < F_t$	$1.0 \leqslant F < 1.15$	$F < 1.0$

(2)布置两阶段勘察

为了全面、准确地评价崩塌路段危岩转变为大型崩塌灾害的风险,崩塌路段应布置两阶段勘察。初步勘察以查明危岩发生的坡体地质结构、危岩的动力地质类型、变形失稳模型、发展阶段、维持危岩稳定性的地质要素、规模、坠落高度及危岩下坠冲击区及产生次生灾害的地质条件及风险等为主,编制崩塌灾害危害程度分区图,较准确、客观地反映危岩发生崩塌灾害的危害范围和危害严重程度,重要的防范区域,为拟定防灾绕避方案等提供可靠依据。

详细勘察阶段往往因绕避大、中型崩塌灾害而调整路线方案后,主要针对中低位、小型、微型危岩进行处置勘察。为设计部门提供不同工况条件的危岩安全系数、防护工程安全等评价和依据。安全系数取值见表4.12。

表4.12　危岩安全系数表

危岩特征	安全等级及工况					
	一　级		二　级		三　级	
	非校核工况	校核工况	非校核工况	校核工况	非校核工况	校核工况
中位微型或低位小型	1.40	1.15	1.30	1.10	1.20	1.05
中位小型或低位中型	1.50	1.20	1.40	1.15	1.30	1.10
中位中型	1.60	1.25	1.50	1.20	1.40	1.15

（3）布设危岩智能监测系统进行灾害监测预警

根据危岩的动力地质类型、变形破坏模型和发展演进阶段，针对性地对变形张裂缝两侧、分离岩块等位置设置智能监测系统，开展全天候监测，掌握张裂缝张开、外倾结构面异动、基座压裂等变形现象的变化速度、幅度及方向，预测危岩变形发展动态，提高预警准确性。

（4）提高对崩塌次生灾害危害性的认识

经统计，危岩崩塌产生次生灾害的危害性常常超过崩塌灾害直接产生的危害，其中大、中型高位崩塌尤为严重（表4.13），因此应提高崩塌次生灾害性的认识，并投入足够的工作量开展勘察、评价。

表4.13　崩塌引发次生地质灾害类型

次生灾害类型	图　示	崩塌方式	危害性、危险性
简单型		高频危害广	分带性强、能量转换简单、以零星小规模灾害为主，危险性有限
碎屑流型		高能低频突发性强	产生靶区特定的地形地貌条件，能量转换复杂，局部可产生气垫现象，形成碎屑流，波及距离远、范围广、危害突出、危险性大
激发失稳型		高能低频具突发性	通过位能转换，使靶区欠稳定岩土体、古滑坡堆积层等发生滑移，危害性、危险性较大

4.3.2 崩塌路段两阶段勘察

1）崩塌路段初步勘察

（1）勘察范围

崩塌路段初步勘察的范围：受危岩崩塌威胁的路段。

（2）勘察精度及工作量

①工程地质测绘及工程地质纵断面测量精度为1∶2 000；危岩、卸荷带测绘及横断面测量精度为1∶500。

②工程地质横断面测量长度包括危岩至崩塌灾害威胁的范围，勘探点以轻型工程、地质观测点、刻槽采样点为主，数量不少于5个。

③危岩体和下伏软弱层岩体分层采样试验，分层试验成果不少于3组。

④卸荷带槽探、坑探数量不少于1处。

⑤简易动态观测点3~5个。

（3）技术要求及评价内容

①收集危岩区不同活动历史及灾害情况记录。

②开展1∶500~1∶2 000工程地质测绘及地质断面测量。

a.查明危岩地段的微地形地貌，卸荷带范围、规模，卸荷裂隙的延伸方向、延伸长度、张开、充填情况；

b.查明危岩、下伏岩层等的地层层位、岩性、产状等高陡斜坡的坡体地质结构及变形破坏模式等地质背景；

c.查明与危岩、欠稳定岩体关系密切的风化现象、层间错动带、断裂构造、裂隙密集带等结构面的特征、位置、规模及影响；

d.复核危岩与公路构筑物的空间关系；

e.查明危岩下方靶区的地质环境特征、稳定性、产生次生灾害的可能性及风险；

f.查明危岩下部坡体采矿活动对危岩稳定性的影响；

g.判断危岩变形的发展阶段和维持危岩稳定性的地质因素，对危岩进行编号，逐块预测致灾的危险性，并进行危险性分级，编制崩塌灾害危害程度分区图及断面图。

③通过简易动态观测，掌握危岩的变化特征、稳定性变化速度及发展趋势。

④按编号逐块评价危岩变形发展阶段，产生不同和产生次生灾害的危险性。

⑤进行灾害危害程度分级，评价危岩崩塌对公路建设方案和构筑物安全的威胁及危害程度。

⑥拟定绕避大型危岩崩塌灾害的方案和依据；拟定清除危岩的建议。

⑦结合危岩崩塌的危害性、危险性，提出防灾、减灾的建议。

（4）主要成果

①崩塌路段初步勘察报告。

②危岩工程地质评价表（表4.14）。

③1∶2 000崩塌路段工程地质图。

④1∶200崩塌路段工程地质纵断面图。

⑤1：2 000 危岩至靶区工程地质横断面图。

⑥1：200 危岩、卸荷带工程地质图。

表 4.14　崩塌路段初步勘察危岩工程地质评价表

序号	路线方案编号	里程位置	勘探工作量	危岩与公路的空间关系	危岩的地层层位、岩性特征、规模	危岩的动力地质类型及破坏模式	危岩下伏岩体产状，软弱夹层岩性及稳定性	危岩靶区地质地貌条件、稳定性、危岩下坠高度/m	危岩稳定性、引发灾害和对公路工程安全的影响评价
1									
2									
⋮									
n									

2）崩塌路段详细勘察

（1）勘察范围

崩塌路段详细勘察的范围：审定危岩、崩塌灾害范围及威胁的范围。

（2）勘察精度及工作量

①危岩至崩塌靶区路线工程地质测绘及工程地质纵断面测量精度为1：500。

②危岩体工程地质断面测量精度为1：100，观测点密度为每平方分米不少于4个观测点。

③危岩体至公路构筑物工程地质断面图范围：大小里程各端外延50 m。

④危岩动态观测点、地质控制点数量：体积小于500 m^3 为2~3个，体积超过1 000 m^3 不少于5个。

⑤体积1 000 m^3 以上危岩埋置测斜管等观测，动态观测时间为施工结束后1年。

（3）技术要求及评价内容

①用直接量测和仪器定位的方法复核危岩体体积、下坠高度、危岩动力地质类型及控制性结构面特征等初步勘察成果。

②开展卸荷带、危岩1：100 工程地质测绘和1：500 靶区的工程地质断面测量。

a.定点复核危岩地段的坡体地质结构、变形失稳模式及动力地质类型；

b.定点复核维持危岩稳定性的地质因素特点、变化及危岩发生崩塌的演进阶段；

c.定点复核靶区内欠稳定斜坡、古滑坡、古崩积体的岩性、分布、厚度及稳定性。

③分析评价危岩失稳的运动轨迹、崩落距离、岩块的冲击力及破坏性。

④布设观测仪器，掌握危岩的变形方向、变形速度、破坏界面位置等参数，定量评价发生崩塌灾害的危险性。

⑤分析、评价采矿活动对危岩发生、发展的影响。

⑥按编号逐块评价危岩的危险性，复核崩塌灾害危害程度分区图，评价崩塌对公

路构筑物安全的威胁程度及引发次生灾害的可能性和危险性。

⑦根据危岩崩塌的规模、坠落高度、坠落引发灾害的可能性,拟定防灾、减灾措施。

⑧结合危岩崩塌灾害的危害程度,崩塌对公路工程安全、地质环境安全的影响,提出防灾、减灾的处置措施建议。

（4）主要成果

①崩塌路段详细勘察报告。

②中小型危岩工程地质评价表（表4.15）。

表4.15　崩塌路段详细勘察危岩工程地质评价表

危岩编号	里程位置	勘探工作量	危岩规模及坠落高度	危岩的动力地质类型变形破坏模式	危岩阶段维持稳定因素的变化趋势及演进阶段	危岩对公路工程构筑物安全的危害程度及对地质环境安全的影响	防灾措施建议
1							
2							
⋮							
n							

③1:2 000崩塌路段工程地质图。

④1:200崩塌路段工程地质纵断面图。

⑤1:500危岩及影响区工程地质图。

⑥1:500危岩及影响区工程地质纵断面图。

⑦1:100～1:200危岩岩块工程地质图。

⑧1:100～1:200危岩岩块纵横断面图。

⑨危岩区、危岩岩块测量成果表及岩土试验报告。

⑩变形量、变形方向动态观测报告及记录册等。

⑪危岩动态观测报告及附图、附表等。

4.4　泥石流路段勘察

泥石流是一种山洪携带大量固体物质的洪流,极具摧毁力,是山区常见的地质灾害,对山区公路工程建设和安全的影响、威胁十分突出。它是山区公路工程地质勘察的重要不良地质现象。

4.4.1　泥石流分类、分级及勘察方法

1）泥石流分类

①泥石流按固体径流发育的地质地貌环境,可分为沟谷型泥石流和坡面型泥石流两大类型,见表4.16。

表 4.16　泥石流按固体径流发育的微地形地貌分类表

类　别	沟谷型泥石流	坡面型泥石流
微地形地貌背景	流域沿冲沟呈狭长条形发育、分布,物源区、流通区、堆积区往往能明显区分	发生于斜坡坡面,流域呈斗状,物流区、流通区无明显分区,堆积区呈锥状分布

②按固体径流物质成分的特征,可分为黏性泥石流、稀性泥石流和水泥石流等,见表 4.17。

表 4.17　泥石流按固体径流物质特征分类表

类　别	黏性泥石流	稀性泥石流	水泥石流
固体径流物质特征	固体占径流物质的40% ~ 80%,含大量黏性土,稠度大,固体径流为搬运介质,岩块等呈悬浮状;爆发突然,破坏性大,堆积区成舌状或岗状堆积扇	固态物质占 20% ~ 40%,水为主要搬运介质,岩块等以滚动或推移式运动为特点,对堆积区具强烈下切作用,呈散流状堆积	固体物质不足 20%,在水搬运下滚动或推移运动,下切强烈,深切堆积扇等

2)泥石流分级

鉴于泥石流灾害与泥石流沟的流域面积、固体物质数量(堆积体积只是其中的一部分)、泥石流沟长度及径流状况有关,前人对泥石流勘察中固体径流进行了不同因子分级,为本书提供了宝贵依据和借鉴。本书根据公路勘察需要,按泥石流的固体径流速度、发育的流域面积、长度、堆积物体积、危害程度进行分级,见表 4.18 至表 4.20。

①泥石流按堆积物体积、总长度、流域面积规模分级,见表 4.18。

表 4.18　泥石流按堆积物体积、总长度、流域面积规模分级表

规模分级	堆积物体积/10^4 m³	总长度/m	流域面积/10^6 m²
大型	>100	>1 000	>10.0
中型	10 ~ 100	500 ~ 1 000	0.1 ~ 10.0
小型	<10	<500	<0.1

②泥石流按固体径流流动速度分级,见表 4.19。

表 4.19　泥石流按固体径流流动速度分级

级　别	高速泥石流	中速泥石流	低速泥石流
稀性泥石流流动速度/(m·min^{-1})	>1 000	500 ~ 1 000	<500
黏性泥石流流动速度/(m·min^{-1})	>5	1 ~ 5	<1

③泥石流按危害程度分级,见表4.20。

表4.20 泥石流按危害程度分级

危害程度分级	流域面积 /km^2	固体径流物质一次 发生量/10^4 m^3	流量 /(m^3·s^{-1})	堆积面积 /km^2
严重	>10	>5	>100	>1
中等	1~10	1~5	30~100	0.3~1
轻微	<1	<1	<30	<0.3

3)泥石流路段勘察方法

(1)了解、掌握区域地质背景,泥石流灾害发生的动力地质特点及泥石流类型

①根据发生泥石流的地质环境、历史记录,准确了解泥石流类型、致灾特点和形式。

②查明固体径流的运动方式、途径,以及固体径流冲击、破坏地段与公路路线、构筑物的空间关系。

③为绕避灾害或防灾加固工程方案,编制勘察纲要指导勘察。

(2)布置泥石流路段两阶段勘察

①沟谷型泥石流路段勘察。

初步勘察阶段应查明泥石流区地质地貌背景和条件、固体径流的主要类型、危害程度及灾害波及范围、不同地段灾害的强度等,并结合路线及构筑物布设情况编制泥石流危害程度分区图,准确反映泥石流对灾害、对路线及构筑物适宜性的危害和影响,并提出预防泥石流的工程地质方案建议。详细勘察主要按跨越泥石流沟的大跨度桥位、防护工程、需要加固的各类构筑物开展综合勘察,定量评价泥石流灾害对公路工程各类构筑物拟建场地地质环境稳定性、地基地质条件、施工地质条件的影响,为设计提供必备的地质依据和参数。

②坡面型泥石流路段勘察。

针对坡面型泥石流特点,初步勘察须准确掌握发生条件与公路路线及构筑物的空间关系,绘制泥石流危害程度分区图,反映路线方案通过坡面泥石流的风险和危害性,为选定路线方案服务。详细勘察则以为设计防护工程提供必需的地质参数为主要目的。

(3)选择合理的调查、研究精度

不同的地质地貌背景产生泥石流的类型、规模有较大差异,为全面反映泥石流现象的全貌及影响,合理使用勘察资源,泥石流工程地质调绘应选择适当的精度,见表4.21。

表4.21 泥石流工程地质测绘或调查精度表

规模分级	体积/10^4 m^3	流域范围面积/10^6 m^2	测绘或调查精度
小型	<10	<0.1	1:2 000
中型	10~100	0.1~10.0	1:10 000
大型	>100	>10.0	1:10 000~1:50 000

4.4.2　泥石流路段两阶段勘察

泥石流路段两阶段勘察内容以相对复杂的沟谷型泥石流方法为主,坡面型泥石流由于规模等有限,勘察方法、评价内容主要参见沟谷型泥石流的方法和内容。

1) 泥石流路段初步勘察

(1)勘察范围

泥石流路段初步勘察的范围:各路线方案的泥石流路段。

(2)勘察精度及工作量

①泥石流路段工程地质测绘的控制范围和精度参照表4.21。

②工程地质纵断面纵贯泥石流沟的物源区、流通区和堆积区等全流域。纵断面测量精度同工程地质测绘精度。

③泥石流沟的物源区、流通区、堆积区工程地质横断面测量精度为1:500。

④控制性横断面的钻孔、轻型勘探工程,现场试验及地质观测点不少于5个;钻探工程揭露深度应达稳定岩体内5 m。

⑤泥石流沟沟床及泥石流堆积层进行颗粒分析等大型现场试验,物源区、流通区、停积区各段现场大型试验成果不少于3组。

⑥各类岩土体分层进行渗水水文地质试验2~3处,并采集地表水、地下水样品化验。

⑦沿工程地质纵横断面布设地面物探测试,测试断面应纵贯泥石流沟物源区、流通区、堆积区,探测断面的位置及精度与工程地质断面一致。

(3)技术要求及评价内容

①收集近现代泥石流灾害发生历史、山洪引发固体径流的频率及危害程度,以及当地最大日降雨量、最大小时降雨量、降雨持续时间等资料和参数。

②开展工程地质测绘和工程地质纵横断面测量。

a. 查明沟谷型、坡面特征等泥石流发育的区域地质背景及频发和群发条件;

b. 查明泥石流发生的微地形地貌条件,岩土体的地层层位、岩性、渗透性等工程地质性质;

c. 查明物源区的范围、冲沟发育密度、切割深度、坡面岩石风化深度及浅部物质组成、粒度、级配、厚度、成因类型、失稳后致灾物质的数量及规模;

d. 查明流通区的微地形地貌特征、谷坡坡体地质结构及稳定性,以及山洪或固体径流物质运动方式、侵蚀特点、范围及强度等;

e. 查明堆积区固体径流停积、切割等叠置现象,对下游河谷岸坡、构筑物安全的危害性;

f. 根据固体径流运动特点和规律,固体径流发生的规模、危害特点和范围,按沟谷型或坡面泥石流灾害进行危害程度分级、分区,编制泥石流灾害危害程度分区图。

③结合泥石流物源区、流通区和堆积区的特点,沿工程地质勘探横断面布置勘探试验、物探,揭露各区堆积层的组成、岩性特征、渗透性、稳定性等参数。

④根据泥石流灾害危害程度分区图,评价固体径流对公路建设方案及构筑物布设地段安全的威胁和影响,提出路线方案优化建议。

⑤根据泥石流灾害危害程度分区图,评价固体径流对已建公路构筑物安全的影响,并提出防灾、减灾建议。

⑥拟定新建公路或已建公路改线绕避灾害的方案和依据,提出改桥、改隧通过的方案和依据,对影响有限的构筑物提出加固、预防的方案和依据。

⑦结合泥石流灾害的类型和危害性,提出处置方案的建议。

（4）主要成果

①泥石流路段初步勘察报告。

②1∶2 000 泥石流路段工程地质图。

③1∶2 000 泥石流路段工程地质纵断面图。

④1∶10 000 泥石流灾害危害程度纵断面图。

⑤1∶10 000 泥石流沟工程地质图或 1∶500 坡面泥石流工程地质图。

⑥1∶10 000 泥石流沟工程地质纵断面图或 1∶500 坡面泥石流工程地质纵断面图。

⑦1∶500 泥石流沟物源区、流通区、停积区工程地质横断面图或 1∶200 坡面泥石流各段工程地质横断面图。

⑧钻探工程地质柱状图,轻型勘探工程展示图,岩、土、水试验报告,现场试验报告,渗水试验等水文地质现场试验成果或记录等。

⑨各种统计表、汇总表。

⑩地面物探勘察报告及附图、附表。

2）泥石流路段详细勘察

（1）勘察范围

泥石流路段详细勘察的范围:泥石流病害、危害的公路工程构筑物及拟建场地。

（2）勘察精度及工作量

①工程地质测绘及工程地质纵横断面测量精度为 1∶500。

②结合已建公路构筑物防护工程布设勘探网,勘探网间距:泥石流灾害有限的简单地段为 20 ~ 40 m,较复杂地段为 10 ~ 20 m,固体径流影响显著的复杂地段不超过 10 m;横断面钻孔,轻型工程数量不少于 3 个,钻孔揭露深度达稳定岩体内 5 ~ 10 m。

③防护工程持力层试验成果不少于 6 组;土体样品试验增加抗剪试验;固体径流应增加现场大型颗粒分析试验。

④固体径流威胁的构筑物、防护工程,常年动态观测点不少于 5 个。

⑤已建构筑物防护区布设地表渗水试验和钻孔注水试验 2 ~ 3 个孔段,并采水样化验。

⑥沿防护工程纵横地质断面布设浅层地震或高密度电法等地面物探,测试断面的位置及精度应与工程地质勘探线一致。

（3）技术要求及评价内容

①复核泥石流沟的强降雨参数、山洪频率、固体径流的发生形式、危害范围及危害程度等初步勘察成果。

②开展 1∶500 工程地质测绘和工程地质纵横断面测量。

　　a.定点复核沟谷型泥石流、坡面型泥石流发生的灾害性天气特点、最大日降雨量、最大小时降雨量以及降雨持续时间等资料；

　　b.定点复核固体径流产生的物质来源、物质构成及结构特点；

　　c.定点复核发生固体径流冲刷、侵蚀的范围、规模、强度等；

　　d.定点复核固体径流物质的停积范围、环境,对停积区下游环境的影响；

　　e.复核、完善泥石流灾害危害程度分区图,分区评价对新建公路或已建公路的影响。

　　③布设钻探工程和物探测试,揭露构筑物场地或防护工程布设地段的斜坡地质结构、地基地质条件及稳定性。

　　④统计岩土体样品试验成果,拟定构筑物和防护工程拟建场地的地基地质等岩土参数建议值。

　　⑤根据当地气象资料和动态观测,提出最佳施工季节、施工方法和工期。

　　⑥结合泥石流灾害处置工程的工程地质条件适宜性,提出保障施工安全、工程安全和维持地质环境安全的措施建议。

　　（4）主要成果

　　①总论部分。

　　a.泥石流路段详细勘察报告；

　　b.1:2 000 泥石流路段工程地质图；

　　c.1:2 000 泥石流路段工程地质纵断面图；

　　d.1:10 000 泥石流灾害危害程度分区图；

　　e.1:10 000 泥石流沟工程地质图(或1:500 坡面泥石流工程地质图)；

　　f.1:10 000 泥石流沟工程地质纵断面图(或1:500 坡面泥石流工程地质纵断面图)；

　　g.1:500 泥石流沟物源区、流通区、停积区工程地质横断面图(或1:200 坡面泥石流各段工程地质横断面图)。

　　②专论部分。

　　a.构筑物及防护工程勘察报告及附图、附件；

　　b.1:500 泥石流沟公路构筑物及防护工程工程地质图；

　　c.1:200 公路构筑物及防护工程工程地质纵断面图；

　　d.1:200 公路构筑物及防护工程工程地质横断面图；

　　e.钻探工程地质柱状图,轻型勘探工程展示图,岩、土、水试验报告等；

　　f.水文地质试验成果统计表及各种统计表和汇总表；

　　g.泥石流动态观测报告及附图、附表；

　　h.泥石流沟地面物探报告及附图、附表。

4.5　岩溶路段勘察

　　岩溶是地下水溶蚀、溶滤可溶岩中易溶盐形成的自然地质现象。它的形成和发展经历了漫长的地质历史,也普遍改变着可溶岩的完整性、均一性,是发生地面塌陷、岩溶水病害的地质背景和条件,深刻地影响着岩溶路段的水文地质和工程地质条件。

4.5.1 可溶岩岩溶地质分类、岩体岩溶化程度分级及勘察方法

1）可溶岩岩溶地质分类、分级

（1）可溶岩岩溶地质分类

受可溶岩岩性特征、出露条件、古气候环境、地下水活动规律以及区域地质地貌发育历史的影响，可溶岩岩溶发育有特定的特点和规律。根据岩溶现象的出露、埋藏条件，可分为裸露型岩溶、浅覆盖型隐伏岩溶、深覆盖型隐伏岩溶和埋藏型岩溶 4 种岩溶地质类型，见表 4.22。

经工程实践，岩溶路段发生的岩溶塌陷、地下水病害等不良地质现象，主要发生于裸露型强岩溶化岩体中和上覆土体厚度有限的强岩溶化隐伏岩溶分布地段，因此选择强岩溶化裸露型路段和浅覆盖型隐伏岩溶路段开展重点勘察，在公路工程中具有重要的工程意义和价值。

表 4.22 可溶岩岩溶发育类型分类表

岩溶类型	溶蚀现象及特征
裸露型	强岩溶化可溶岩出露地表、溶蚀现象及景观显露，低洼地带分布的残积层厚度有限，地表水与地下水联系密切
浅覆盖型	强岩溶化可溶性岩层大部分被第四系土层覆盖，土层厚度不足 30 m，地表仅显露塌陷等部分溶蚀现象和景观，地表水与地下水联系较密切
深覆盖型	可溶岩大范围被残积层覆盖，残积层厚度超过 30 m，岩溶景观在地表未显露，地表水与地下水联系不密切
埋藏型	可溶性岩层埋藏于非可溶性岩层下，地表无岩溶景观，地表水与地下水无联系

（2）可溶岩岩溶化程度分级

受可溶岩出露条件、易溶成分特点、古今地下水赋存、运移环境等因素制约，可溶岩中岩溶发育程度具有显著差别，根据可溶岩出露的岩溶地质特征、地貌景观、岩溶地质现象分布密度、钻探见洞率及隐伏岩溶地段岩土界面的坡角统计，可溶岩岩体岩溶发展程度或岩溶化程度可划分为极强岩溶化岩体、强岩溶化岩体、岩溶化岩体、弱岩溶化岩体四级，并用于评价岩溶化岩体对工程安全、施工安全和地质环境安全的影响。可溶岩岩溶化程度分级方法见表 4.23。

表 4.23 可溶岩岩溶化程度分级表

岩体岩溶化程度	岩溶发育特征	溶蚀现象线密度（含地面和岩芯长）/%	隐伏岩溶岩土界面坡角/(°)	钻探见洞率/%
极强岩溶化岩体	可溶岩岩体强烈溶蚀后基本解体，地表普遍覆盖红黏土，红黏土下以石芽、解体岩块等为主。溶蚀地貌以坡立谷等为代表，地表水系发育，显岩溶发育晚年期特点	>10	>30	>60

续表

岩体岩溶化程度	岩溶发育特征	溶蚀现象线密度(含地面和岩芯长)/%	隐伏岩溶岩土界面坡角/(°)	钻探见洞率/%
强岩溶化岩体	可溶岩岩体经强烈溶蚀,溶蚀地貌以溶蚀槽谷、洼地、落水洞、水平溶洞、峰丛等形态为主,暗河、溶洞层等发育,地表水系不发育,具岩溶壮年期特点	5~10	15~30	30~60
岩溶化岩体	可溶岩岩体经长期溶蚀,地表以溶蚀裂隙、石芽等为主,深部发育地下水裂隙网络,地表水系不发育,显岩溶壮年期特点	1~5	10~15	10~30
弱岩溶化岩体	可溶岩出露区仅见溶沟、溶槽现象,有地表水系,水体分布见洞率小于10%	<1	<10	<10

注:可溶岩岩溶化程度分级采用"岩溶发育特征"栏内容或与后面栏目中任一栏指标。

2)岩溶路段的勘察方法

(1)充分收集、熟悉前人勘察成果

①了解、掌握岩溶路段的区域地质背景、分布可溶岩的主要地层层位、岩性、易溶成分及岩体的可溶性、岩溶地质类型、分布里程及范围。

②复核路段一带的岩溶现象及主要景观的形态特征、规模、分布规律、可溶岩岩溶化的差异。

③分析已有成果中岩溶发育的控制因素,可溶岩的岩性、易溶成分对强岩溶化岩体的发育、分布规律的影响。

(2)开展岩溶地质、岩溶水水文地质调查,掌握路段岩溶发育规律

①查明可溶岩含易溶成分夹层的分布特征,易溶成分夹层对岩溶地质现象发育、分布规律的影响。

②查明路段一带褶皱构造对可溶岩易溶成分夹层和相对隔水层出露分布的影响,对岩溶地质现象和岩溶水赋存环境的影响。

③查明断裂构造对褶皱完整性、地下水运移条件及岩溶地质现象发育分布的影响。

④查明当地侵蚀基准面、可溶岩溶蚀基准面古今变迁,以及人类大型工程活动对岩溶地质现象、岩溶水水文地质环境的影响。

⑤判明强岩溶化地质现象与公路路线、构筑物建设场地的空间关系,掌握岩溶地质现象、岩溶水水文地质条件影响的规律。

(3)运用岩溶地质规律布置岩溶路段勘察

①根据可溶岩岩溶地质类型、岩溶地质现象及分布特点对公路工程建设条件的影响和危害程度,将影响较广的裸露型和浅覆盖型隐伏岩溶地质类型作为岩溶路段的勘察重点。

②针对影响、危害公路建设条件的岩溶地质现象主要集中在强岩溶化岩体和强岩溶化地段,研究可溶岩岩溶化程度,进行岩溶化程度分级,勘察评价具有举足轻重的工程意义和价值。

③结合路基工程、桥梁墩台和互通式立交工程地基地质条件对岩溶地质现象十分敏感的特点,应扩大勘察范围,掌握强岩溶化地段溶蚀现象的类型、规模、分布,评价对建设条件的影响。

④按隧道穿越山体的规模,开展一个完整水文地质单元的岩溶地质、岩溶水水文地质调绘,掌握山体地质结构、强岩溶化岩层及现象的分布地段里程,预判岩溶水、大型溶蚀洞穴对隧道建设施工和运营阶段的影响及危害。

4.5.2 裸露型岩溶路段勘察

1)裸露型岩溶路段初步勘察

(1)勘察范围

裸露型岩溶路段初步勘察的范围:各路线方案裸露型岩溶路段两侧各 200 ~ 1 000 m。

(2)勘察精度及工作量

①岩溶地质及岩溶水水文地质调查精度为 1:10 000。

a. 1:10 000 路基、桥位、互通工程布设地段岩溶地质调查,调查范围至路线两侧各 500 ~ 1 000 m,面积为 2 ~ 5 km²。

b. 隧址区测绘应包含一个 1:10 000 ~ 1:50 000 完整的水文地质单元。

②岩溶路段路线工程地质测绘及工程地质纵断面测量精度为 1:2 000。

③工程地质横断面测量精度为 1:500。

a. 路基工程勘察横断面间距为 50 ~ 100 m,横断面上钻探工程、螺纹钻等轻型勘探工程、触探孔、地质观测点不少于 5 个;钻探深度进入完整、稳定岩体 3 ~ 5 m;横断面长度延伸至设计路幅两侧外 10 m。

b. 桥位勘察逐墩、逐台布设勘探横断面,横断面上钻探工程、轻型勘探工程、触探孔、地质观测点不少于 5 个;钻探深度应进入完整、稳定岩体内不少于 5 m(终孔前见溶洞层、大型溶洞时应予揭穿,再进入完整稳定岩体 5 m 后终孔)。

c. 隧址勘察洞身段横断面间距为 100 ~ 500 m,横断面上钻探工程、轻型勘探工程、地质观测点不少于 5 个;钻探深孔 1 ~ 2 个,深孔设计深度应至隧道设计底板以下 10 m(终孔前见溶洞层、大型溶洞时应予揭穿,达完整稳定岩体内 10 m);进出口布设勘探横断面不少于 5 条,每条横断面钻探工程、轻型勘探工程、地质观测点 4 ~ 5 个。

④路基工程勘察、桥位勘察的勘察声波测井和岩块弹性波测量不少于钻孔总数的 50%,隧址勘探应逐孔进行测量。

⑤岩溶路段各类构筑物涉及的岩土体分层采样试验,主要岩性岩体分层采样试验成果不少于 3 组;上覆土体按成因类型采样试验,并增加抗剪指标、膨胀性、压缩性等试验。

⑥水环境复杂的路基段、桥位区布设水文地质抽水试验 2 ~ 3 孔段;隧址强透水岩

溶段勘察布设 3 个降深或最大泵量水文地质抽水试验不少于 3 孔段,并进行钻孔水位动态观测;所有抽水试验钻孔均采水样化验。

⑦路基工程、桥隧工程布设地段开展地面物探探测,探测断面的位置及精度应与工程地质断面一致。

(3)技术要求及评价内容

①复核前人勘察成果,掌握岩溶路段岩溶发育的区域地层背景,可溶岩的地层层位、岩性、岩溶发育的差异及强岩溶化岩体的地层层位、岩性和出露分布范围等。

②结合 1∶10 000 岩溶地质、岩溶水文地质调查成果,开展 1∶2 000 路线工程地质测绘和工程地质断面测量。

a.查明路段可溶岩的地层层位、岩性、可溶性及产状;

b.查明路段上覆土体岩性、成因类型、厚度及稳定性;

c.查明路基工程布设地段、桥位墩台位置的微地形地貌特征、溶蚀洼地、溶蚀槽谷、落水洞的空间位置、规模、形态特征、可见深度等;

d.查明路基工程、桥位墩台布设地段井泉、暗河等出露分布情况,查明地下水位及高程、动态变化等水环境特征;

e.查明隧址进出口段和洞身段各类溶蚀现象的分布里程、规模、出露的数量、密度及规律;

f.统计各地层层位或岩溶现象发育地段溶蚀现象的分布数量、密度等,进行可溶岩岩溶化程度分级,掌握强岩溶化岩体的地层层位、岩性、分布范围及影响;

g.统计岩溶大泉、地下暗河出口出露位置及高程,掌握岩溶路段近现代溶蚀基面的发育特点及高程;

h.调查大型蓄水、采水工程对岩溶路段岩溶水水环境的影响。

③布设钻探工程和地面物探,揭露岩溶现象和强岩溶化岩体的出露、埋藏条件,统计各层位不同地段溶蚀现象的密度、埋藏分布特点及规律,钻探工程见洞率、岩溶溶蚀现象百分率及溶洞层、大型溶洞位置及高程,进行岩溶化程度分级。

④结合岩溶路段岩溶化程度分级,综合评价强岩溶化路段塌陷、地下水溢出对路基工程、桥位墩台布设地段地质环境稳定性和适宜性的影响。

⑤结合路基工程挖、填特点,综合评价强岩溶化岩体分布路段地基地质条件和边坡稳定性,评价含泥外倾结构面对边坡稳定性的影响。

⑥结合桥位墩台位置岩体岩溶化程度,评价强岩溶化岩体溶蚀对桥位墩台稳定性、地基地质条件及施工地质条件的影响。

⑦结合隧道洞身强岩溶化岩体出露里程的溶蚀现象、溶洞层及大型溶洞位置、高程及规模,复核隧道围岩稳定性分级,预判施工阶段发生岩溶塌陷的范围及影响。

⑧根据隧址水文地质调查和钻孔水文地质抽水试验成果提取水文地质参数,计算、评价隧址的地下水资源量和地下水侵入隧道的灾害水量。

⑨结合隧道强岩溶化岩体出露里程及水环境,分析隧道洞身段发生地下水灾害的条件、方式、里程及范围,预判地下水灾害对隧址施工、营运阶段的影响。

⑩评价强岩溶化岩体岩溶路段填筑地基、开挖边坡、布设桥梁墩台以及开挖隧道等对地质环境和水环境的影响。

⑪结合路线方案比选,提出优化路线平、纵曲线的建议及调整构筑物布设地段或构筑形式等优化建议。

⑫结合路桥隧及互通工程布设地段特点,逐段评价路线地质环境的稳定性和适宜性;结合路桥隧等构筑物布设地段工程地质条件的适宜性,提出保障工程安全、施工安全和地质环境安全的建议。

(4)主要成果

①裸露型岩溶路段初步勘察成果总论内容。

a. 裸露型岩溶路段初步勘察报告;

b. 1:2 000 裸露型岩溶路段工程地质图;

c. 1:2 000 裸露型岩溶路段工程地质纵断面图;

d. 1:500 裸露型岩溶路段工程地质横断面图;

e. 1:10 000 路基、桥位、互通工程岩溶地质图;

f. 1:10 000 路基、桥位、互通工程岩溶地质纵横断面图;

g. 隧址区岩溶地质及岩溶水水文地质调查报告;

h. 1:10 000 岩溶地质图或岩溶水水文地质图;

i. 1:10 000 岩溶地质断面图或岩溶水水文地质纵横断面图;

j. 地面物探、物探测井报告及附图、附件。

②裸露型岩溶路段路基工程勘察、桥位勘察、隧址勘察专论内容,请参见"山区公路构筑物建设场地勘察"相应的初步勘察成果内容。

2)裸露型岩溶路段详细勘察

(1)勘察范围

裸露型岩溶路段详细勘察的范围:审定的裸露型岩溶路段各类构筑物拟建场地。

(2)勘察精度及工作量

①路基工程、桥位及互通工程匝道路基、匝道桥勘察。

a. 路基工程、桥位及互通工程地质测绘与工程地质纵断面测量精度为1:500,工程地质横断面测量精度为1:200~1:500。

b. 路基工程地质横断面间距不超过50 m;横断面上的钻探工程、轻型勘探工程地质观测点不少于5个,钻探工程数量为2个以上;钻探揭露深度达完整、稳定岩体内3~5 m,横断面长度达路幅外侧10 m。

c. 桥位勘察桥台横断面不少于2条,双柱桥墩横断面不少于1条、薄壁墩不少于2条;横断面上勘探工程以钻探为主,每条横断面钻探工程数量不少于2个(双柱墩一柱一孔);钻探揭露深度达完整、稳定岩体内5~10 m。

d. 50%以上路基工程和桥位勘察钻孔布设声波测井、岩块弹性波测量。

e. 路基工程、桥梁墩台持力层、上覆土体分层采样试验,分层采样试验成果不少于6组(含初勘试验成果);上覆土体增加抗剪指标、压缩系数、自由膨胀率、膨胀压力等试验,并有 20% 静力触探、动力触探现场试验成果。

f. 水环境复杂路段路基工程和桥位勘察,布设 3 个降深或最大泵量钻孔水文地质抽水试验 2 ~ 3 孔段,并采水样化验。

g. 路基工程和桥梁墩台位置布设高密度电法等地面物探方法探测,探测断面的位置及精度应与工程地质断面一致。

②隧址勘察。

a. 进出口工程地质测绘及纵断面测量精度为 1:500,工程地质横断面测量精度为 1:200,横断面间距为 5 ~ 10 m;

b. 实测洞身工程地质纵断面测量精度为 1:500 ~ 1:1 000;

c. 通风井及附属构筑物拟建场地工程地质测绘精度为 1:500,通风井地层断面测量精度为 1:200 ~ 1:500;

d. 隧道进出口勘察,横断面间距为 3 ~ 5 m,横断面上钻探工程、轻型勘探工程、地质观测点 5 个以上,勘探断面钻探工程等不少于 2 个;

e. 洞身段工程地质横断面间距不超过 100 m,每条横断面钻探工程不少于 1 个,钻孔揭露深度在设计隧道底板以下 10 m;

f. 通风井勘探试验深孔 1 个,勘探控制深度达隧道设计底板高程,需进行专门的钻探施工等工艺设计;

g. 隧址勘察逐孔分段进行声波测井和岩块弹性波测试,并增加综合测井、孔内摄像、孔中电视等;

h. 洞身段按地下水富水单元进行钻孔水文地质抽水试验或压(注)水试验,抽水试验严格按 3 个降深或最大泵量要求进行,并测量终孔水位恢复曲线和采水样化验;

i. 洞身段所有钻探中,严格进行每回次提钻后、下钻前地下水水位测量和终孔后布设动态水位动态观测;

j. 沿隧址勘察纵横断面布设高密度电法、音频大地电磁法、频率域电磁法或瞬变电磁法探测深部岩溶发育现象和特征。

(3)技术要求及评价内容

①开展 1:500 工程地质测绘和工程地质纵横断面测量,定点复核路基工程、桥位、隧道进出口强岩溶化岩体,定点验证各类岩溶地质现象的分布规律、密度、数量和规模等。

②根据各类构筑物场地强岩溶化岩体的出露、埋藏情况,沿横断面布设钻探工程、轻型勘探工程和物探,揭露和验证各类溶蚀洞穴、溶蚀带的位置、规模及高程,提高对强岩溶化岩体溶蚀现象发育特征、规律以及影响的控制程度和准确性。

③分类统计各类构筑物场地样品试验,完善路基工程、桥位墩台地基地质参数和评价;细化隧道进出口、洞身以及通风井等围岩稳定性分级和评价。

④路基工程勘察评价。

a. 评价强岩溶化路段微地形地貌复杂程度对路基工程的影响;

b. 评价岩质边坡坡体地质结构特征、外倾结构面产状、含泥夹层及现象对路基边

坡稳定性的影响;

c.分段计算、评价路基工程土质边坡的稳定性,分段拟订边坡坡率和防护工程建议。

⑤桥位勘察评价。

a.评价强岩溶化岩体出露区岩溶地质现象沿桥线的分布、变化及对桥位各墩台地质环境稳定性、地基地质条件、施工地质条件的影响;

b.汇编特大桥桥塔、高墩强岩溶化墩位的工程地质展示图,评价溶蚀现象、洞穴对墩台地质环境稳定性、地基地质条件的影响,推荐适宜的墩台基础持力层、基础形式、基础埋置深度;

c.评价各桥位,特大桥、特殊桥各墩台基坑边坡的稳定性和施工地质条件。

⑥互通工程评价(参见路基工程、桥位评价内容)。

⑦隧址勘察评价。

a.复核隧道进出口稳定性评价成果;验算进出口边、仰坡稳定性。

b.复核、完善隧道洞身围岩稳定分级;复核强岩溶化岩体洞身段、洞穴等溶蚀现象影响段的分布高程、里程、规模,预判发生大型塌陷的风险和可能性。

c.复核通风井围岩稳定性分级和评价;复核通风井穿越强岩溶化段产生地下水灾害的风险和危险性,并提出水文地质工程地质措施建议。

d.复核强岩溶化洞身段岩溶水水环境、水文地质参数,验算隧址区地下水天然补给量、天然排泄量、地下水疏干量、灾害水量、强降水过程或持续降水的灾害水量。

e.根据洞身段各富水单元地下水水头压力,预测岩溶水涌突水方式、发生里程、突水的瞬时涌水量、涌水持续时间等。

f.结合洞身水环境及病害位置,开展隧道施工阶段水文地质、工程地质、施工编录和超前预报。

g.开展隧道地表变形等动态观测,为预防和处置地下水疏干引起地质环境、水环境改变提供依据。

⑧评价公路工程构筑物施工阶段弃渣场地质环境条件,并提出保障弃渣场安全的措施建议。

⑨结合强岩溶化路段公路工程各类构筑物的适宜性,提出保障施工安全、维护地质环境安全、水环境安全及生态环境安全的措施建议。

(4)主要成果

①裸露型岩溶路段详细勘察成果总论内容。

a.裸露型岩溶路段详细勘察报告;

b.1:2 000 裸露型岩溶路段工程地质图;

c.1:2 000 裸露型岩溶路段工程地质纵断面图;

d.1:500 裸露型岩溶路段工程地质横断面图;

e.岩溶地质或岩溶水水文地质调查报告;

f.1:10 000 岩溶地质图或岩溶水水文地质图;

g. 1∶10 000 岩溶地质断面图或岩溶水水文地质断面图；

h. 地面物探、物探测井报告及附图、附表；

i. 隧址等地下水动态观测、地面变形观测报告及附图、附表。

②裸露型岩溶路段各类构筑物详细勘察专论内容，请参见"山区公路构筑物建设场地勘察"详细勘察成果内容。

4.5.3　浅覆盖型隐伏岩溶路段勘察

1）浅覆盖型隐伏岩溶路段初步勘察

（1）勘察范围

浅覆盖型隐伏岩溶路段初步勘察的范围：各路线方案浅覆盖型隐伏岩溶路段两侧 200～1 000 m。

（2）勘察精度及工作量

①浅覆盖型隐伏岩溶路段工程地质测绘及工程地质纵断面测量精度为 1∶2 000。

②工程地质横断面测量精度为 1∶500。

a. 路基工程：工程地质条件类似路段有 1 条横断面，相同条件路段超过 500 m、或上覆土体遭切割、强烈变化显著或塌陷"开窗"路段应增加横断面数量。

b. 中小桥勘察应有 2～4 条勘探横断面，大桥和特大桥横断面数量不少于 7 条，桥塔和高墩用勘探网控制。

c. 互通工程：用勘探网控制，纵横断面间距为 100～200 m。

d. 隧道进出口勘探断面不少于 2 条，洞身横断面间距不超过 300 m。

e. 路、桥、隧及互通工程勘察的横断面勘探工程以钻探为主，横断面上的钻探工程、轻型勘探工程、触探试验点、地质观测点不少于 5 个，其中钻探工程、触探试验不少于 2 个；钻孔揭露深度达下伏完整稳定岩体 5 m 以上。

③隧址区一个完整地质单元岩溶地质、岩溶水水文地质调查精度为 1∶10 000。

④50% 勘探钻孔进行声波测井、岩块弹性波测量（隧址逐孔分段进行）。

⑤各种成因类型上覆土体和下伏岩体分层采样试验，各地层层位不同岩性分层试验成果不少于 3 组。

a. 各种成因类型土体随钻孔孔深连续采样试验，采样间隔为 1.00 m，要求不漏层连续采样深度为 10～15 m；

b. 采样试验项目见第 1 章表 1.6 和表 1.7；

c. 采样试验土体应有 30% 触探等现场试验成果对照；

d. 岩土界面地下水浸润带应布置专门钻孔采样试验，有一定数量试验成果。

⑥水环境复杂路段布设 3 个降深或最大泵量钻孔水文地质抽水试验 2～3 孔段，并采水样化验。

⑦路基工程、桥位、互通工程及隧址勘察应布设物探，探测断面应与路段构筑物勘察的工程地质断面一致。

（3）技术要求及评价内容

①收集区域内前人勘察成果。

a.收集地貌及岩溶发育的区域地质资料,掌握隐伏岩溶上覆土体的成因类型、分布、厚度、工程地质性质及稳定性;

b.收集区域水文地质资料及成果,掌握近现代地下水赋存、运移条件等水环境特点;

c.收集区域内地面塌陷现象的发生地带、范围及影响等;

d.收集区域地质地貌发育历史,了解路段近现代地壳运动隆升、下降过程的特点和规律。

②开展浅覆盖型隐伏岩溶路段1:2 000工程地质测绘、纵横断面测量及1:10 000岩溶地质、岩溶水水文地质调查。

a.查明上覆土体的成因类型、地层时代、岩性、厚度及工程地质性质;

b.查明路段的微地形地貌特征、河流、冲沟发育情况、切割深度及影响;

c.查明路段地面塌陷现象的位置、规模、数量、分布规律及滑坡等不良地质现象的发育情况;

d.查明路段地表湿地、井泉分布位置、高程、水质、水量及动态特征;

e.查明路段下伏岩体的地层层位、岩性、产状、岩溶化程度等;

f.查明路段构筑物变形、失稳现象,收集大型工程建设经验。

③布设钻探工程及物探探测。

a.揭露上覆土体、岩体沿勘探断面的变化,掌握软弱层的岩性、出露埋藏条件、厚度及工程地质性质;

b.揭露下伏岩体的岩性、埋藏分布特征、可溶岩岩溶化程度,以及强岩溶化岩体大型溶蚀现象、洞穴等分布的位置、范围等;

c.揭露地下水赋存、运移的水环境,地下水运动方向,水位埋深及动态变化等;

d.揭露岩土界面特征、地下水活动现象、岩土界面土体饱水情况、工程地质性质及稳定性;掌握软弱夹层、"土洞"现象的分布规律。

④统计上覆土体采样试验成果,试算高路堤地基沉降量,评价路基工程的地基地质条件,推荐基础持力层、基础形式,拟定地基容许承载力、基底摩擦系数等。

⑤根据路基工程土质边坡的坡体地质结构、变形破坏模式,试算边坡稳定性,拟定边坡坡率及边坡防护建议。

⑥根据上覆土体厚度、承载力和下伏岩体埋藏条件、强岩溶化岩体分布、大型溶蚀现象分布情况,拟定桥位、墩台的适宜位置,确定墩台地基持力层、基础形式及基础埋置深度等。

⑦根据互通工程上覆土体分布及厚度变化、下伏强岩溶化分布特点和规律,评价、拟定主干道和匝道位置建议。

⑧根据隧道进出口边仰坡坡体地质结构,评价岩质边仰坡的稳定性,计算并评价土质边仰坡稳定性及影响,并提出保障进出口稳定的措施建议。

⑨根据物探成果、勘探钻孔试验参数统计资料,进行隧道洞身围岩稳定性分级,评价强岩溶化岩体分布隧道段的稳定性及影响。

⑩计算隧址区岩溶水天然补给量、天然排泄量、施工阶段疏干地下水涌水隧道的灾害水量,为隧道设计排水工程和预防地下水灾害提供水文地质依据。

⑪根据上覆土体的工程地质性质和土质边坡稳定性特点,评价开挖路基边坡、桥梁墩台施工边坡、隧道进出口边仰坡的稳定性和施工地质条件。

⑫结合路线浅覆盖型隐伏岩溶路段上覆土体和下伏强岩溶化岩体对工程安全的影响程度,拟定路线方案比选建议。

⑬结合浅覆盖型隐伏岩溶路段地质环境的适宜性,提出保障施工安全、工程安全及地质环境安全的建议。

(4)主要成果

①浅覆盖型隐伏岩溶路段初步勘察成果总论内容。

a.浅覆盖型隐伏岩溶路段初步勘察报告;

b.1:2 000浅覆盖型隐伏岩溶路段工程地质图;

c.1:2 000浅覆盖型隐伏岩溶路段工程地质纵断面图;

d.1:500浅覆盖型隐伏岩溶路段工程地质横断面图;

e.岩溶地质或岩溶水水文地质调查报告;

f.1:10 000岩溶地质图或岩溶水水文地质图;

g.1:10 000岩溶地质断面图或岩溶水水文地质断面图;

h.地面物探、物探测井报告及附图、附表。

②浅覆盖型岩溶路段路基工程、桥位、隧址、互通工程等初步勘察专论成果内容,请参见"第3章山区公路构筑物建设场地勘察"相应内容。

2)浅覆盖型隐伏岩溶路段详细勘察

(1)勘察范围

浅覆盖型隐伏岩溶路段详细勘察的范围:审定路线方案的浅覆盖型隐伏岩溶路段。

(2)勘察精度及工作量

①路基工程、桥位及互通工程匝道路基、匝道桥桥位拟建场地工程地质测绘及工程地质纵断面测量精度为1:500。

②路基工程、桥位拟建场地地质横断面测量精度为1:200~1:500。

a.路基工程横断面间距:上覆土体厚度不足10 m时,横断面间距不大于40 m;上覆土体厚度超过20 m时,横断面间距为80~120 m;上覆土体厚度为10~20 m时,横断面间距为40~80 m。

b.桥位勘察横断面位置及数量严格按桥型布设,桥台横断面2条,各角点应有钻孔控制;双柱墩每柱布设钻孔1个,薄壁墩横断面2~3条,每条横断面钻孔2~3个;钻孔揭露深度达下伏完整稳定岩体内10 m。

c.特大桥的桥塔、高墩等一律用勘探网控制,纵横断面间距为10 m,各点应有控制性勘探钻孔,钻孔揭露深度达下伏完整稳定的弱岩溶化岩。

d.互通或立交工程路基、桥位勘察参见路基和桥位勘察,鉴于互通或立交工程路、桥交织,上跨、下穿位置的勘探工程应加密布置。

e.隧址勘察进出口横断面5条,勘探断面的钻探工程、轻型勘探工程2~3个。

f.洞身段工程地质横断面间距不超过100 m,钻孔数量不少于1个;钻探工程揭露深度达隧道设计底板以下5~10 m。

g.通风井及附属构筑物勘察按勘探网控制,通风井需布设深孔,孔深达隧道底板高程,应进行钻探深孔施工工艺设计。

③如需路基工程、桥位勘探钻孔,可布设岩土体声波测试、岩块弹性波测试,或井中摄像、井中电视等。

④隧址勘察逐孔分段对各地层层位、不同岩性岩体进行声波测试和岩块弹性波测试,深孔布设综合物探测试和孔内成像、井中电视等。

⑤上覆土体和下伏岩体持力层分层采样试验。上覆土体按成因类型分层进行抗剪指标、压缩系数、自由膨胀率、收缩系数等测试,并有30%~50%静力触探、动力触探等现场试验成果,各路段分层试验成果不少于6组;各地层层位,相同岩性岩体采样试验成果不少于6组。

⑥路基工程、桥梁墩台及隧址等水环境复杂路段布设3个降深和最大泵量钻孔水文地质试验和水文地质动态观测2~3孔段,并采水样化验。

⑦路基工程勘探、桥位勘察、隧址勘察布设地面物探,探测断面的位置及精度应与工程地质断面一致。

(3)技术要求及评价内容

①结合各类构筑物拟建场地地质环境稳定性、适宜性评价,地基地质条件和施工地质条件评价,开展1:500工程地质测绘和工程地质断面测量。全面复核浅覆盖型隐伏岩溶路段上覆土体的工程地质性质及稳定性,下伏可溶岩岩溶发育程度、岩土界面一带岩土体的地质特征、不良地质现象对构筑物拟建场地工程地质条件影响等初步勘察成果。

②结合各类构筑物增大勘探线密度及勘探工程数量,揭露、验证上覆土体出露分布特点、厚度、软弱夹层数量及埋藏条件,岩土界面特征、界面起伏现象,下伏岩体的岩性、溶蚀岩体埋藏范围和岩溶化程度等,提高场地工程地质条件的准确性认识。

③结合路基工程、桥位墩台拟建场地和隧道进出口稳定性评价,分段分层统计岩土体采样试验成果。

④分段计算浅覆盖型隐伏岩溶路段路基拟建场地上覆土体的地基沉降量,评价路基工程的地基地质条件;分段计算土质边坡和施工边坡稳定性,评价施工地质条件;拟定地基容许承载力、基底摩擦系数、边坡坡率及边坡防护建议。

⑤编制桥位墩台工程地质展示图或纵横断面图,评价桥位墩台的地基地质条件,推荐适宜的墩台持力层、基础形式、基础埋置深度及施工地质建议。

⑥复核隧道洞身围岩分级成果,补充、完善强岩溶化岩体或断裂构造洞身段围岩

分级和稳定性评价,提高洞身变形、塌陷预测的合理性和准确性。

⑦复核水文地质调查成果、钻孔水文地质试验及动态观测资料,验算水资源量和病害水量,提出地下水病害防治的措施建议。

⑧评价隧道施工排水、疏干地下水对地质环境和水环境的影响。

⑨结合浅覆盖型隐伏岩溶路段各类构筑物的适宜性,以及公路施工对地质环境的影响,提出保障工程安全、地质环境安全的措施建议。

(4)主要成果

①浅覆盖型隐伏岩溶路段详细勘察成果总论内容。

a.浅覆盖型隐伏岩溶路段详细勘察报告;

b.1:2 000浅覆盖型隐伏岩溶路段工程地质平面图;

c.1:2 000浅覆盖型隐伏岩溶路段工程地质纵断面图;

d.1:500浅覆盖型隐伏岩溶路段工程地质横断面图;

e.岩溶地质及岩溶水水文地质调查报告;

f.1:10 000岩溶地质图或岩溶水水文地质图;

g.1:10 000岩溶地质断面图或岩溶水水文地质断面图;

h.地面物探、物探测井报告及附图、附件。

②浅覆盖型隐伏岩溶路段路基工程、桥位、隧址等构筑物拟建场地详细勘察成果内容,请参见"第3章 山区公路构筑物勘察技术方法"详细勘察成果内容。

4.6 隧道施工阶段大型溶洞一次性勘察

强岩溶隧道工程施工阶段常与大型溶洞等不期而遇,为保障工程安全和施工安全,需要对洞内复杂的地形地质环境开展专门的一次性工程地质勘察,定量评价地质环境的稳定性、适宜性、地基地质条件、施工地质条件和对运营阶段安全的影响。开展大型溶洞的一次性专门勘察的勘察深度、广度应达到详细勘察规定要求,以便为处置大型溶洞不良地质现象和问题提供施工图设计依据和参数。

4.6.1 大型溶洞分类、分级及勘察方法

1)大型溶洞分类、分级

①大型溶洞发育的地质条件或成因十分复杂,按形成的地质条件复杂程度可划分为复杂、较复杂、相对简单3种类型,见表4.24。

表4.24 大型溶洞按地质条件复杂程度分类表

地质条件复杂程度分类	大型溶洞发育的地质条件
复杂	多条断裂交汇带的溶洞,或与大型断裂带有关的古生界可溶岩中的大溶洞,或受多期地质构造影响发育的大溶洞
较复杂	受断裂构造影响有限的古生界可溶岩中的大溶洞,或与断裂构造有关的中生界可溶岩中的大溶洞
相对简单	沿中生界可溶岩层顺层发育的溶洞

②大型溶洞可按洞顶坍塌后果、地下水病害、地基地质条件和偏压现象复杂程度进行分级。

a. 大型溶洞按洞顶坍塌后果可分为严重、较严重、有限三级,见表4.25。

表4.25　大型溶洞按洞顶坍塌后果分级表

洞顶坍塌后果分级	地质条件复杂程度	坍塌条件及现象	勘察及处置意见
严重	复杂	多组结构面切割,坍塌掉块频率高、规模大、危险性大	综合勘察、全面治理
较严重	较复杂	在强震等因素影响下部分地段坍塌掉块频率较高,存在较大危险性	综合勘察、分段重点治理
有限	相对简单	在强震下,偶有掉块、坍塌,危险有限	针对性勘察和预防性处置

b. 大型溶洞按地下水病害等水环境影响程度分为严重、较严重、有限三级,见表4.26。

表4.26　大型溶洞按地下水病害等水环境影响程度分级表

地下水病害分级	水环境条件	处置建议
严重	近现代溶蚀基面以下、地下水水平循环带内	以排为主
较严重	近现代溶蚀基面一带、地下水季节变动带内	排堵结合
有限	近现代溶蚀基面之上的地下水补给区、地下水运动垂直循环带内	完善排水系统,以堵为主

c. 大型溶洞按地基地质条件复杂程度可分为复杂、较复杂和良好三级,见表4.27。

表4.27　大型溶洞按地基地质条件复杂程度分级表

地基地质条件复杂程度分级	洞底地形及洞内堆积层特点
复杂	新填筑土或饱和淤积层,沉降时间短,结构松散,孔隙率高、不均匀,难夯实,沉降量大,在水的作用下稳定性复杂
较复杂	洞底平坦,古堆积层相对密实,具一定分选性和承载力,有成层性,但岩相及厚度变化大,稳定性受地下水等影响
良好	古堆积层厚度有限或溶洞洞底岩体裸露,路基及衬砌的地基地质条件好

d. 大型溶洞按隧道洞壁偏压现象的复杂程度可分为复杂、较复杂和有限三级,见表4.28。

表 4.28　大型溶洞按隧道洞壁偏压现象的复杂程度分级表

洞壁偏压现象的复杂程度分级	隧道洞壁地质条件
复杂	隧道洞壁一带为欠稳定的古堆积层
较复杂	隧道洞壁一带古堆积层已胶结、半胶结或密实
有限	隧道洞壁以岩体为主,仅局部有堆积层

2)隧道施工阶段大型溶洞一次性勘察方法

①准确测量、复核洞穴的各地质要素。

a.复核大型溶洞所处的区域地质环境,褶曲的规模、性质、轴向、完整性和断裂性质、规模、产状、数量等;

b.控制大型溶洞的形态特征、延伸方向、洞高与隧道的空间关系;

c.查明洞底堆积层岩性、厚度、分布范围、粒度、级配、密实度、胶结情况及渗透性等;

d.查明地下水溢出位置及高程、溢出口涌水量,地下水物理性质,地下水排泄方式、排泄口高程以及排泄量;

e.分析、查明、评价洞顶坍塌的控制性因素、继续坍塌的可能性和潜在危害,隧道洞壁偏压现象、严重程度及其里程,洞体地基地质条件,地下水等水环境条件等。

②布设一次性专门勘察。

a.定量评价大型洞穴洞顶坍塌、隧道偏压、地基地质条件及防排水条件;

b.评价隧道通过大型洞穴的施工地质条件,提出施工阶段和运营阶段的安全保障措施建议。

c.编制勘察报告,为施工图设计处置大型溶蚀洞穴地质问题提供必备的地质依据和参数。

4.6.2　岩溶路段大型溶洞一次性处置勘察

(1)勘察范围

岩溶路段大型溶洞一次性处置勘察的范围:施工阶段洞径大于 40 m,或隧道设计底板高程以下深度超过 10 m 的溶洞。

(2)勘察精度及工作量

①洞穴顶、底板及两壁地形测量精度为 1:500。

②洞体两壁及洞底工程地质测绘和工程地质纵横断面测量精度为 1:500。

③沿隧道衬砌设计位置各布设工程地质横断面 1 条,与工程地质横断面构成勘探网。

④工程地质横断面间距:条件单一、非断裂控制的无堆积层和无地下水影响的洞穴段,横断面间距为 20 m;有堆积层和地下水的较复杂洞穴段,横断面间距为 10 ~ 20 m;存在地下水和断裂影响、有掉块的复杂洞穴段,横断面间距不超过 10 m。

⑤横断面上的地质观测点、钻探工程、触探孔数量不少于 5 个;纵横断面交点应有

钻孔,钻孔揭露深度达完整稳定岩体内 5~10 m。

⑥洞穴堆积层布设现场大型颗粒分析试验和触探试验,现场试验不少于 3 个以上。

⑦水文地质抽水或注水试验 2~3 处。

⑧沿工程地质纵横断面布设高密度电法、浅层地震等物探方法,探测断面的位置和精度应与工程地质断面一致。

(3)技术要求及评价内容

①开展 1:500 工程地质测绘和断面测量。

a.定点控制大型洞穴的形态特征、发育高程及规模;

b.查明洞壁、洞顶岩体的地层层位、岩性、产状、完整性等;

c.查明洞底堆积层的成因类型、岩性、粒度、级配、密实度、胶结情况、渗透性、叠置关系等;

d.查明地下水溢出的水量、水化学和物理特征以及洞内的出露条件及排泄环境;

e.观测、掌握洞穴发育的地质因素和洞顶稳定性的控制因素,可溶岩岩性、断裂构造性质、规模数量、组合特征等;

f.判断大型洞穴近现代发育特征、发生大型坍塌的可能性和危险性。

②定点观测地下水露头的出露特点、高程、涌水量、流向等,判断洞穴内地下水赋存、运移条件与当地侵蚀基面和溶蚀基面的联系,拟定维护水环境的建议和措施。

③通过钻探、物探揭露大型溶洞堆积层的岩性、岩相、厚度、底板埋深、高程、岩土界面特征等路基持力层、路基边坡化的地质环境。

④布设现场大型试验、动力触探、静力触探及渗(注)水试验,掌握溶洞堆积层的物质组成、密实度、渗透性及承载力等堆积层工程地质性质,评价地基地质条件,拟定加固处置的措施建议。

⑤根据隧道内岩体和土体的分布特征、两壁的地质结构,评价偏压对洞壁的影响。

⑥根据区域地质背景、洞内断裂构造、大型裂隙组合特征以及坍塌、掉块现象统计,评价发生大中型坍顶的危险性和可能性,并提出防灾的建议。

⑦分段拟定预防掉块坍塌、洞壁偏压、地基不均匀沉降、地下水排放的水文地质和工程地质参数。

⑧根据大型溶洞的施工地质条件,提出施工方法、施工顺序、安全施工等建议。

⑨结合大型溶洞发育的控制性地质因素,处置各类地质问题的工程地质条件。

(4)主要成果

①大型溶洞处置勘察报告。

②1:2 000 大型溶洞路段工程地质图。

③1:2 000 大型溶洞路段工程地质纵断面图。

④1:200~1:500 大型溶洞工程地质图。

⑤1:200~1:500 大型溶洞工程地质纵横断面图。

⑥钻探工程地质柱状图、现场大型试验、渗水试验、超重动力触探、静力触探记录

及成果。

⑦物探报告及附图、附件。

4.7 岩石风化路段勘察

岩石风化是岩体经内外地质营力作用改变岩体结构、构造、成分的一种自然地质现象。它破坏岩体的完整性和均一性,使岩体强度、工程地质性质和稳定性降低。同时,由于夹层风化和囊状风化类型具有一定的隐伏性,常是勘察关注的重点。此外,在施工基坑开挖中,部分岩体还会因释放位能、暴气、曝光、遇水等原因,迅速改变岩体结构、构造、强度和稳定性。岩石风化现象和抗风化能力较弱岩体是影响公路建设最普遍的地质问题之一。

4.7.1 岩石风化类型分类、风化程度分级及岩石风化路段勘察方法

1)岩石风化类型分类、程度分级

(1)岩石风化类型

根据岩石风化的地质背景条件、主要控制地质因素、形态特征等岩石风化类型,可分为层状风化、夹层风化和囊状风化 3 种类型,见表 4.29 和图 4.5。

表 4.29 岩石风化类型表

类型名称	地质背景、控制因素、风化特征	工程地质意义
层状风化	风化岩石大范围出露,岩石风化程度从地表向下呈全风化→强风化→中风化→微风化逐渐的、相对均匀变化的过渡类型,结晶岩系出露区较普遍,如花岗岩等	影响区域工程地质条件以及公路建设条件
夹层风化	风化现象集中发生在抗风化性差别较大的岩体中,全、强风化现象呈带发育于抗风化较弱岩层层面、层间挤压带中,强风化带岩石呈层分布于中风化岩石或微风化、新鲜岩石之间	具不确定性,影响基础地基地质条件和围岩稳定性
囊状风化	风化现象沿高角度断裂构造等发育,在平面上显风化深槽特征	具不确定性,影响桥位及墩台选址,使隧道围岩稳定性、施工地质条件复杂

(2)岩石风化程度分级

根据岩石风化后的结构、构造、矿物成分以及风化岩石与新鲜岩石纵波速比等,将岩石风化程度划分为全风化、强风化、中风化和微风化及新鲜岩石 4 级,见表 4.30 和图 4.5。

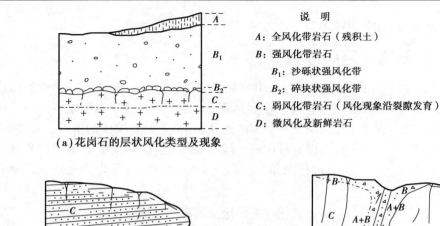

图 4.5　岩石风化类型及风化现象示意图

表 4.30　岩石风化程度分级表

岩石风化程度分级	岩石风化主要特征	风化岩石与新鲜岩石纵波速比/%
全风化岩石（残积土）	岩体结构、构造完全破坏；除石英外，其余矿物成分均发生变异，呈黏土等次生矿物特点，显散体结构	<40
强风化岩石	岩体结构、构造基本破坏，呈碎块状，长石、云母等风化后成次生矿物，花岗岩等上部呈沙砾状、下部为碎块状	40~60
中风化岩石	岩体结构、构造、色泽无明显变化；矿物风化变异仅沿裂隙发生，裂隙有风化矿物等充填；岩体维持岩石原结构、构造及强度等	60~80
微风化及新鲜岩石	岩体结构、构造、色泽新鲜无变化，仅局部裂面有铁、锰质	80~100

2）岩石风化路段勘察方法

①了解、掌握岩石风化路段的区域地质背景，研究、评价路段出露的岩石风化类型、岩体风化程度、各类风化岩石的风化特征及工程地质性质。

②研究、掌握风化岩石中岩体原生地质构造、断裂构造以及岩脉等对岩体完整性、均一性、渗透性和稳定性的影响及对岩石风化程度的影响。

③初步勘察阶段绘制夹层风化带或囊状风化现象危害程度分区图,评价夹层风化带与囊状风化现象对构筑物地基地质条件、施工地质条件的危害。

④详细勘察阶段,对夹层风化现象、囊状风化现象等复杂地质因素的影响开展综合勘察,评价风化现象对构筑物的影响。

⑤关注易风化岩石迅速风化现象对基坑安全、施工安全的影响。

4.7.2 岩石风化路段两阶段勘察

1)岩石风化路段初步勘察

(1)勘察范围

岩石风化路段初步勘察的范围:各路线方案岩石风化路段轴线两侧200 m。

(2)勘察精度及工作量

①岩石风化路段工程地质测绘及工程地质纵断面测量精度为1:2 000。

②工程地质横断面测量精度为1:500。

a. 路基工程:工程地质条件类似路段有1条工程地质横断面,相同条件路段超过500 m时应增加横断面数量。

b. 中小桥桥位有2~3条勘探横断面,大桥、特大桥桥位横断面数量不少于7条,桥塔高墩位置用勘探网控制。

c. 隧址勘察:隧道进出口勘探横断面不少于2条,隧道洞身横断面间距不超过300 m。

d. 全强风化岩石段路基工程、桥隧工程勘探横断面的勘探工程以钻探工程为主,每条横断面的钻探工程、轻型勘探工程、触探试验点、地质观测点不少于3个;钻探工程揭露深度达基础设计高程以下5~10 m。

③50%的勘探钻孔进行声波测井、岩块弹性波测试。

④不同岩性、不同风化程度岩石分层采样试验,全强风化岩石出露段应有30%以上静力触探、动力触探现场试验和全强风化岩石抗剪试验;各层位、不同岩性、不同风化程度样品试验成果和现场试验成果不少于3组。

⑤不同风化程度的路段布设钻孔水文地质抽水试验2~3孔段,并采水样化验。

⑥复杂风化路段布设物探方法探测,探测断面应与工程地质断面的精度一致。

(3)技术要求及评价内容

①开展岩石风化路段1:2 000工程地质测绘和工程地质纵横断面测量。

a. 查明岩石风化类型,风化岩石的地层层位、岩性、出露分布情况及产状等;

b. 查明岩石风化路段的微地形地貌特征,水系发育情况,切割深度,不良地质现象类型、规模、分布及数量;

c. 全风化岩石(残积层)的结构、构造、成分、分布、厚度、岩性特征、含水量、密实度、黏塑性等;

d. 强风化岩石的结构、构造、成分、风化现象的差异性、自稳能力、强度及原岩的结构面特征等;

e. 全强风化岩石的界面特征及产状、强中风化岩石的界面特征及产状,以及界面含泥特征、地下水出露现象等。

②沿工程地质横断面布设勘探工程物探和轻型勘探工程,揭露各类风化岩石的结构、构造和各种风化岩石的出露厚度界面特征,测量地下水水位等水文地质现象。

③按岩石风化程度分层统计岩土体试验成果和现场试验成果,评价不同风化程度路段的地基地质条件。

④提取岩土体抗剪指标和地区经验值,计算、评价全风化路段路基边坡的稳定性;初步拟定路基不同条件的边坡坡率和防护方案建议,结合岩石风化界面、岩体原结构面特征,评价强风化岩质边坡稳定性。

⑤评价桥梁墩台的地基地质条件,初步拟定墩台持力层、基础形式、基础埋置深度、施工方法等建议。

⑥结合风化岩石界面特征、岩体原结构面,评价隧道进出口边坡稳定性和施工地质条件。

⑦评价强风化岩石囊状风化现象(断裂构造、裂隙密集带等)对隧道洞身围岩稳定性的影响。

⑧按工程地质条件的优劣,评价路线方案地质环境,提出路线方案比选的优化建议。

⑨结合岩石风化路段工程地质条件的适宜性,提出保障工程安全、施工安全和维护地质环境稳定性的建议。

(4)主要成果

①岩石风化路段初步勘察总论内容。

a.岩石风化路段初步勘察报告;

b.1:2 000 岩石风化路段工程地质图;

c.1:2 000 岩石风化路段工程地质纵断面图;

d.1:500 岩石风化路段工程地质横断面图。

②岩石风化路段路基工程、桥位、隧址初步勘察专论内容,请参见"第3章 山区公路构筑物建设场地勘察"中的初步勘察成果内容。

2)岩石风化路段详细勘察

(1)勘察范围

岩石风化路段详细勘察的范围:审定路线方案的岩石风化路段路线轴线两侧200 m。

(2)勘察精度及工作量

①路基工程、桥位拟建场地工程地质测绘和工程地质纵断面测量精度为1:500,工程地质横断面测量精度为1:200。

a.路基工程横断面间距:巨厚强风化岩石路段为80~120 m;有全风化的强风化路段的横断面间距(全风化厚度不足10 m)为40~80 m;全风化岩石广布的强风化岩石路段横断面间距不超过40 m。横断面上钻孔、轻型勘探不少于3个。

b.桥位勘察横断面位置及数量严格按桥型布设,桥台不少于2条横断面,双柱墩每柱 1 个钻孔,薄壁墩每个角点有 1 个钻孔,塔墩、高墩用勘探网控制。

c. 全、强风化岩石厚度超过 30 m 时,钻探工程以提取摩擦桩基础、摩擦端承桩基础设计的地基地质参数为主。

d. 隧址勘察每个进出口的工程地质横断面不少于 5 条、间距为 3 m,断面上钻探工程、轻型勘探工程、地质观测点数量不少于 3 个。

e. 隧道洞身勘察勘探孔断面间距不超过 100 m;钻探工程数量为 1~3 个,钻孔揭露深度达隧道底板设计高程以下 5~10 m。

②所有的勘探钻孔均要求布设声波测井和原岩岩块弹性波测试。

③全风化岩石(残积土)、强风化岩石和中风化岩石分层采样试验,全风化残积土分层试验提取抗剪指标、压缩系数、自由膨胀率、收缩系数等指标,并有 50% 静力触探、动力触探等现场试验;路段及构筑物分层试验成果不少于 6 组。

④水环境复杂地段布设 5 孔段钻孔水文地质抽水试验和水位观测,并采水样化验。

⑤沿路段工程地质纵断面和重要横断面布设物探,探测断面的位置及精度应与工程地质断面一致。

(3)技术要求及评价内容

①结合各类构筑物拟建场地岩石风化类型、岩石风化程度等对工程地质条件适宜性的影响,开展 1∶500 工程地质测绘和工程地质断面测量,复核、完善初步勘察成果。

②结合各类构筑物拟建场地工程地质条件定量评价,针对性地布设钻探工程、轻型勘探工程及物探的密度和数量,提高勘察对拟建场地岩石风化程度、厚度、风化界面埋藏条件的控制程度和准确性。

③根据各类构筑物工程地质条件定量评价要求,分层统计各类岩土体物理力学指标。

④分段评价全、强风化岩石边坡的稳定性,拟定边坡坡率、边坡防护工程建议,提供支挡工程地基容许承载力等建议值。

⑤编制桥梁墩台地基地质条件随深度增加的地基地质参数变化曲线,推荐适宜的墩台持力层、基础形式、基础埋置深度,拟定保障施工安全的方法、工艺建议。

⑥评价各隧道进出口边坡稳定性,建议适宜的边坡坡率及防护工程。

⑦复核隧道围岩稳定性评价成果,补充、完善强风化岩石、断裂带等对围岩稳定性影响的评价,提出保障施工安全的措施建议。

⑧预测地下水渗入对路基边坡、桥位墩台施工基坑边坡和隧道进出口边仰坡稳定性的影响,并提出防排水措施建议。

⑨结合岩石风化路段各类构筑物拟建场地工程地质条件的适宜性,提出保障工程安全、施工安全和维护地质环境的措施建议。

(4)主要成果

①岩石风化路段详细勘察总论内容。

a. 岩石风化路段详细勘察报告;

b. 1∶2 000 岩石风化路段工程地质图;

c. 1∶2 000 岩石风化路段工程地质纵断面图;

d.1∶500 岩石风化路段工程地质横断面图。

②岩石风化路段主要构筑物拟建场地详细勘察专论内容,请参见"第3章　山区公路构筑物建设场地勘察"中的详细勘察成果内容。

4.8　渗漏路段勘察

渗漏路段是指隧道等地下工程与山区大型水库、溪流、湖泊、沼泽、湿地等水表水体共有一个或数个强渗透性岩层时,由于开挖地下工程引发大型水库、溪流、湖泊、沼泽、湿地等地表水体严重渗漏或疏干的路段。地表水体遭遇渗漏、疏干常造成当地生态环境恶化,备受政府和公众关注。鉴于开挖地下工程引发大型水库、溪流、湖泊、沼泽、湿地等地表水体发生渗漏具有相似的水文地质机理和模型,渗漏路段勘察内容论述以公路隧道引起的水库渗漏现象进行介绍。

4.8.1　岩土体渗透性分级及渗漏路段勘察方法

1)岩土体渗透性及水库规模分级

(1)渗漏水体分类

因地下工程和隧道工程引发地表水体渗漏和疏干现象的水体,主要有湖泊、溪流和水库等天然水体和人工水体两大类。

(2)岩土体渗透性及水库规模分级

①岩土体按渗透性或透水率分为极微透水层、微透水层、弱透水层、中等透水层、强透水层和极强透水层6级,见表4.31。

表4.31　岩土体按渗透性分级表

岩土体渗透性等级	分级标准	
	渗透系数 $k/(\mathrm{cm \cdot s^{-1}})$	透水率 $q/\%$
极微透水层	$k < 10^{-6}$	$q < 0.1$
微透水层	$10^{-6} \leq k < 10^{-5}$	$0.1 \leq q < 1$
弱透水层	$10^{-5} \leq k < 10^{-4}$	$1 \leq q < 10$
中等透水层	$10^{-4} \leq k < 10^{-2}$	$10 \leq q < 100$
强透水层	$10^{-2} \leq k < 1$	$q \geq 100$
极强透水层	$k \geq 1$	$q \geq 100$

②山区水库按水库库容规模分为超大型、大型、中型、小(Ⅰ)型、小(Ⅱ)型5级,见表4.32。

表4.32　山区水库按水库库容规模分级表

水库规模分级	超大型	大型	中型	小(Ⅰ)型	小(Ⅱ)型
水库库容量 $/10^4 \mathrm{m}^3$	>100 000	10 000 ~ 100 000	1 000 ~ 10 000	100 ~ 1 000	<100

2)渗漏路段勘察方法

（1）收集、复核已有水库及已有的水文地质成果

①收集区域水文地质和水库勘察成果，较全面、准确地掌握渗漏路段地质构造特征、隧道等地下工程与水库库盆共有渗透岩层地层层位、岩性、厚度、渗透性等水文地质背景。

②开展隧道等地下工程与水库库盆区的专门水文地质测绘，核实前人成果。

③按不同勘察阶段的勘察目的和特点，编制初步勘察阶段和详细勘察阶段的渗漏路段勘察纲要来指导勘察。

（2）渗漏路段两阶段勘察

①初步勘察：开展水库库盆水文地质工程地质测绘和断面测量，掌握公路隧道与水库库盆出露的地层层位、岩性、产状、地质构造部位、岩层渗透性等水文地质条件；沿公路隧道与地表水体连线布设勘探断面，进行钻孔水文地质钻探试验和地下水动态观测，提取库岸岩体的水文地质参数，计算开挖隧道引起水库库水的渗漏，评价地下工程对水库安全的影响及风险。

②详细勘察：在定点复核初步勘察成果的基础上，垂直库水渗漏方向布设大比例尺渗漏断面，布置勘探工程和钻孔压水试验，掌握、控制渗透性岩层的分布和渗透性等，为施工图设计布设防渗处理工程提供防渗范围、强渗透层位置、渗透系数、厚度及埋藏条件等水文地质依据和参数。

4.8.2　水库渗漏路段两阶段勘察

1)水库渗漏路段初步勘察

（1）勘察范围

水库渗漏路段初步勘察的范围：隧道工程可能引发水库库岸发生水库库水渗漏的地段。

（2）勘察精度

①公路路线（隧址）工程地质及工程地质纵断面测量精度为 1∶200。

②水库库岸至渗漏路段水文地质测绘精度为 1∶10 000，测绘范围包括水库最高洪水水位至库盆底部。

③水库库岸水文地质纵断面（垂直水位线的断面）测量间距为 100～200 m，数量为 2～3 条；断面上以水文地质观测点和水文地质钻孔为主，每条断面上水文地质钻孔不少于 2 个；钻孔揭露深度达水库库盆底部高程。

④水文地质钻孔终孔孔径不小于 130 mm，进行 3 个落程或最大泵量水文地质群孔抽水试验和分层抽水试验，每个落程水位降深不少于 10 m，每个落程稳定时间 8 h，并布设相邻钻孔抽水试验的地下水水位动态观测。

⑤钻孔施工，应进行提钻后、下钻前钻孔水位观测。

⑥沿水库库岸和水文地质纵断面布设高密度电法等物探方法，探测断面的精度及位置应与水文地质断面一致。

（3）技术要求及评价内容

①系统收集、完善水库运行资料及水库勘察的地质成果。

②结合新建隧道对水库防渗的影响和兴建水库对已建公路隧道的影响,开展1:2 000路线工程地质测绘、断面测量和1:10 000水库库岸水文地质调查。

a. 复核公路隧道与水库库岸的空间关系、水库水位与隧道底板高程的水头差;

b. 复核隧址、水库库岸的区域地质背景和地质构造部位;

c. 复核隧道至水库库岸一带岩土体的地层层位、岩性、产状、厚度及断裂构造发育情况、规模、产状等;

d. 查明并复核隧道至水库库岸褶曲构造的发育特征、完整性、岩层的渗透性、断裂构造的导水性、阻水作用等;

e. 查明可溶岩的出露范围、岩溶发育程度、岩石风化类型、强风化岩石厚度、渗透性等;

f. 结合区域水文地质环境及水库库岸渗透条件评价成果,预判新建公路隧道对水库防渗的影响;

g. 编制反映渗漏路段水文地质条件的水库库岸水文地质图。

③分析水库、井泉、渗漏隧道(已建)地下水水质特征,判断水库向隧道工程渗漏的水文地质条件。

④有侧重地开展水文地质分层抽水试验,提取强渗透岩体的水文地质参数,验证水文地质调查成果,编制水库库岸渗漏路段工程地质纵断面图,计算地表水体渗漏量,预判水库等水体发生渗漏的可能性及主要途径。

⑤结合水库库岸水文地质图、水库库岸渗透路段工程地质纵断面图等成果,评价新建隧道对水库库岸防渗环境的影响,有针对性地提出隧道方案的调整建议。

⑥根据渗漏路段渗漏岩体的水文地质特点,评价兴建水库渗漏对已建公路隧道的影响,提出已建公路隧道工程防渗建议。

⑦结合开挖隧道等地下工程引起已建水库渗漏的风险,提出保障水库储水安全、隧道工程安全和水环境安全的措施建议。

(4)主要成果

①水库库岸渗漏路段(隧道)初步勘察报告。

②1:2 000水库库岸渗漏路段工程地质图。

③1:2 000水库库岸渗漏路段工程地质纵断面图。

④1:10 000水库库岸水文地质图。

⑤1:2 000水库库岸渗漏地段水文地质纵断面图。

⑥钻探工程地质柱状图,钻孔水文地质试验综合成果表,轻型勘探工程展示图,岩、土、水试验报告。

⑦地面物探、测井报告及附图、附件。

2)水库渗漏路段详细勘察

(1)勘察范围

水库渗漏路段详细勘察的范围:需要进行防渗处置的水库渗漏库岸地段。

(2)勘察精度及工作量

①水库库岸路段工程地质测绘和工程地质断面测量精度为1:2 000。

②水库库岸防渗处置地段水文地质工程地质测绘和纵断面测量精度为1∶500。

③水库库岸防渗地段水文地质横断面(与库水渗透方向垂直)测绘和勘探精度为1∶200～1∶500,横断面数量为1～2条;断面上以压水水文地质试验钻孔为主,每条横断面应控制透水岩层及透水层顶、底板的相对隔水层,压水钻孔不少于4个;压水钻孔深度应达透水层下部隔水层3～5 m。

④压水试验段长不超过10 m,试验压力为1个大气压,每个试验段稳定时间不少于1 h,压水试验前必须检查止水方法和效果。

⑤压水试验应布设相邻钻孔孔内水位等水文地质动态观测。

⑥沿水文地质横断面布设地面物探,探测断面的位置和精度应与水文地质断面一致。

(3)技术要求及评价内容

①复核渗漏地段水文地质横断面,定点复核渗漏岩体的岩性、厚度、产状、出露埋藏条件、强渗漏岩体的水文地质性质等初步勘察成果。

②结合钻探和物探,复核、验证渗漏断面深部的水文地质条件、透水岩体与相对隔水层的组合特点等水文地质结构。

③统计压水试验成果,根据岩体渗漏性分级及差异,编制水库库岸渗漏地段水文地质横断面图,评价水库库岸渗漏地段强渗透岩体的渗透性、出露埋藏范围、渗透途径等特点。

④计算水库最高洪水位时的渗漏量,评价对新建公路隧道或已建公路隧道的影响,并分别提出水库库岸布设防渗工程的方案,或隧道提高设计高程和改线等设计方案的建议。

⑤提供防渗工程范围,提供防渗工程的工艺、方法、工期等建议。

⑥水库防渗处置工程建议应结合水文地质条件、主要强透水层特点及位置、防渗范围、工程规模等。

⑦针对防渗漏工程设计,提出水文地质、工程地质措施建议。

(4)主要成果

①水库库岸渗漏路段(隧道)详细勘察报告。

②1∶2 000水库库岸渗漏路段工程地质图。

③1∶2 000水库库岸渗漏路段工程地质纵断面图。

④1∶10 000水库库岸水文地质图。

⑤1∶500水库库岸渗漏地段水文地质纵断面图。

⑥1∶200水库库岸渗漏地段水文地质横断面图。

⑦水库库岸渗漏地段库水渗透量计算书。

⑧钻孔压水试验综合成果表。

⑨钻孔水文地质动态观测记录及动态曲线图。

⑩钻探工程地质柱状图,岩、土、水试验报告。

⑪地面物探、测井报告及附图、附件。

4.9 水库塌岸路段勘察

水库库岸地质环境会因水库库水水位涨落产生塌岸,对库岸岸坡一带的已建公路和新建公路方案造成严重影响。为了水库和公路安全,应有序地开展水库塌岸路段的专门勘察。

4.9.1 水库库岸岸坡地质结构和塌岸模式分类、塌岸影响程度分级及勘察方法

1)水库库岸岸坡地质结构分类、塌岸模式分类及塌岸影响程度分级

(1)水库库岸岸坡地质结构分类

①水库库岸岸坡地质结构主要分为岩质岸坡、土质岸坡和混合岸坡 3 种类型,见表 4.33。

表 4.33 水库库岸岸坡地质结构分类表

水库库岸岸坡地质结构类型	库岸岸坡地质结构特点
岩质岸坡	由各类岩体构成
土质岸坡	由各类堆积层土体构成
混合岸坡	具上覆土体的岩质岸坡

②水库库岸塌岸模式按动力地质特征可分为侵蚀型、塌岸型、滑移型 3 种类型,见表 4.34。

表 4.34 水库库岸塌岸模式按动力地质特征分类表

塌岸模式	动力地质特征
侵蚀型	在库水的侵蚀、浪蚀等作用下,全风化、强风化岩质岸坡或土质岸坡缓慢后退的类型
塌岸型	随库水水位消涨,岸坡中地下水动水位变化,土质岸坡或全强风化岩质岸坡前缘发生坍塌,后面岸坡坍塌跟进的类型
滑移型	随库水水位消涨及岸坡中地下水动水位变化,古滑坡沿原滑面、堆积层沿岩土界面发生滑移的类型

(2)水库库岸塌岸影响程度分级

根据水库库岸塌岸现象的影响程度,分为很严重、严重、有限 3 级,见表 4.35。

表 4.35 塌岸现象影响程度分级表

影响程度	塌岸范围
很严重	构筑物建设基准线位于塌岸边界内 20 m 的宽度范围以下岸坡
较严重	构筑物建设基准线位于塌岸边界内不足 20 m 的宽度范围以下岸坡
有限	构筑物建设基准线高于塌岸边界线或超过塌岸边界线的范围

2）水库库岸塌岸路段勘察方法

（1）系统收集水库运行资料和水库工程地质勘察成果

①收集并复核新建或已建水库的规模、设计的最高水位、最低水位及运行方式。

②收集水库库岸一带的工程地质勘察成果，掌握出露的地层层位、岩性、出露环境及地质构造特征，第四系土体的成因类型、岩性、分布范围、高程及稳定性。

③了解新建或已建水库库岸稳定性的评价成果，准确掌握与公路工程安全有密切关系的水库库岸塌岸线位置。

④收集欠稳定岸坡纵断面测绘、勘探、动态观测和稳定性评价的文、图、表资料。

（2）两阶段勘察

①初步勘察阶段：沿塌岸路段系统复查路段出露的地层层位、岩性、岩层产状、地质构造部位、坡体地质结构、欠稳定岸坡范围、岩性特征等塌岸岸坡地质背景；布设库岸岸坡纵断面，对滑坡、松散堆积层等欠稳定岸坡进行勘探评价并计算稳定性，水库库岸滑坡稳定性计算的工况及荷载组合参照表 4.36 取值。

表 4.36　水库库岸滑坡稳定性计算的工况及荷载组合表

滑坡涉水情况	水库运行水位	工况组合编号	荷载组合内容	抗滑稳定安全系数 地质灾害危害性分级			涉水滑坡所处水位线
				I	II	III	
涉水滑坡	静止水位	1	自重 + 地表荷载 + 现状水位	1.25	1.20	1.15	坝前水位接 11 月份 20 年一遇洪水水面线
		2	自重 + 地表荷载 + 水库坝前 175 m、156 m、139 m 静水位 + 非汛期 N 年一遇暴雨（$q_{枯}$）	1.25	1.20	1.15	
		3	自重 + 地表荷载 + 水库坝前 162 m、156 m、145 m 静水位 + 非汛期 N 年一遇暴雨（$q_{全}$）	1.25	1.20	1.15	坝前 162 m 水位接汛期 50 年一遇洪水水面线，156 m、145 m 接汛期 20 年一遇洪水水面线
		4	自重 + 地表荷载 + 坝前水位从 175 m 降至 145 m	1.20	1.15	1.10	坝前水位接 11 月份 20 年一遇洪水水面线
		5	自重 + 地表荷载 + 坝前水位从 175 m 降至 145 m + 非汛期 N 年一遇暴雨（$q_{枯}$）	1.20	1.15	1.10	
		6	自重 + 地表荷载 + 坝前水位从 162 m 降至 145 m + N 年一遇暴雨（$q_{全}$）	1.20	1.15	1.10	坝前水位接汛期 50 年一遇洪水水面线

续表

滑坡涉水情况	水库运行水位	工况组合编号	荷载组合内容	抗滑稳定安全系数			涉水滑坡所处水位线
				地质灾害危害性分级			
				I	II	III	
不涉水滑坡		7	自重 + 地表荷载	1.25	1.20	1.15	
		8	自重 + 地表荷载 + N 年一遇暴雨	1.20	1.15	1.10	

运用卡丘金图解法和佐洛塔廖夫图解法复核最终塌岸位置和高程,绘制水库库岸塌岸现象影响程度范围图,初步评价塌岸对路线各类构筑物的影响,并提出改线方案、局部调查路线平纵曲线的方案及加固地基的建议。

②详细勘察阶段:根据审定的塌岸预防方案和最终塌岸线开展受影响构筑物建设场地加固的综合工程地质勘察。

(3)预测水库库岸塌岸的卡丘金图解方法和佐洛塔廖夫图解方法

①卡丘金图解法,如图4.6所示。

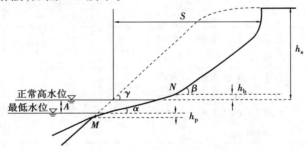

图4.6 卡丘金塌岸预测法图解

卡丘金于1949年提出的库岸最终塌岸预测宽度计算公式为:

$$S = N\left[(A + h_p + h_b) \times \cot\alpha + (h_s - h_b) \times \cot\beta - (A + h_p) \times \cot\gamma\right]$$

$$(4.27)$$

式中　S——最终塌岸宽度,m;

　　　N——与土的类型有关的系数,黏土为1,冰积亚黏土为0.8,黄土为0.6,砂土为0.5;

　　　A——水位变化幅度,m;

　　　h_p——波浪影响深度,m(设计低水位以下波浪影响深度一般取 $1\sim2$ 倍浪高;浪高取0.5 m时,波浪影响深度取1 m);

　　　h_b——浪爬高度,m。

设计高水位以上浪爬高度可按下式计算:

$$h_b = 3.2K \cdot h \cdot \tan\alpha$$

式中　K——岸坡粗糙系数,取0.6;

　　　h——浪高,m,取0.5 m;

h_s——正常高水位以上岸坡的高度，m；

α——水库水位变动和波浪影响所涉及的范围内形成均一的磨蚀浅滩的坡角，(°)；

β——水上岸坡的稳定坡角，(°)；

γ——原岸坡坡角，(°)。

②佐洛塔廖夫图解法，如图 4.7 所示。

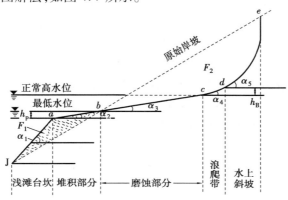

图 4.7　佐洛塔廖夫塌岸预测法图解

佐洛塔廖夫法为苏联学者 Г·С·Золагаев 于 1955 年提出。预测的具体步骤如下：

a. 绘制出预测地点的地形地质剖面。

b. 标出水库正常高水位线与水库最低水位线。

c. 由正常高水位向上标出波浪爬高线，爬升高度 h_B 可取一个波高。

d. 由最低水位向下标出波浪影响深度线，影响深度 h_p 取 1/4 ~ 1/3 波浪波长，黏性土取大值，砂土取小值。

e. 在波浪影响深度线上选取 a 点，该点位于堆积浅滩带与浅滩外缘陡坡带的转折点处，该点选取应使堆积系数 κ_a 之值与图中所列数值相符。

f. 由 a 点向下，根据浅滩堆积物的岩性绘出外缘陡坡，使之与原斜坡线相交，其稳定坡度 α_1：粉细砂土和黏性土小于 8° ~ 12°，卵石层和粗砂土小于 18° ~ 12°；由 a 点向上绘出堆积浅滩的坡面线，与原斜坡线相交于 b 点，其稳定坡度 α_2：细粒砂土为 1° ~ 1.5°，粗砂小砾石为 3° ~ 5°。

g. 由 b 点作冲蚀浅滩的坡面线，与正常高水位线相交于 c 点，其稳定坡度 α_3 视 b，c 间岸坡岩性而定。

h. 由 c 点作波浪爬升带的坡面线，与波浪爬高线相交于 d 点，其稳定坡度 α_4 按图 4.7 采取。

i. 绘制水上岸坡坡面线 de，α_5 根据自然坡角确定。

j. 检验堆积系数与经验数据是否相符，如不符则向左或向右移动 a 点并按上述重新作图，直至适合为止。

4.9.2　水库塌岸路段两阶段勘察

1）水库塌岸路段初步勘察

（1）勘察范围

水库塌岸路段初步勘察的范围：受水库塌岸影响或威胁的已建公路或新建公路路线范围。

（2）勘察精度及工作量

①水库塌岸路段工程地质测绘和路线工程地质纵断面测量精度为1:2 000。

②水库库岸岸坡工程地质纵断面（与库岸走向垂直）测量精度为1:500。岸坡纵断面起于水库塌岸线以上20 m至水库低水位线一带。工程地质纵断面间距：硬质岩岸坡为80～120 m，软岩或强风化岩体出露的较复杂岸坡为60～80 m，土体、全风化岩体及极软岩出露的复杂岸坡不超过60 m。

③断面上勘探钻孔和轻型勘探工程数量为3～5个，钻孔揭露深度达稳定岩体内3～5 m。

④库岸出露的岩土体分层采样试验，土体、软岩、古滑坡滑带土、黏性土等软夹层应增加抗剪试验，分层试验成果数量不少于6组；硬质岩不少于3组。

⑤50%钻孔布设声波测井和岩块弹性波测试。

⑥沿岸坡纵断面布设钻孔水文地质抽水试验和渗水试验1～2孔段，并采水样试验。

⑦塌岸影响的构筑物、地形地物设变形现象动态观测点，每条纵断面3～5处。

⑧沿纵断面布设高密度电法等地面物探，物探断面的位置与水库库岸岸坡工程地质纵断面一致。

（3）技术要求及评价内容

①收集新建水库或已建水库设计的最高洪水位、最低水位、运行周期、权属，水库库岸稳定性计算、评价成果以及水库库区地质图等资料及成果。

②开展1:2 000水库库岸路段工程地质测绘和工程地质纵断面测量，布设水库库岸工程地质纵断面（垂直水库库岸），测量精度为1:500。

a.复核新建公路或已建公路路线位置与水库库岸最终塌岸线的空间关系。

b.查明水库塌岸岸坡出露的地层层位、岩性、产状，上覆土体的成因类型，岩土体叠置关系等岸坡坡体地质结构。

c.查明滑坡等堆积层的分布范围、水库回水后的稳定性特点及塌岸现象。

d.查明全强风化岩层、极软岩和软岩的出露分布特点，以及含泥夹层等外倾结构面的分布高程、稳定性等。

e.查明岸坡岩土体的渗透性，强渗透岩土体与极弱、微渗透水岩土体的出露范围等库岸水文地质条件。

f.结合库岸塌岸的类型、塌岸现象、严重程度、危害性进行分类、分级，分段编制水库库岸稳定性分区图，预判水库库岸塌岸区的稳定性及影响。

③沿水库库岸纵断面布设钻探工程、轻型勘探、地面物探等，揭露库岸岸坡坡体地质结构、岩土界面、强弱风化界面位置、软泥夹层出露范围、滑坡滑床等，判断欠稳定岸

坡坡体失稳界面位置及分布高程。

④布设钻孔水文地质抽水试验和地表渗透试验,提取岩土体渗透性等水文地质参数,评价地下水活动对岸坡稳定性的影响。

⑤逐断面复核水库库岸岸坡坡体地质结构、变形破坏模式、变形破坏强度及库岸塌岸的最终宽度,分段评价岸坡稳定性对公路工程适宜性的影响。

⑥选取黏性土等软弱层的岩土指标、分类系数、岸坡坡角、坡高等参数,计算非侵蚀性岸坡塌岸最终宽度,评价水库塌岸对公路构筑物稳定性的影响,复核、完善水库库岸稳定性分布图。

⑦采用"卡丘金图解法"和"佐洛塔廖夫图解法"复核最终塌岸线及高程,论述结论的客观性、合理性和实用性。

⑧结合新建公路路线与塌岸区的空间关系,拟定绕避方案或局部调整路线平、纵曲线的工程地质建议。

⑨针对已建公路路线部分构筑物受塌岸现象的影响,开展动态观测,评价地质环境稳定性及塌岸现象对地基地质条件的影响。

⑩评价影响有限的路线方案,提出构筑物地基加固的建议。

⑪结合水库塌岸现象对公路各类构筑物安全的影响,提出处置的建议。

(4)主要成果

①水库塌岸路段初步勘察报告(附水库库岸稳定性分区图)。

②1:2 000 水库塌岸路段工程地质图。

③1:2 000 水库塌岸路段工程地质纵断面图。

④1:1 000 水库塌岸稳定性分区图。

⑤1:500 水库库岸岸坡工程地质纵断面图。

⑥钻探工程地质柱状图,轻型勘探工程展示图,岩、土、水试验报告,钻孔水文地质试验成果表。

⑦各种统计表、汇总表。

⑧地面物探报告及附图、附表。

⑨动态观测成果及附图、附表。

2)水库塌岸路段详细勘察

(1)勘察范围

水库塌岸路段详细勘察的范围:水库塌岸线附近及需要加固处置的构筑物场地。

(2)勘察精度及工作量

①水库塌岸路段工程地质测绘和路线工程地质纵断面(与库岸走向垂直)测量精度为1:500。

②塌岸岸坡工程地质纵断面测量精度为1:200~1:500。岸坡纵断面间距:相对稳定的简单岸坡为20~40 m,有欠稳定因素的较复杂岸坡为10~20 m,稳定性复杂岸坡不超过10 m(断面长度由塌岸线以上稳定地段至塌岸线以下20 m)。

③断面上勘探钻孔、轻型勘探工程、刻槽采样点、地质观测点不少于5个;钻孔揭

露深度达稳定岩体内 5 m。

④稳定岩体、软质岩、上覆土体、黏性土、粉土、软弱夹层、滑坡滑体及滑带土等均分层采样试验,分层采样试验成果不少于 3 组;稳定性计算评价的滑带土、黏性土试验成果数量不少于 9 组(含初步勘察试验成果),并增加抗剪试验。

⑤沿库岸岸坡勘探断面布设地表及深部(用斜侧管)监测点,开展变形现象动态观测,动态观测点 5~10 个。

⑥布设钻孔水文地质抽水试验、渗透试验和地下水动态观测 3~5 孔段,并采水样化验。

⑦沿库岸纵坡勘察线布设浅层地震、探地雷达或高密度电法等物探方法探测,物探断面的位置和精度应与库岸工程地质纵断面一致。

(3)技术要求及评价内容

①结合塌岸岸坡加固处置工程评价,开展 1:200~1:500 工程地质测绘和水库库岸岸坡工程地质纵断面测量。

a. 定点复核水库塌岸地段的坡体地质结构、塌岸破坏模式、塌岸最终界限等初步勘察成果;

b. 完善水库库岸稳定性分区图,沿库岸岸坡纵断面定点复核塌岸现象对构筑物安全的影响和危害程度。

②根据加固构筑物与水库库岸塌岸线的空间关系,布设工程地质钻探、物探和动态观测,复核构筑物场地的坡体地质结构、持力层出露情况,提高勘探工程对地基地质条件的控制程度和准确性,并评价地基地质条件。

③统计采样试验结果,拟定构筑物场地及防护工程的地基容许承载力、基底摩擦系数等地基地质参数。

④沿塌岸岸坡纵断面和构筑物场地布设变形方向、变形速度、变形界面等动态观测,定量评价岸坡变形对线路及构筑物安全的影响。

⑤统计、复核土质岸坡的抗剪指标,计算并复核各类欠稳定斜坡的稳定性、剩余下滑力,定量评价对线路及构筑物安全的影响。

⑥根据水库塌岸对公路构筑物稳定性的影响,分段提出加固地基、布设支挡工程等措施建议。

⑦评价处置工程的施工地质条件,提出施工工艺、施工顺序、施工加固措施建议等。

⑧结合水库库岸塌岸现象对公路构筑物安全的影响,提出保障公路工程构筑物安全和水库库岸地质环境安全的措施建议。

(4)主要成果

①水库塌岸路段详细勘察报告(附水库库岸稳定性分区图)。

②1:2 000 水库塌岸路段工程地质图。

③1:2 000 水库塌岸路段工程地质纵断面图。

④1:1 000 水库库岸稳定性分区图。

⑤1:500 水库塌岸区库岸工程地质纵断面图。

⑥1∶500 水库塌岸区动态观测布置图。

⑦1∶500 水库塌岸区变形现象动态观测断面图。

⑧1∶200 构筑物建设场地工程地质图。

⑨1∶200 构筑物建设场地工程纵横断面图。

⑩塌岸区变形动态观测报告、附图、记录等。

⑪地面物探报告及附图、附表。

⑫钻探工程地质柱状图,轻型勘探工程展示图,岩、土、水试验报告,钻孔水文地质给定成果表和渗水试验成果表。

⑬各种统计表、汇总表。

4.10 矿山采空区路段勘察

矿山采空区常引起不同规模的地面沉陷和变形,给公路建设方案和安全运营造成危害,备受公路建设和运营部门的关注。矿山采空区路段地质环境复杂,需要开展两阶段勘察。

4.10.1 矿山采空区路段地表变形分类、分级及勘察方法

1)矿山采空区路段地表变形分类、分级

(1)矿山采空区地表变形分类

矿山采空区地表变形按矿山规模、开采形式,主要分为大型矿山类和小窑类,见表4.37。

表 4.37 矿山采空区地表变形类型分类表

类型	地表变形特征
大型矿山类	采空范围广、深度较深,地表变形现象有从中心逐渐向外围发展的规律,并依次形成中心沉降区、变形移动区、变形轻微区等沉降盆地
小窑类	采空范围窄、深度浅,地表变形剧烈、不连续,地表变形以较大裂缝、塌陷坑为主,裂缝随采矿活动和矿层分布范围沿矿层产状向前发展,两侧无显著高差

(2)大型矿山采空区地表变形分级

①按大型矿山采空区地表变形特征,矿山采空区主要分为均匀下沉区、变形移动区、变形轻微区三级,见表4.38。

表 4.38 大型矿山采空区地表变形分级表

地表变形分区	地表变形特征
均匀下沉区	采空区中心趋于均匀下沉的下沉盆地区
变形移动区	沿下沉盆地边缘向外扩展,变形现象复杂、频繁的地段,形成大量拉张裂缝,是采空区水平变形强烈的危险区
变形轻微区	变形移动区扩展现象波及有限的地段,区内地表下沉值不足 10 mm,无水平变形现象的区域

②矿山采空区地表变形对地质环境的影响程度,可分为强烈、较强烈和不强烈3级,见表4.39。

表4.39　矿山采空区地表变形对地质环境影响程度分级表

判定因素 影响程度分级		采矿对地质环境影响程度		
		强烈	较强烈	不强烈
生产规模		大型	中型	小型
开采总厚度/m		>3.5	1.5~3.5	<1.5
开采宽深比		>1.4	1.2~1.4	<1.2
开采深厚比		<80	80~140	>140
顶板管理方法		自然全陷落	局部充填	全充填
排渣量/(10^4 t·a^{-1})		>30	5~30	<5
矿井排水量/(m^3·h^{-1})		>1 200	300~1 200	<300
地表 变形值	斜率 i/(mm·m^{-1})	>10	3~10	<3
	曲率 k/(10^{-3}·m^{-1})	>0.6	0.2~0.6	<0.2
	水平变形 ε/(mm·m^{-1})	>6.0	2.0~6.0	<2.0

注:①采矿影响程度应有强烈向不强烈推定,除开采深厚比及地表变形值两项外,其余项中首先满足4小项者即为该等级。
　②开采深厚比及地表变形值任两项归为强烈,任一项归为较强烈。

2)矿山采空区路段勘察方法

(1)系统收集矿山采空区的地质、采矿及地表变形资料

①矿山开采的矿种、采矿历史、开采现状、开采方法、开采范围、开采深度及规划等。

②矿山出露的地层层位、地质构造,以及区域水文地质条件、地应力环境等。

③矿山采空区的空间分布、断面尺寸、与公路路线的空间关系。

④矿山采空区顶板的地层岩性、厚度、产状,顶板的管理、维护方法、变形的位置及范围。

⑤矿山疏干排水规模、地下水水位区域下降幅度及影响范围。

⑥地面沉陷、开裂、塌陷的时间、位置、形态、范围及规模。

⑦矿区有毒有害气体的类型、溢出位置、浓度、压力等指标。

(2)两阶段勘察

①初步勘察:应布设工程地质测绘和勘探工程,复核矿山采空区地表变形特点和规律;复核中心下沉盆地、变形移动区、变形轻微区的范围,通过地表变形区变形动态观测,掌握变形移动区、变形轻微区变形现象的变形参数,绘制采空区地表强变形现象影响程度分区图,评价不同变形区变形现象对地质环境的影响程度,针对性地提出优化路线和构筑物拟建场地的建议。

②详细勘察阶段:根据审定的公路工程建设方案,对路线各类构筑物拟建场地开

展有侧重的工程地质勘探,定量评价矿山采空区各类构筑物拟建场地的地质环境稳定性、地基地质条件和施工地质条件。

4.10.2 矿山采空区路段两阶段勘察

1)矿山采空区路段初步勘察

(1)勘察范围

矿山采空区路段初步勘察的范围:各路线方案穿越矿山采空区的影响范围。

(2)勘察精度及工作量

①采空区及影响范围工程地质测绘及工程地质纵断面测量精度为1:2 000。

②工程地质横断面测量精度为1:500。横断面长度从公路路线涉及的采空区路段中心沉降区至轻微变形区边界外侧100 m。

③1:500～1:1 000采空区矿山井巷调查测量。

④地面变形动态观测点沿工程地质纵横断面布设,其间距及观测周期主要根据开采深度确定,见表4.40。

表4.40 地面变形动态观测点按开采深度布设观测点间距及周期表

开采深度 H/m	观测点间距 L/m	观测周期/天
<50	5	10
50～200	10～15	10～15
>200	20～30	30

⑤采空区影响范围采用勘探网勘探和控制。勘探网上钻探工程与轻型勘探工程的间距:在中心沉降区为5～10 m,变形危险区不超过50 m,轻微变形区为50～100 m。勘探断面上钻探工程、轻型勘探工程、地质观测点不少于5个,对变形现象、各变形区边界应有地质观测点定点控制和描述。

⑥逐钻孔布设钻孔声波测井和岩块弹性波测试。

⑦采空区涉及的岩土体及矿层顶板岩体分层采样试验,各地层层位相同的岩性样品试验成果不少于3组。

⑧沿勘探断面布设跨越各变形区的物探勘测断面,勘测方法不少于两种。

(3)技术要求及评价内容

①收集并复核矿山井巷、采空区的位置、高程、地表变形现象范围等与新建公路路线的空间关系。

②结合公路路线方案布设和比选,开展1:2 000工程地质测绘和工程地质纵横断面测量。

a.复核矿山开采的矿种、开采时间、开采年限、开采方式和开采深度等;

b.复核矿山开采区岩体的地层层位、岩性、产状、厚度及矿层的层位、顶底板特征;

c.复核矿山开采区、采空区的地质构造背景、褶曲构造和断裂构造发育情况;

d.查明矿山采空区地表变形现象的形态特征、延展方向、规模、出露位置,根据地

表变形现象的组合特点和扩容趋势等,复核地表中心沉降区、变形危险区、轻微变形区的范围及变化;

e.编制矿山采空区变形现象及稳定性分区图,评价、预判矿山采空各变形区变形发展的趋势。

③开展地面变形现象动态观测,复核、掌握地表变形现象扩容等变化趋势,验证地表中心沉降区、变形移动区、轻微变形区范围的准确性,评价对路线方案、路基工程、桥涵工程布设地段地质环境稳定性、适宜性的影响。

④开展矿山井巷、采空区调查和测量,复核矿山井巷、采空区位置与隧道等设计位置的空间关系和准确距离,验证变形移动区变形现象对隧道安全的影响。

⑤有侧重地布设勘探断面,开展钻探、物探、采样试验,揭露变形移动区变形现象对路线及各类构筑物布设地段地基地质条件的影响。

⑥统计中心沉降区、变形移动区、轻微变形区岩土体采样试验成果,为评价地基地质条件提供依据和参数。

⑦评价中心沉降区、变形危险区、轻微变形区地质环境稳定性和工程地质条件适宜性,进行路线方案比选,并提出绕避变形移动区的方案建议,或提出加固处置或设防通过的方案建议和依据。

⑧结合矿山采空变形移动区范围的类型、特点及危害程度,提出路线方案建议。

(4)主要成果

①矿山采空区路段初步勘察报告。

②1:2 000 路线工程地质图。

③1:2 000 路线工程地质纵断面图。

④1:500 路线工程地质横断面图。

⑤1:1 000 矿山采空区变形现象及稳定性分区图。

⑥1:1 000 矿山井巷调查路线测量图。

⑦钻探工程地质柱状图,轻型勘探工程展示图,岩、土、水试验报告,钻孔水文地质抽水试验综合成果表。

⑧各类统计表、汇总表。

⑨矿山井巷、坑洞地质调查记录及报告,导线测量记录及实际材料图,横断面图及记录册等。

⑩采空区地面变形现象动态观测报告及附图、附表等。

⑪地面物探报告及附图、附件。

2)矿山采空区路段路基、桥涵等工程详细勘察

(1)勘察范围

矿山采空区路段路基、桥涵工程详细勘察的范围:审定的矿山采空区路段路基工程、桥涵工程拟建场地。

(2)勘察精度及工作量

①路基工程、桥涵工程拟建场地(轻微变形区)工程地质测绘和工程地质断面测量

精度为 1∶500。

②按开采深度不足 50 m 的条件,开展地表变形断面动态观测,观测断面间距为 40 ~ 60 m,断面上观测点数量不少于 3 个。

③路基工程、桥涵工程拟建场地勘察,结合挖填方式按"3.1 路基工程勘察"和"3.2 路基配套工程勘察"详细勘察复杂条件的上限布置勘察工作量。

④桥位勘察按"3.3 桥位勘察"详细勘察复杂条件的上限布置勘察工作量。

(3)技术要求及评价内容

①开展 1∶500 工程地质测绘和工程地质纵横断面测量,定点复核路基工程、桥位、涵址与矿山采空变形区的空间关系,完善矿山采空区变形现象及稳定性分区图等初步勘察成果。

②定点复核路基工程、桥涵工程拟建场地地表变形现象的特点、发展趋势及影响,利用动态观测成果和矿山井巷调查复核成果,完善初步勘察结论。

③结合路基工程、桥涵工程拟建场地工程地质条件,统计采样测试成果,分段评价拟建场地的地基地质条件,拟定路基工程、桥涵工程地基地质参数,以及路基工程边坡率和支护措施建议。

④分段评价路基工程、桥梁各墩台的施工地质条件,提出维护施工基坑、施工边坡稳定性的工程地质建议。

⑤结合矿山采空区路基工程、桥位墩台拟建场地地质环境稳定性和工程地质条件的适宜性,提出局部处置的措施建议。

(4)主要成果

①矿山采空区路段详细勘察报告。

②1∶2 000 矿山采空区路段工程地质图。

③1∶2 000 矿山采空区路段工程地质纵断面图。

④1∶1 000 矿山采空区变形现象及稳定性分布图。

⑤矿山采空区地面物探、测井报告及附图、附表。

⑥矿山采空区地表变形现象观测位置图、观测记录及变形曲线图等。

⑦路基工程、桥位、涵址详细勘察成果。

a.路基工程、桥位、涵址详细勘察报告;

b.1∶500 矿山采空区路基、桥位工程地质图;

c.1∶500 矿山采空区路基、桥位工程地质纵断面图;

d.1∶200 ~ 1∶500 矿山采空区路基、桥位工程地质横断面图;

e.钻探工程地质柱状图,轻型勘探工程展示图,岩、土、水试验报告;

f.地面变形动态观测报告及附图、附件;

g.地面物探报告及附图、附件;

h.小桥及涵工程地质条件评价表;

i.小桥及涵工程地质纵断面图。

3)矿山采空区路段隧址详细勘察

(1)勘察范围

矿山采空区路段隧址详细勘察的范围:审定的矿山采空区隧道隧址。

（2）勘察精度及工作量

①按"3.4 隧址勘察"详细勘察阶段工程地质复杂条件上限布置勘察工作量。

②开展隧道洞身段矿山采空区、井巷调查和导线测量,精度为 1:200~1:500。

③开展地表变形现象和地下水露头、钻孔水位动态观测。

（3）技术要求及评价内容

①开展 1:500 隧址进出口和洞身段工程地质测绘和断面测量,定点复核隧址与矿山采空区、井坑的空间关系,完善矿山采空区变形现象及稳定性分区图等初步勘察成果。

②布设地表变形现象和地下水露头观测,复核并验证矿山采空区地表变形现象的近期变化、变形发展趋势及中心沉降区、变形移动区、轻微变形区位置和范围的准确性。

③进行矿山井巷和采空区坑洞调查和导线测量。

a. 查明并复核矿山井巷、采空区坑洞变形现象的位置、规模及影响范围;

b. 复核并掌握矿山井巷、采空区坑洞充水情况、疏干条件及影响;

c. 查明矿山井巷、采空区坑洞有毒有害气体的种类、浓度、溢出和转移条件;

d. 复核矿山井巷、采空区与地表中心沉降区、变形移动区、轻微变形区的对应关系,验证矿山采空区变形现象及稳定性分区图的合理性和准确性。

④结合矿山采空区变形现象及稳定性分区图,评价隧道进出口、浅埋段地质环境的稳定性和适宜性。

⑤评价隧道穿越矿山采空区或近距离通过矿山井巷分布区地质环境的整体稳定性和适宜性。

⑥根据地质构造特点、断裂带发育情况等与矿山井巷、采空区的联通条件,评价有毒有害气体溢出、涌水的危害性和危险性,提出预防灾害的措施建议。

⑦根据地表、地下变形区的地质条件和水文地质特点,分段提出隧道安全通过的建议和施工工艺的措施建议。

⑧结合隧道通过矿山采空区的工程地质条件,提出保障工程安全、施工安全和维护地质环境的措施建议。

（4）主要成果

①矿山采空区隧址详细勘察报告。

②1:2 000 隧址工程地质图。

③1:2 000 隧址工程地质纵断面图。

④1:1 000 矿山采空区变形现象及稳定性分区图。

⑤1:500 矿山井巷工程地质断面图。

⑥1:1 000 井巷、坑洞调查导线图。

⑦钻探工程地质柱状图,轻型勘探工程展示图,岩、土、水试验报告。

⑧地表变形动态观测报告及附图、附件。

⑨地面物探报告及附图、附件。

第5章 已建公路扩能改建工程勘察

随着社会经济的发展和已建公路交通量的迅速增加,部分已建公路会因原设计标准偏低或建筑界限不足等,已不能适应区域经济发展的需要,部分国家、省市公路网需要布置扩能的改扩建工程。扩能改扩建工程勘察具有利用已建公路地质地貌条件和前人勘察成果的特点。

5.1 扩能改建工程勘察方法

5.1.1 扩能改建工程勘察布置的思路及方法

扩能改建工程勘察有较强的目的性和针对性,勘察前有必要对扩能改建工程的勘察项目布置进行策划,策划应开展以下工作:

1)掌握已建公路和改扩建工程的特点

①在准确收集、掌握已建公路和扩能改建工程设计标准、建设界限和实施方式的基础上,论证扩能改建工程勘察的类型和规模等。

②准确掌握已建公路和扩能改建工程的空间关系及位置,分析二者工程地质条件的特点和差异,论证已建公路已有勘察成果的勘察精度、控制范围及勘察成果的合理性和科学性,评估已建公路勘察成果的可利用程度。

2)掌握扩能改建工程的勘察重点、难点,编制切实可行的勘察纲要

①研究区域地质背景,了解路线区的工程地质条件和主要地质问题。

②掌握扩能改建工程特大桥、特殊桥、特长隧道、枢纽互通等控制性工程的工程地质条件及问题,论证扩能改建工程工程地质条件的复杂程度、勘察的重点及难点。

③结合扩能改建工程路线的工程地质条件复杂程度及复杂路段勘察的特点,确立扩能改建工程勘察项目"整体与局部""保障重点、难点,兼顾一般"的勘察思路。

④根据扩能改建工程勘察的总体思路,选择扩能改建路线的勘察方式,拟定控制性工程、大型工程、复杂路段及一般构筑物建设场地的勘察方案和勘探工作量布置原则。

⑤根据勘察工作量布置原则、预期勘察工作量、预勘成果及工期,论证应投入、配备的技术资质、数量及各类勘探设备,编制扩能改建公路工程地质勘察纲要以指导勘察。

5.1.2　分类、分级布置扩能改建工程勘察

1) 根据扩能改建工程的特点分类布置勘察

扩能改建工程以扩能为主。扩能改建工程项目除严格遵循公路网连接城市功能核心区、功能拓展区、开发新区规划的规定外,还需要紧密结合超大城市与超大城市之间、超大城市与大城市之间以及超大城市连接城市功能核心区、功能扩展区、开发新区的规划要求,考虑扩能改建工程布置范围的环境容量、可行性和合理性,土地资源利用的科学性,以及交通运输能力、实施中的交通运输管理、已建公路的产权等因素。因此,实施扩能改建工程勘察也需要根据扩能改建工程的类型、设计标准和特点,选择布置不同的勘察方式。

根据扩能改建工程的主要特点,扩能改建工程的路线工程地质勘察可分为沿已建公路拓宽扩容勘察、沿已建公路并行新建公路勘察、分段改扩建已建公路勘察、新建公路勘察和复杂路段地质病害处置勘察5种类型,见表5.1。实施扩能改建勘察时,充分利用已建公路的工程地质条件和勘察成果,有侧重地选择勘察方式和投入的勘探工作量。

表 5.1　扩能改建工程路线勘察类型分类表

勘察类别	扩能改建工程类型及勘察方式
沿已建公路拓宽扩容勘察	直接利用已建公路的工程地质条件和勘察成果,仅对不适宜的或新发现的问题进行补充勘察
沿已建公路并行新建公路勘察	紧邻已建公路平行布设的公路建设项目,利用已建公路工程地质勘察成果结论,对各类构筑物建设场地进行一次性勘察
分段改扩建已建公路勘察	利用已建公路勘察成果结论,分段复核可利用路段、改扩建路段的工程地质条件,对改扩建路段开展工程地质两阶段综合勘察,针对利用路段进行拾遗补阙勘察
新建公路勘察	利用已建公路勘察成果和建设经验,布置两阶段勘察
复杂路段地质病害处置勘察	利用已建公路工程地质勘察成果结论和防灾、减灾经验,对影响公路畅通的地质病害开展专门处置勘察

2) 按扩能改建工程的重要性和紧迫性布置勘察

扩能改建工程勘察项目按扩能改建工程项目的重要性和紧迫性布置勘察时,主要划分为提前布置的重要勘察项目、按计划布置的较重要勘察项目和按计划布置的一般项目3级,见表5.2。

3) 按扩能改建工程的规模、地质条件的复杂程度分级布置勘察

为了实现扩能改建工程勘察的预期目标和合理、有效地投入勘察资源,需要按勘察规模、工程地质条件的复杂程度及地质病害的危害程度进行分级和布置勘察。

①根据扩能改建工程的勘察规模、工程地质条件的复杂程度进行分级,见表5.3。

表5.2 扩能改建工程和地质病害处置勘察方案按重要性、紧迫性的布置表

勘察方案布置类型	勘察方案布置依据
提前布置的重要勘察项目	国家省市级高速公路路网扩能改建工程勘察，或严重影响、威胁国家、省市级高速公路路网安全和正常运营的地质灾害处置勘察，或改扩建工程的桥位隧道勘察
按计划布置的较重要勘察项目	省市、区县公路扩能改建工程勘察，或严重影响、威胁省市、区县公路安全和正常运营的不良地质现象、地质灾害处置勘察或部分桥位隧道勘察
按计划布置的一般勘察项目	乡镇公路扩能改建工程勘察，或严重影响、威胁乡镇公路安全和正常运营的不良地质现象、地质灾害处置勘察

表5.3 扩能改建公路勘察项目分级表

扩能改建公路勘察规模	工程地质条件复杂程度	改建公路长度/km
小型项目	一般	<10
中型项目	较复杂	10～50
大型项目	复杂	>50

②扩能改建工程项目存在地质灾害的危险程度，分为很严重（灾害性）、严重和有限3级，见表5.4。

表5.4 地质灾害危害程度分级表

危害程度分级	地质灾害危害程度
很严重（灾害性）	长期持续威胁高等级公路、国道正常运营；发生一次灾害阻断省、市级公路一天以上，区县公路两天以上或形成灾害的趋势已显露
严重	因灾害性天气影响高等级公路、国道正常运营；发生一次灾害可阻断省、市级公路一天，区县公路2天以上
有限	受灾害天气影响，干扰已建成公路正常运营的现象偶有发生，易处置

5.2 扩能改建工程路线和构筑物建设场地勘察

5.2.1 路线扩能改建勘察

扩能改建工程路线勘察工作应紧密结合扩能改建工程扩容扩能的类型、工程地质条件复杂程度、已有勘察成果的可利用程度和勘察等级等选择勘察方式，见表5.5。

5.2.2 构筑物建设场地扩能改建勘察

已建公路扩能改建工程各类构筑物拟建场地勘察，主要根据工程地质条件复杂程度、构筑物的结构特征和已有勘察成果的可利用程度，分为补充勘察、一次性勘察（达

到详细勘察深度)和两阶段系统勘察 3 种,见表 5.6。

表 5.5　扩能改建工程路线勘察方式选择表

勘察类别	主要勘察方式
拓宽扩容工程勘察	开展系统的工程地质测绘,复核已有勘察成果和结论、勘察等级、工程地质条件复杂程度,掌握已有勘察成果的可利用程度,指导改扩建工程勘察,在已建公路改造后的地形条件下沿公路两侧布设路基工程、复线桥桥位、涵址等一次性勘察
新建并行公路勘察	开展系统的工程地质测绘,复核已有勘察成果和结论、勘察等级、工程地质条件复杂程度,掌握已有勘察成果的可利用程度,指导扩能改建工程勘察,充分利用区域地质地貌条件、岩土体工程地质性质及稳定性,并行布置改建公路和各类构筑物拟建场地一次性勘察
分段改扩建公路	开展系统的工程地质测绘,复核已有勘察成果和结论、勘察等级、工程地质条件复杂程度,掌握已有勘察成果的可利用程度。利用已建公路各路段工程地质背景,对路线和各类构筑物拟建场地开展两阶段勘察;针对可利用路段,进行一次性补充勘察
新建公路勘察	布置路线及构筑物拟建场地两阶段勘察
地质灾害处置勘察	对威胁、危害公路安全、运营安全的地质病害和灾害布置一次性或两阶段处置勘察

表 5.6　已建公路扩能改建工程各类构筑物拟建场地勘察方式表

构筑物勘察类型	勘察方式	勘察方式选择依据
路基工程勘察	补充勘察	地貌条件优越、地基地质条件好、无不良地质现象影响、挖填方式无重大变化、边坡高度有限、稳定性好;有系统可靠的地质勘察成果,距已建工程路基不足 10 m 的路基工程
	一次性勘察	地质地貌条件、地基地质条件、施工地质条件简单;挖填方式改变有限,但挖填规模较大的;距已建公路路基工程不超过 10 m,有部分地质勘察成果借鉴的特殊路基工程
	两阶段系统勘察	复杂地段的路基工程或填、挖方式变化大、规模大,距已建公路路基工程相对较远的路基工程
桥位勘察	补充勘察	地貌条件优越;地基地质条件与施工地质条件简单;桥型、桥跨、墩高无重大变化;已建桥位有较全面可靠的勘察成果,距已建桥梁墩台位置不超过 10 m,可利用已有勘察成果的桥位及墩台
	一次性勘察	桥位地质地貌环境、地基地质条件、施工地质条件相对简单;桥型、桥跨、墩高无重大变化;距已建桥位墩台位置距离不足 10 m,已有勘察成果可利用的桥位及墩台
	两阶段系统勘察	凡跨大河、大江、深切冲沟的特大桥、特殊桥桥位;复杂路段的桥位;桥型、桥跨、墩高有重大变化的桥位及墩台

构筑物勘察类型	勘察方式	勘察方式选择依据
隧址勘察	一次性勘察	距已建公路隧道距离不足 100 m,有完备可靠的勘察成果借鉴,地质条件单一,无环境工程地质问题的隧址及进出口
	两阶段系统勘察	改建工程兴建隧道距已建隧道的距离超过 100 m 的隧址及进出口

5.3 扩能改建工程两阶段勘察

5.3.1 扩能改建工程初步勘察

扩能改建工程初步勘察主要参照"5.2 扩能改建工程路线和构筑物建设场地勘察""第 2 章 山区公路路线工程地质勘察"和"第 3 章 山区公路构筑物建设场地勘察"的初步勘察内容和要求来布置勘察。

5.3.2 扩能改建工程详细勘察

扩能改建工程详细勘察主要参照"5.2 扩能改建工程路线和构筑物建设场地勘察""第 2 章 山区公路路线工程地质勘察"和"第 3 章 山区公路构筑物建设场地勘察"的详细勘察内容和要求来布置勘察。

第6章 已建公路运营阶段养护勘察

山区公路运营阶段养护勘察是公路运输现代化管理、养护中,为保障安全运输,处置工程病害布置的专门工程地质勘察。它具有自身的特点、特定的服务对象和目标,其工作内容及方法与设计各阶段的工程地质勘察有一定区别。

山区是近现代地质营力最活跃、最显著的区域,受地质营力活动影响,常引发山区地质环境、水环境发生改变,并波及公路工程安全和公路运营安全。因此,山区公路运营阶段养护勘察备受各级公路管理部门的关注。

6.1 已建公路运营阶段路线养护勘察方法

6.1.1 建立路网地质病害预防服务平台

1)充实、完善路网地质信息数据库

在省、市路网运输管理信息数据库的基础上,全面、系统收集路网管理、养护中地质病害排查、勘察、监控、治理的成果,充实、完善路网地质信息数据库,用文、图、表等形式将路网近现代灾害性天气信息,地质病害易发路段、频发路段的地质背景,各路段地质病害的主要类型、数量、规模、发生季节、危害程度、影响因素等进行汇编,全面、准确地反映路网区地质环境、水环境的特点和现状,地质病害的发生、分布规律,为山区公路运营现代化管理和养护提供最基本的条件。

2)建立路网地质环境空间模型和地质病害识别模型

(1)确立路网地质环境空间模型

利用历年积累的地质环境、水环境勘察成果和运营阶段地质病害排查、勘察、监控、治理资料,编制各类地质病害发生、发展的专门工程地质图,将引发地质病害的内外地质营力影响有机地同地质病害易发区、频发区的地质背景进行连接,确立路网地质环境的空间模型,如含易溶盐岩土体路段主要病害类型、严重水患隧址岩溶水水文地质模型、泥石流群发路段地质环境模型以及地质环境、水环境显著恶化路段地质模型等,为公路管理部门预防地质病害、保护环境提供决策服务。

(2)建立地质病害识别模型

根据路网地质环境复杂路段、脆弱路段的地质背景,各种地质病害的群发规律和发生机制,建立路网主要地质病害的识别模型,如欠稳定边坡坡体地质结构模型,易风化岩质边坡变形、失稳模型,危岩变形、失稳模型,路基沉降变形地质模型以及边坡排水系统失效产生的次生灾害模型等,具体指导路段地质病害排查、勘察、监控和治理等养护管理工作。

3)布置路网地质病害动态监控网和预警系统

地质环境恶化和发生地质病害往往与部分控制性地质因素的改变有密切联系,并普遍遵循由量变到质变的运动规律,有针对性地对上述控制性地质因素布设智能、动态监控网,开展地质病害预警是已建公路管理和养护的重要手段。为使地质病害监控、预警工作达到最佳效果,需要深入研究路网地质环境的空间模型和地质病害的识别模型,准确认识和掌握影响地质环境恶化,引起地质病害发生、发展的控制性地质因素的特点及规律,有的放矢地设置智能监控系统,可准确、及时、高保证率地达到地质病害监控和预警目的。以危岩防治为例,对"顺层滑移型"危岩,在母岩与分离岩块处布设监测仪监控危岩顺层滑移动态和异常,进行预报和预警;在"外倾结构面型"危岩布设监测仪监测危岩与母岩之间的变形方向和变形量变化,可掌控临灾情况;而在"基座压碎型"危岩基座处布设监测仪监测基座变形、剪出现象,可使监控、预警达到事半功倍的效果。

6.1.2 地质病害定期排查

有组织、有计划地开展公路沿线地质病害排查,是已建公路运营阶段现代化管理和养护中运用最普遍和最有效的方法,它不仅能及时、准确地给主管部门提供公路沿线出现的地质问题和病害信息,同时也为布置地质病害防治提供了最直接的地质依据。

为了便于地质病害防治决策和具体处置,定期排查成果需要针对性地论述地质病害发生的地质背景和形成机制,客观、准确地进行地质病害分类、危岩程度分级,按病害轻重缓急分序、分门别类地布置处置勘察、病害监测,合理地作出结论与提出建议,以达到定期排查的最佳效果。

6.1.3 地质病害分类、危害程度分级及处置勘察

已建公路在设计阶段已对公路沿线的地质环境、水环境进行过系统的工程地质勘察,对不良地质现象与问题进行了有效处置,但因山区地质营力的持续影响,部分地质现象、问题在公路运营阶段才陆续发生或暴露,并严重影响、威胁公路安全和正常运输。因此,需要根据地质病害的类型、危害程度以及影响的轻重缓急布置处置勘察。

6.2 路基工程的地质病害处置勘察

山区公路建成后会因路基工程暴露地表而遭受岩石风化、地下水活动、强降雨等因素影响,使公路边坡坡体、路基强度降低而引起边坡失稳和路基破坏,危及已建公路的安全和通畅。

经调查,已建公路路基工程发生地质问题和地质病害的数量占已建山区公路病害发生总数比例大,已建公路地质问题或病害主要分为路基边坡和路基变形两大类。根据已建公路路基工程地质病害的类型、危害程度,路基工程地质病害处置勘察主要选

择两阶段综合勘察、一次性勘察、调查和监测 4 种主要勘察方法,见表 6.1。

表 6.1　已建公路路基地质病害处置及勘察表

病害分类	危害程度分级	危害程度分级依据	勘察处置方案	勘察方法
边坡变形现象	严重	边坡已局部出现滑移变形现象或危岩坠落已危及公路安全,存在大范围失稳条件和隐患,致灾后果显著	组织两阶段应急勘察和根治	以勘探、动态观测等为主的综合性处置勘察
	较严重	边坡浅部及护坡工程局部变形,有小规模塌方、掉块,威胁正常运营,不存在大、中型致灾条件	开展一次性勘察和治理	以工程地质测绘为主的勘察方法
	影响有限	以风化剥落现象为主,局部零星水毁、掉块,易处置,影响有限	监测、治理并举	以工程地质调查和监测为主
路基地基沉降或地基斜坡变形现象	严重	地基变形已引起路基下陷或水平方向位移,变形范围扩大趋势显著,危及交通运营安全及路段整体稳定性,致灾后果显著	开展两阶段应急勘察和根治	动态观测为特征的综合性处置勘察
	较严重	浅表地基变形引起局部路基下陷,变形范围和现象已有收敛趋势,无致灾条件,但仍影响路段正常运营和安全,需要处置	开展一次性勘察和处置	以工程地质测绘为主的多种勘察方法
	影响有限	路基局部下陷或变形,规模小,易于处置,影响有限	监测和处置并举	以工程地质调查和监测为主

6.2.1　路基工程地质病害初步勘察

（1）勘察范围

路基工程地质病害初步勘察的范围:路基工程地质病害分布的已建公路路段。

（2）勘察精度及工作量

①路基工程地质病害工程地质调查精度为 1:500。

②病害路段工程地质断面测量精度为 1:500。

③调查横断面数量:岩性单一、地质构造简单路段 1 条,岩性较复杂路段 1~2 条,岩性和构造复杂路段不少于 2 条。横断面间距为 40~60 m。

④工程地质横断面上的地质观测点、螺纹钻、刻槽采样点数量不少于 3 个。

⑤病害路段起止点用仪器定位或用准确的里程桩号注记。

⑥边坡稳定性和路基变形涉及的岩土体分层采样测试。土体、软岩应增加抗剪试验、矿物鉴定、崩解试验等。

（3）技术要求及评价内容

①收集已建公路设计的技术指标、地质灾害勘察成果及灾害性天气资料。

②收集已建公路勘察成果及施工信息。

③针对地质病害开展 1∶500 工程地质调查和工程地质断面测量，定点复核病害路段出露的地层层位、岩性、产状、断裂构造、裂隙发育情况、岩石风化及卸荷现象等。

④定点复核路基边坡的坡体地质结构、坡高、坡率、坡面防护情况、变形现象、变形的诱发因素、病害发展的趋势和危害性。

⑤定点复核填筑路基的变形特点、规模、位置和方位，分析填筑路基地基变形的地质背景及地基地质条件。

⑥根据路基工程边坡坡体变形现象和填筑路基的地基变形特点，进行路基工程地质病害分类、危害程度分级，提出地质病害处置勘察和治理的建议。

⑦总结路段的区域地质背景、病害类型、危害程度，分析路段地质病害致灾的动力地质机制，发展恶化趋势及危害性。

⑧根据地质病害发生机制和危害程度分级，提出严重病害进行两阶段勘察建议；针对较严重病害、影响有限病害，提出处置方案和补充勘察建议。

（4）主要成果

①已建公路路基工程地质病害初步勘察报告。

②已建公路路基地质病害工程地质初步勘察评价表，见表6.2。

表 6.2 　已建公路路基地质病害工程地质初步勘察评价表

排查工点序号	里程桩号	边坡坡体地质结构或地基地质条件	地质病害类型及规模	发生时间及诱因	发展趋势、危害性及危险性	治理或处置勘察建议

③1∶500 路基地质病害工程地质图。

④1∶500 地质病害工程地质总横断面图。

⑤轻型勘探工程记录、展示图以及岩、土、水试验报告。

⑥已建公路地质病害相片册。

⑦各种统计表、汇总表。

6.2.2　边坡变形处置详细勘察

（1）勘察范围

边坡变形处置详细勘察的范围：边坡变形路段起始端至终止端的边坡坡肩外侧20 m。

（2）勘察精度及工作量

①变形边坡工程地质测绘及工程地质纵横断面测量精度为 1∶200 ~ 1∶500。

②工程地质横断面间距为 20 ~ 40 m；变形现象发展缓慢的简单边坡，横断面间距为 40 ~ 60 m（纵横断面构成勘探网）。

③每条横断面的勘探工程，地质控制点不少于 5 个，钻探孔不少于 2 ~ 3 个。

④钻探工程揭露深度达完整稳定岩体内 5 ~ 10 m。

⑤探坑、浅井工作量应占勘探工程总量的 20% 左右。

⑥变形边坡涉及的岩体、土体及黏性土分层采样试验，分层采样试验和现场试验成果不少于 6 组。黏性土等应有抗剪试验指标及成果。

⑦致灾隐患显著、较显著边坡布设动态观测点不少于 10 处。

（3）技术要求及评价内容

①复核边坡变形发生、发展过程，强降水或持续降水等诱发因素的影响，以及边坡施工和支护工程的结构信息。

②开展 1∶200 ~ 1∶500 工程地质测绘和工程地质纵横断面测量，定点复核以下内容：

a. 变形边坡的坡体地质结构，边坡岩体和上覆土体的岩性、厚度及工程地质性质；

b. 变形边坡坡高、坡向、坡面特征、支护结构、变形现象、变形范围及规模；

c. 与边坡变形关系密切的结构面特征、控制性结构面与边坡坡面的组合情况，以及规模、产状对边坡变形的影响；

d. 变形边坡的变形方向、变形量、变形速度及变形机制。

③沿工程地质纵横断面布设钻探工程、坑探等，揭露、复核变形边坡坡体地质结构、软弱夹层岩性及埋藏情况、强风化岩石厚度及分布、上覆土体与岩体界面特征及产状等。

④布设地表和地下深部的智能动态观测仪，准确测量变形界面的位置、变形方向、变形速度及变形量。

⑤统计变形界面一带的黏性土等软弱层抗剪试验指标，提取稳定性计算参数，分段计算不同工况条件下变形边坡的稳定性和剩余下滑力。

⑥根据边坡变形特征、稳定性评价计算成果，分段评价变形边坡的稳定性，并针对性地提出减载、支挡、排除地下水等措施建议。

⑦评价边坡变形的动力地质机制、变形阶段及危害性。

⑧结合边坡变形的特点和坡体地质结构，提出分段处置的建议。

（4）主要成果

①变形边坡处置勘察报告（含稳定性计算书）。

②1∶200 ~ 1∶500 变形边坡工程地质图。

③1∶200 ~ 1∶500 变形边坡工程地质纵横断面图。

④钻探工程地质柱状图，岩、土、水室内外试验报告，以及各类统计表、汇总表。

⑤地表及深部变形现象动态观测成果、报告及附件。

6.2.3 填筑路基变形处置详细勘察

（1）勘察范围

填筑路基变形处置详细勘察的范围：路基变形路段起始端至终止端各外延 20 m。

（2）勘察精度及工作量

①填筑路基变形区工程地质测绘和纵横断面测量精度为 1∶500。

②纵横断面间距：地基岩性单一，变形现象已收敛的简单路段为 40~60 m；地基地质条件较复杂，变形现象收敛趋势明显的路段为 20~40 m；变形现象迅速扩展的复杂路段不超过 20 m。纵横断面构成勘探网，断面交汇点应有控制性勘探钻孔，钻孔设计深度达完整稳定岩土体内 5~10 m。

③浅井、坑探等轻型勘探工程数量为勘探工程总量的 20%~40%，揭露深度达变形界面一带。

④勘察断面上的勘探工程数量不少于 3 个。

⑤沿工程地质纵横断面布设地表变形现象的观测点数量不少于 10 处。深部动态监测采用钻孔测斜管 5 处以上。

⑥分层采集持力层、填筑体界面或岩土界面一带的岩土体样品试验，提取物理力学指标和黏聚力、摩擦系数等，其中涉及稳定性计算的试验成果数量不少于 6 组。

⑦填筑界面以下土体地基分层采样深度为 10 m，采样间距为 1 m，提取黏性土、粉土的含水率、孔隙比、压缩系数等；且有 50% 的钻孔布设静力触探、动力触探试验，试验成果不少于 9 组。

⑧水环境复杂条件布设钻孔水文地质抽水试验 2~3 孔段，并采水样化验。

⑨沿纵横断面线布设地面物探，物探断面的位置及精度应与工程地质断面一致。

（3）技术要求及评价内容

①收集、复核路基变形路段的勘察成果和资料，掌握填筑路基变形的地质背景、诱发因素和发生发展过程。

②布设 1∶500 变形路基地段工程地质测绘和工程地质断面测量。

a. 定点复核地表变形现象的形态、特征、分布范围、延伸方向、规模、地质力学性质、变形速度、变形方向、变形量等；

b. 复核填筑路段土体的岩性、粒度、级配、填筑体厚度及变化；

c. 复核填筑界面产状、坡面特征，下伏岩体的岩性、产状、渗透性，下伏土体成因类型、分布特征、工程地质性质、粒度、级配、渗透性等；

d. 复核变形路段的水环境及水文地质条件，地下水露头分布、运动方向及影响。

③沿勘探线布设钻探、物探和轻型勘探工程，复核地基持力层岩土体的岩性、风化类型、强风化带厚度，可溶岩岩溶发育程度，土体的粒度、级配、密实度、叠置关系、含水量、渗透性等地基地质条件。

④设置动态观测网，开展变形路基地表和深部的地基变形动态观测，观测、掌握变形方向、变形速度、变形量、变形范围及变形界面，复核变形现象的动力地质特征和性质。

⑤统计并分析地基变形、地基固结沉降变形的岩土体样品试验成果,开展不同工况条件下填筑地基稳定性的评价和计算。

⑥根据填筑路基持力层固结沉降引起的变形现象,复核地基土的沉降量、沉降范围、发展趋势,提出加固地基的措施建议。

⑦根据填筑路基地基发生滑移变形的特点,分段提出支挡、反压、换填、排除地下水影响等综合处置措施。

⑧根据处理工程的施工地质条件,提出施工方法、施工工艺、施工顺序等工程地质建议。

⑨结合路基工程地基变形的动力地质类型、发生的地质背景、分段处置的范围,提出保障路基安全和维护地质环境稳定性的措施建议。

(4)主要成果

①填筑路基变形现象处置勘察报告。

②1:500 填筑路基变形区工程地质图。

③1:500 填筑路基变形区工程地质断面图。

④钻探工程地质柱状图,轻型勘探工程展示图,岩、土、水室内原位测试报告。

⑤各类统计表、汇总表。

⑥变形现象动态观测报告及附图、附件。

⑦物探报告及附图、附件。

6.3　桥位区地质灾害处置勘察

鉴于桥梁的结构特点,桥梁设计阶段不仅采用了较高的勘察标准和要求,有一定安全储备,同时桥位工程地质勘察的方法和手段相对成熟,勘察成果大多数都能客观、准确地反映桥梁建设场地的工程地质条件和环境,达到为设计服务的目的,能保障工程安全和运营安全。

据统计,山区公路建成运营后因山区地质环境脆弱以及受降水、地震、人类工程活动等影响,使桥位、墩台一带地质环境改变或恶化,引起部分高架桥上方出现危岩、落石和墩台区斜坡变形等威胁。涉及已建公路部分桥位及墩台安全,必须有针对性地开展勘察和治理。

6.3.1　危岩、危石处置勘察及监测预警

请参见"4.3　崩塌路段勘察"和"6.1　已建公路运营阶段路线养护勘察方法"等。

6.3.2　欠稳定斜坡变形处置勘察及监测

请参见"3.1.6　施工边坡变形现象勘察"、"4.2　滑坡路段勘察"和"4.4　泥石流路段勘察"、"6.1　已建公路运营阶段路线养护勘察方法"和"6.2.2　边坡变形处置详细勘察"等。

6.4　隧道工程地质病害处置勘察

受勘察条件局限,隧道工程在设计、施工阶段受地质环境未知领域或不确定因素

影响,部分不良地质现象和地质问题在运营阶段才陆续显现,影响、威胁隧道工程运营安全与相邻地段的地质环境安全,需要有计划地开展隧道工程地质病害处置勘察和地质病害治理。

经统计,已建公路隧道地质病害主要有围岩稳定性不良和地下水病害两大类。其中部分长隧道和特长隧道因涌、突地下水和隧道疏干排水引起的危害最突出、影响最普遍,地下水病害不仅威胁、影响隧道正常运营安全,还给隧址一带造成复杂的生态地质问题。此外,20 世纪 80 年代为改变山区经济落后面貌,部分山区乡、镇还开挖了一些标准偏低、建设界限不足、衬砌和排水系统不完备的短隧道,这些短隧道有待治理。为了治理隧道工程的地质病害和有效利用勘察资源,隧道工程地质勘察需要根据地质病害类型和危害程度来布置。

在实践中,隧道工程地质病害处置勘察主要按地质病害的危害程度分为灾害性病害、严重病害、局部病害和有限病害的四级勘察。

①按已建公路隧道围岩稳定程度,隧道围岩地质病害危害程度划分为灾害性病害、严重病害、局部病害和有限病害 4 级,见表6.3。

表 6.3 已建公路隧道围岩稳定性按病害危害程度分级表

病灾分级	图示及说明		勘察方法	加固处理方案建议
灾害性病害		洞身位于山体卸荷带	按稳定性极复杂隧址勘察	以加固卸荷带,提高围岩稳定性,或绕避
严重病害		洞身稳定性受多组结构面严重影响	按稳定性复杂隧址勘察	重点处置与综合整治结合
局部病害		洞身稳定性受岩性、结构面影响,发生局部变形	按稳定性复杂隧址勘察	分段整治
有限病害		洞身围岩以风化剥落现象为主	按稳定因素简单隧址勘察	挂网喷锚等方法整治

②根据已建隧道洞身强透水岩层的岩性特征、岩溶化程度和隧道所处的地下水水环境,隧道地下水水患及危害性可划分为灾害性水患、严重水患、局部水患、一般性水患4级,见表6.4。

表6.4 已建公路隧道地下水水患及危害性分级表

水患危害性分级	图 示	危害性分级的水文地质依据及处置方法
灾害性水患		隧址有强渗透可溶岩或导水断裂构造分布,并位于地下水水平循环带内,隧道成为地下水排泄和疏干的便捷通道,从而形成水患和引起区域性地下水水位下降等地质环境、水环境问题
严重水患		隧址有强渗透可溶岩或导水断裂构造分布,因位于地下水季节变动带,常发生地下水季节性渗入隧道成灾,隧道疏干地下水往往造成隧址地区地质环境、水环境改变
局部水患		隧址位于强渗透可溶岩或导水断裂构造的饱气带内,雨季和强降水过程会引发季节性或突发的渗水水患,严重威胁隧道运营安全
一般性水患		隧道分布非可溶岩渗透含水层常年渗水,水量有限,改善排水系统或条件后,致灾概率小

6.4.1 短隧道地质病害两阶段勘察

1)短隧道地质病害初步勘察

(1)勘察范围

短隧道地质病害初步勘察的范围:地质病害突出的已建早期短隧道。

(2)勘察精度及工作量

①地质病害隧址工程地质测绘及隧址工程地质纵断面测量精度为1:500~1:1 000。

②隧道进口、出口工程地质横断面测量精度为1:500,横断面2~3条;病害段洞身工程地质横断面1~3条,断面测量精度为1:500。

③横断面上的地质观测点、槽探、坑探点数量不少于3个。观测点、坑槽探位置应用仪器定位。

④隧道内工程地质横断面测量间距为 40～60 m;地下水露头、塌方、掉块位置实测洞顶两壁的洞内断面,断面测量精度为 1:50～1:100。

（3）技术要求及评价内容

①收集已建公路隧道的设计指标、竣工图、竣工记录、防排水设计及洞身衬砌防护设计资料,隧道围岩变形失稳或地下水水患记录及前人评价结论等。

②开展已建隧道隧址工程地质测绘和纵横断面测量,定点复核隧址区的地层层位、岩性、产状、断裂构造及裂隙发育程度、岩石抗风化特征等地质结构。

③定点复核隧址区软弱夹层、强岩溶化岩体、断裂构造等的分布里程,塌方、掉块、塌顶等位置及影响;系统复核围岩稳定性分级及稳定性评价结论。

④定点复核隧道洞内涌水现象的里程、涌水量、动态特征及对正常运营的危害程度。

⑤根据隧址区山体的地质结构、隧道工程傍河或越岭等地质环境和水环境,进行地质病害分类、危害程度分级,并提出地质病害处置的建议。

⑥结合地质病害类型及危害性,汇编已建公路隧道围岩稳定性初步勘察报告或已建公路隧道地下水病害初步勘察报告。

（4）主要成果

①已建公路隧道地质病害初步勘察报告。

②1:500 已建公路隧道工程地质平面图。

③1:500 已建公路隧道工程地质纵横断面图。

④1:200～1:500 已建公路隧道进出口及洞身工程地质横断面图。

⑤1:100 洞内两壁一顶工程地质横断面图。

⑥轻型勘探工程展示图,岩、土、水试验报告。

⑦已建公路隧道遂址及洞内病害现象相片册。

2）短隧道围岩加固详细勘察

（1）勘察范围

短隧道围岩加固详细勘察的范围:需要加固处置的早期短隧道进出口或洞身段。

（2）勘察精度及工作量

①隧址区工程地质测绘及工程地质纵横断面测量精度为 1:500。

②隧道洞内工程地质横断面测量精度为 1:50～1:100。横断面间距:衬砌良好或围岩稳定段为 20 m,衬砌标准低或局部有掉块现象的较复杂隧道段为 5～20 m,曾发生大型塌方或稳定性差的复杂隧道段不超过 5 m。

③沿两壁布设高密度电法、探地雷达或浅层地震,进行洞壁和衬砌探测,纵断面测量精度为 1:500,横断面测量精度为 1:50～1:100。

④定点观测地下水溢出现象,采样并评价腐蚀性。

⑤在有潜在问题（已衬砌）洞身段布设钻探、坑探等,揭露深度进入围岩体3～5 m。

⑥病害严重段岩体及衬砌采样试验成果为 2～3 组。

（3）技术要求及评价内容

①收集并复核隧道设计标准、围岩稳定性、衬砌方式、排水系统完备状况、隧道运行情况及初步勘察成果。

②开展 1∶500 隧址工程地质测绘和隧道工程地质纵横断面测量,定点复核隧道各里程段围岩的地层层位、岩性、产状、可溶岩溶化程度、岩石风化类型、山体卸荷带和卸荷裂缝分布等山体地质结构及工程地质背景。

③洞内 1∶50～1∶100 工程地质横断面测量,提取以下地质信息：

a. 洞壁出露岩体的地层层位、岩性及产状,洞顶及两壁出露的结构面性质、规模,以及地下水渗出现象；

b. 傍河隧道卸荷带发育特点、隧道走向与卸荷裂隙的空间关系及对隧道进出口和洞身稳定性的影响；

c. 围岩分段的稳定性评价结论,围岩稳定性的实际情况及需完善的建议；

d. 准确测量洞顶、洞身变形段的里程,发生塌方、掉块的位置及控制因素等；

e. 绘制隧道洞内两壁一顶围岩稳定性展示图。

④根据隧道傍河的特殊地质地形条件,评价山体卸荷带对隧道进出口和洞身稳定性的影响,提出隧道改线的措施建议。

⑤结合结构面影响程度,分段评价洞身围岩稳定性,根据病害的严重程度和危险性,分段提出处置措施建议。

⑥根据地下水渗出现象,评价地下水渗出对围岩稳定性的影响,并提出防水措施建议。

⑦开展物探成果解释,评价洞身衬砌内侧岩溶洞穴、强风化岩体、充水现象及衬砌脱空现象的影响,并提出加固处置建议。

⑧结合山体地质结构对隧道进出口和洞身稳定性的影响,提出保障隧道安全、运营安全和维护地质环境安全的措施建议。

（4）主要成果

①隧道加固处置勘察报告。

②1∶500 隧址工程地质图。

③1∶500 隧址工程地质纵断面图。

④1∶500 隧道进出口及洞身工程地质横断面图。

⑤1∶100 隧道围岩两壁一顶工程地质展示图。

⑥钻探工程地质柱状图,岩、土、水试验报告,各种统计表、汇总表、相片册等。

⑦勘探报告及附图、附件等。

3）短隧道地下水病害处置详细勘察

（1）勘察范围

短隧道地下水病害处置详细勘察的范围：早期病害隧道地下水及地下水赋存、运移区。

（2）勘察精度及工作量

①隧址区工程地质测绘和工程地质纵断面测量精度为 1∶500。

②隧址进出口及洞身段工程地质横断面测量精度为 1∶500。

③洞内两壁一顶工程地质水文地质横断面测量精度为 1∶50。洞内横断面间距：无地下水溢出的非病害段为 20 m，有地下水渗出的较复杂段为 5～20 m，岩溶水等集中溢出段不超过 5 m。

④隧址岩溶水等专门水文地质调查精度为 1∶10 000，调查范围为 4～10 km²。

⑤洞内、洞外、洞口进行地下水涌水量及地下水水头压力动态观测和测量。

⑥定点测量隧道排水系统的位置及规模。

⑦布设钻探等，揭露围岩的透水条件和测量地下水水头压力。

⑧布设高密度电法、探地雷达等探测围岩或支护的完整性和次生病害。

⑨采集洞内、洞外地下水样品并化验。

（3）技术要求及评价内容

①开展 1∶500 隧址工程地质测绘和纵横断面测量，定点复核隧址围岩的地层层位、岩性、产状、断裂构造发育程度等地质结构。

②进行 1∶10 000 遂址区水文地质专项调查，查明隧址区强透水岩层的层位、岩性、厚度，地表出露范围，裂隙发育程度，岩溶现象以及地下水入渗的特点和方式。

③分析并判断隧址区地下水的赋存、运移环境及地下水类型，结合洞内地下水集中排泄带围岩的透水特征，分析地下水溢出的区域水文地质背景。

④汇总并分析雨季、强降水过程洞内溢出带涌水量变化资料，分析隧道地下水病害与地下水水循环带的联系，判断地下水病害的发展趋势及影响。

⑤钻探测量洞内溢出带的水头压力，实测地下水涌水量，估算隧址地下水天然补给量和病害水量。

⑥结合隧道防排水系统的规模、完备程度，提出完善措施建议。

⑦结合地下水水患产生的水文地质条件，提出处置隧道水患、维护水环境安全的措施建议。

（4）主要成果

①隧道地下水病害处置勘察报告。

②1∶500 隧址水文地质工程地质图。

③1∶500 隧址工程地质纵断面图。

④1∶50～1∶100 隧道洞身工程地质横断面图。

⑤1∶100 两壁一顶隧道洞身水文地质展示图。

⑥隧址区水文地质调查报告。

⑦1∶10 000 隧址区水文地质图。

⑧1∶500～1∶1 000 隧址水文地质纵断面图。

⑨隧址及洞内地下水动态观测简报。

⑩隧址及洞内物探报告与附图、附件。

⑪钻孔地质柱状图，水文地质抽水试验综合成果表，岩、土、水试验报告。

⑫岩溶水水文地质调查成果表。

⑬各种统计表、汇总表。

6.4.2　已建严重水患隧道水文地质专项勘察

已建严重水患隧道水文地质专项勘察以"环境优先、以堵为主、有压设计、全断面封闭"为设计理念,勘察专业性强、涉及面广。

（1）勘察范围

已建严重水患隧道水文地质专项勘察的范围:隧道疏干地下水引起地质环境严重恶化的隧址区。

（2）勘察精度及工作量

①实测地层剖面,包括隧址涉及的现有地层层位。

②1∶10 000～1∶25 000 岩溶水水文地质综合调查,调查范围包括与隧道地下水病害有关的一个完整水文地质单元。

③1∶500 地面变形区地质环境综合测绘,范围包括地面变形区和地面变形现象扩展区。

④1∶500 大比例尺洞内纵横断面测量,范围含隧道进出口沿轴线两侧 1 000 m。隧道洞内病害段水文地质断面测量精度为 1∶200。

a. 定点观测隧道渗水点的出露条件、渗水量、渗水压力、水温等物理特征并采样化验,开展渗水量、水头压力、物理性质和水质动态观测。

b. 采用高密度电法等多种物探手段探测衬砌外洞壁及洞底的地层岩性、地质构造、空隙现象、岩溶洞穴、大型裂隙、富水地段等地质和水文地质现象。

c. 结合物探成果布设横断面钻探及试验,横断面间距:渗水区横断面间距不超过 10 m,一般病害段为 10～20 m,大、小里程的病害延伸段为 20～40 m;揭露、验证物探成果,控制渗透层位置。

d. 每条横断面上钻孔 2～3 个,布设于隧道底板及两壁,孔深 30～50 m,孔径 110 mm。

e. 渗水钻孔一律进行放水水文地质试验,测量不同水头压力的钻孔渗水量。试验结束后保留试验装置作动态观测,观测周期为 1～5 日,保留至处置施工结束后 1～2 个水文年。

⑤地质、水文地质和工程地质测绘、调查,以及断面测量的填图、成图单元严格以岩性段为最基本单位。测绘和调查中观测到的含易溶成分夹层、强渗透岩层、导水或阻水断裂构造、相对隔水层等一律用仪器定位。以上与强渗透现象有联系的地质要素在图面上宽度不足 2 mm 时,应放大表示。各类水文地质现象一律用规范的图饰、图例和着色。

⑥在复核隧道轴线勘探断面的基础上,视强渗透岩层、导水断裂的出露、分布状况,沿地下水运动方向布设勘探、试验横断面。

a. 有宽、厚相对隔水层阻隔的渗透岩组,导水断裂需分别布设 2～3 条横断面进行勘探试验,观测、控制强渗透层等水文地质特征。

b. 每条横断面上的钻孔间距为 100～200 m,以隧道轴线为基准远疏近密地延伸至地表变形区。

c.除隧道轴线布设勘探试验钻孔外,轴线两侧上、下游均需布设勘探试验钻孔,每条横断面上勘探试验钻孔不少于 5 个。

d.钻孔设计孔深达隧道底板以下 20 m,钻孔终孔径不小于 130 mm,孔深超过 300 m 时需进行钻孔工艺设计。

e.勘探试验钻孔均布置分层水文地质抽水试验和有观测孔的群孔抽水试验。水文地质抽水试验采用 3 个落程,每个落程水头差不少于 10 m,每个落程稳定时间不少于 8 h。

f.水文地质试验全过程进行地下水水温、色度、气味、口味等物理观测和记录。试验初至结束分阶段采集水样化验。试验结束进行物探测井。

g.水文地质试验钻孔除保留作地下水动态观测的钻孔外,一律严格封孔,封孔记录须完整和署名。

⑦布设隧址水患勘察、处置及治理后的地下水动态监测网。

a.根据勘探试验钻孔对强渗透岩层、导水断裂构造的揭露情况和水文地质抽水成果,安装钻孔智能监测仪(初期需要多布置,后期再视效果调整)。

b.对隧道洞内有直接联系的强渗透岩层和导水断裂构造,沿地下水运动方向应有两个以上动态监测孔进行监测。

c.隧道洞内的勘探试验钻孔在进行放水水文地质试验后,一律保留作地下水动态监测。

d.地下水补给区、地表变形区的水文地质试验钻孔需要保留作动态监测点,除有监控强渗透岩层地下水动态的功能外,还兼有强降水过程的预警功能。

e.地下水补给区应设大气降水量观测站点,与隧址地表、洞内监测系统联网。

f.地表、洞内监测时间每 1~5 日进行监测和统计,雨季和强降水过程及封堵工程实施阶段需加密或 24 h 不间断监测和监控。

g.除部分长期保留的观测孔外,其余需保留至治理工程结束后 1 个水文年。

h.健全监测月报、季报、年报制度。

(3)技术要求及评价内容

①系统、全面地收集并熟悉已建水患隧道施工图设计阶段的工程地质详细勘察报告评价内容和结论,掌握专门水文地质调查成果及信息,了解、掌握隧道施工竣工图、施工记录、施工第三方监控成果、记录等内容。

②进行隧址区地层剖面测量和实测隧道工程地质纵断面,复核隧址及洞内各段地层层位、地层岩性、结构、构造、成分及厚度的出露情况,复核强渗透岩层和相对隔水层的岩性特征、厚度及变化,复核断裂构造对水文地质条件的影响。

③开展一个完整水文地质单元 1:10 000 精度的专门水文地质调查,定点观测、复核水文地质环境的改变。

a.隧址区的地质构造背景,褶皱构造特征和完整性,断裂构造展布情况、产状、规模、延伸范围等。

b.强渗透岩层的数量、出露范围、地层层位、岩性、厚度、可溶性、完整性、渗透性、渗透介质、赋存的地下水类型及富水性等，定点测量、复核降水渗入系数、地下水径流模数；

c.相对隔水层的地层层位、分布范围、完整性、厚度变化、与强渗透岩层的接触关系、阻隔水情况、对地下水赋存和运移的影响等；

d.断裂构造与强渗透富水岩层、相对隔水层的切割关系，导水断裂构造的规模、产状、导水介质、渗透性以及地下水在断裂带内的运移方向和对隧道施工阶段渗水的影响；

e.可溶岩岩溶化程度，强岩溶化岩层的地层层位、岩性、渗透介质、渗透性，强渗透岩层底板——可溶岩溶蚀基准面的发育深度及特征，岩溶水运动方向、富水性与隧道施工阶段渗水的联系；

f.隧道疏干地下水后，地下水露头数量、分布、渗水量变化，区域地下水水位下降情况、疏干漏斗扩展速度及范围以及地下水运动方向改变等；

g.复核地下水天然补给量的补给区范围、入渗系数及年降雨量，计算隧道建成后的天然补给量，评价与洞内渗水量的联系；

h.利用各强渗透层的渗透系数、水头差等水文地质参数，计算并复核隧址区地下水的疏干量，评价隧道病害段主要强渗透岩层、导水断裂构造对隧道渗水病害的影响；

i.根据隧道病害段强渗透岩层、导水断裂构造等地下水水位动态测量，了解隧道外水压力值的变化，与强渗透岩层、导水断裂构造等渗透背景的联系。

④开展1∶500隧址地表变形区水文地质工程地质测绘动态观测和研究：

a.隧道工程排水疏干地下水产生的疏干漏斗的发育特征，其扩展范围、方向、速度对地表变形现象的影响；

b.准确判断地下水水位下降幅度较大地段，系统掌握地面变形现象的形态类型、分布范围、形态规模、几何特征及发展、扩容速度、顺序及差异等与地下水水位变幅较大地段强渗透岩层、导水断裂构造的空间关系，并作图准确反映现象特点；

c.准确掌握地表水体、地下水露头干涸或枯竭的范围，枯竭现象的顺序、趋势等差异与疏干漏斗的联系，绘制专门图件反映上述变化与强渗透岩层、导水断裂构造等地下水疏干区的空间关系；

d.归纳并评价强渗透岩层、导水断裂构造对疏干漏斗扩容的影响，对地表变形现象扩展规律、几何特征等的控制作用；

e.准确结合隧道病害段强渗透岩层和导水断裂构造在疏干地下水中的作用和影响，为处置工程提供水文地质依据和建议。

⑤布设1∶2 000隧址水文地质工程地质纵断面测量及水文地质勘探，定点复核并完善以下内容：

a.各地层层位的岩性、水文地质工程地质特征、厚度变化，以及沿隧道出露、分布里程及顺序。

b.断裂构造穿越隧道的里程，隧道内断裂构造的产状、规模，掌握断裂对地层缺少或重复的影响，隧道山体地质结构的改变情况。

c.断裂带的宽度、岩性、岩体风化程度及特征、溶蚀现象以及渗透性、阻水性等水文地质性质。

d.隧址区可溶岩的地层层位、岩性、可溶性及岩溶化特点,强岩溶化岩层的出露里程,溶洞层及大型洞穴分布等,对隧址水文地质条件的影响。

e.可溶岩溶蚀基准面以下弱岩溶化岩体的裂隙发育情况、导水性等水文地质特征与隧道洞内渗水现象的联系。

f.隧址及洞身段相对隔水层的地层层位、岩性、厚度、分布里程、完整性和受断裂构造的影响等。

g.结合施工竣工图复核围岩分级成果及稳定性评价。

h.统计试验钻孔的抽水试验成果,提取、复核地下水疏干量计算的水文地质参数,复核隧道施工排水的隧道疏干量,分段评价各强渗透岩层、导水断裂构造对隧道渗水的影响。

i.提取、复核地下水天然补给量计算参数,计算隧道建成后的地下水天然补给量,评价天然补给量与隧道长期排水后渗水量的联系,复核强渗透岩层、导水断裂构造的影响。

j.定点复核隧道建成后洞内渗水点的位置里程、动态特征及水量变化,渗透介质及出水口的水文地质特征,渗水量、地下水水质及物理性质随季节和强降水过程的改变,以及渗水点与强渗透岩层、相对隔水层、导水断裂构造的空间联系。

k.全面、系统地归纳和汇总隧址区水文地质、工程地质的环境现状;准确划定需安全封闭堵水的地下水渗水范围;为保障堵水效果而进行止水工程的大、小里程段的长度与范围;圈定堵水工程重点控制、封闭的强渗透岩层和导水断裂构造。

l.初步拟定封闭工程实施阶段和治理工程结束后的地下水动态观测方案。

⑥进行 1:200~1:500 隧道洞内病害段水文地质工程地质断面勘探,收集和细化封堵段的地质、水文地质依据及参数。

a.较系统地掌握封堵段的数量及封堵重点,各封堵段的起止里程、地质构造、强渗透岩层和导水断裂构造水文地质特征;

b.确定各封堵段大、小里程方向,加强止水段的范围,保障封堵段工程效果的范围和起止里程;

c.具体提供各封堵段强渗透岩层、导水断裂构造的数量、分布位置、产状、规模、岩性、厚度等;

d.根据地表、洞内掌握的地下水水位、水头压力等参数,分别拟定各封堵段强渗透岩层、导水断裂构造分布地段的地下水外水压力;

e.结合勘探、试验成果,提出封堵地下水工程的水文地质、工程地质建议。

⑦归纳水文地质专项勘察成果:

a.归纳隧道疏干地下水后区域地质环境、水环境的变化;

b.归纳布置地下水封堵工程需要处置的强渗透岩层、导水断裂构造的位置、里程、埋藏条件等;

c.归纳主要封堵段的水文地质条件、强渗透岩层和导水断裂一带的外水压力值等水文地质参数和要素；

d.归纳进行封堵工程的水文地质、工程地质建议。

⑧评述已建严重水患隧道水文地质勘察思路,布置的各分项勘察内容的必要性和合理性,勘察方法和手段的适宜性,基础资料的真实性、系统性、完整性和准确性;评价内容和结论的可靠性、科学性,以及建议的可操作性等。

⑨编制专项勘察报告,对勘察、评价成果进行总结,为设计提供必备的地质、水文地质依据和参数。

⑩布置地表、深部和隧道洞内、洞外的地下水动态观测网及地表变形现象观测网,收集封堵前后的动态变化。

(4)主要成果

①已建严重水患隧道水文地质专项勘察报告。

②1:2 000 水患隧道工程地质图及工程地质纵断面图。

③1:2 000 水患隧道水文地质图及水文地质纵断面图。

④1:2 000 水患隧道水文地质横断面图(若干条)。

⑤1:500 水患隧道病害段水文地质及工程地质纵断面图(含多段若干条)。

⑥1:200 水患隧道病害段水文地质及工程地质横断面图(含多段多批)。

⑦钻探工程地质柱状图,岩、土、水试验报告,钻孔水文地质抽水试验和放水试验综合成果表,地下水水文等动态观测记录及动态曲线图。

⑧各类调查表、统计表及汇总表。

⑨1:10 000～1:25 000 区域水文地质调查报告及附图、附表。

⑩1:5 000 地表变形区水文地质工程地质综合测绘报告及附图、附表。

⑪物探工作报告及附图、附表。

⑫地下水动态观测报告及附图、附表。

附录1　公路工程地质测绘野外地质现象观测、描述内容

　　公路工程地质测绘野外地质现象观测、描述是野外地质工程最基本的操作方法。它是地质勘察人员认识地质地貌环境,掌握地质地貌现象共性、个性、差异、问题和规律的主要途径。它不是简单的野外纪实,而是地质勘察人员的创造性劳动过程,因此工程地质测绘野外观测现象、描述工作的能力和态度是地质勘察人员素质的体现。

　　工程地质测绘野外地质现象观测、记录和描述内容应随勘察阶段的服务目的进行调整,为方便野外一线人员掌握工程地质两阶段勘察记录方法和内容,本文将野外记录内容分两部分介绍,即"地质地貌背景野外地质现象观测、描述内容"和"构筑物适宜性评价观测、描述内容",前者主要供初步勘察阶段野外记录参考,希望能起到"抛砖引玉"的作用;后者则希望能为详细勘察阶段定量评价工程地质条件收集更多的评价依据,保障勘察评价结论更客观、合理、具体、准确和有针对性。

　　1)微地形地貌定点观测、描述内容

　　①山脊、山嘴、垭口、斜坡坡顶、坡脚、坡麓、溶蚀槽谷、洼地、残丘、丘间谷地、陡崖、陡壁、陡坎、岩堆冲沟沟床、冲沟谷坡跌水、瀑布、河谷、岸坡、阶地、漫滩等微地形地貌形态的具体特征、规模、尺寸、分布状况、延伸方向、高程、相对高差等。

　　②冲沟、河流发育方向,两岸岸坡的形态特征、阶地类型、规模、叠置关系,冲沟、纵坡坡降,堆积层成因类型、结构、构造及常年或季节性有水等特征。

　　③冲沟、河谷古今变迁、近现代最高洪水位置及高程、淹没水痕、冲刷岸特征、冲刷深度、淤积层厚度、固体径流遗迹及洪冲积扇的形态、叠置情况等。

　　④湖泊、水网、水塘、水田、鱼塘等天然或人工水体发育分布特征;水体的水深、水位高程;水库的常年洪水位、最高洪水位、水库运行年份、运行调节频率等。

　　⑤近现代地震遗迹的微地形地貌现象、堆积层规模及稳定性。

　　⑥挂牌警示的地质灾害监控区的地质环境稳定性、近现代活动情况及与公路工程的空间关系。

　　⑦国家级、省(市)级文物古迹、寺院、自然保护区的保护等级、保护范

围及对公路工程的影响。

⑧高压输变电网的功率、天然气管网规模、高铁等重要工程位置，规定的安全距离及避让条件。

2）地层岩性及地质构造定点观测、描述内容

①路线一带各地层层位、不同时代、不同成因类型、不同岩性、岩层、岩土体的界线分界位置、出露特征等。

②各类岩体的地层层位、岩性、结构、构造、成分、强度、产状、抗风化性、可溶性等工程地质性质及特征。

③第四系堆积层的地质时代、成因类型、分布特征、颜色、粒度、级配、密实度、含水量、黏塑性、厚度、叠置关系等。

④软土、黄土、红黏土、膨胀土等特殊土的分布、与母岩的成生联系及含水量、黏塑性、膨胀性、厚度、稳定性等。

⑤岩石风化类型即岩石层状风化、夹层风化和囊状风化类型（沿高角度断裂构造的风化现象）以及风化岩石地表、深部的特点和现象。

⑥可溶岩的地层层位、岩性、易溶成分夹层分布及特点；岩溶现象的形态特征、岩溶发育、分异现象及岩溶化程度差异等。

⑦褶皱构造形态特征、轴线位置、走向、两翼岩层的地层层位和产状，以及褶皱构造的完整性。

⑧断裂构造的产状、规模、构造岩岩性、断裂带结构特征、矿物变异现象、风化和溶蚀特征。

⑨断裂带两盘岩体的地层层位、岩性、时代、产状，碎裂岩岩性、厚度、岩石风化类型、可溶岩溶蚀特征、井泉出露特点。

⑩软岩的层间错动带、泥化夹层及软弱带的结构、构造、成分、产状、规模，岩石风化类型及风化深度。

⑪观测点节理裂隙发育程度、规模、密度、产状、张开、充填情况等。

3）岩石风化现象观测、描述内容

①风化岩石的岩类特征、岩性、结构、构造、成分、产状、出露分布范围。

②风化岩体的岩性、结构、构造、颜色、矿物成分的变化特点和程度、地表或断面上的差异。

③风化岩石上覆残积层土体的颜色、岩性、密度、级配、矿物成分、亲水性、含水量、密实度、黏塑性等特征。

④结合岩石风化差异、微地形地貌现象，描述岩石风化类型（见图4.2）。

4）地下水出露现象定点观测、描述内容

①井、泉、温泉出露点的地形地貌部位、微地形地貌、高程、涌水量。

②地下水的颜色、透明度、嗅味、味道、水温等物理性状及动态。

③地下水露头出露分布位置、高程等与地层岩性、断裂带、当地侵蚀基面、溶蚀基面的空间关系。

④岩溶大泉、地下暗河出口位置及高程与可溶岩溶蚀基面、当地侵蚀基面、可溶岩岩性、相对隔水层出露情况及褶皱构造完整性、断裂构造发育等的联系。

⑤地表溶蚀槽谷、洼地、落水洞、竖井的形态特征、分布规律、高程等与岩溶大泉、地下暗河、暗河出口位置、高程、走向(发育方向)及岩溶水运移方向的空间关系。

⑥地下暗河、水平溶洞、溶蚀槽谷、溶蚀坡立谷、峰丛等发育高程、岩溶发育的区域特点、与岩溶地貌发育历史的内在联系。

⑦开挖地下工程、采矿等引起区域性岩溶水疏干、地下水水位下降、地表产生水体渗漏、井泉枯竭、建筑物破坏等水环境恶化现象及规律。

5)斜坡坡体地质结构观测、描述内容

①斜坡位置、坡向、坡高、坡角及稳定状态。

②土质斜坡(从斜坡坡顶至坡脚均由土体组成)的土体成因类型、结构、构造、成分、含水量、可溶盐成分、地下水出露情况以及地震、人类工程活动对土质斜坡稳定性的改造情况。

③岩质斜坡(从斜坡坡顶至坡脚均由岩体组成)岩体的地层层位、岩性、结构、构造、产状、风化程度、溶蚀现象、完整性、均一性、地下水出露现象以及控制性结构面与斜坡坡面的组合关系。

④岩质斜坡结构面的主要类型、控制性结构面产状、规模、粗糙程度、结合情况、张开充填特征、延伸情况及结构面的切割关系。

⑤岩质斜坡强风化带与中风化带的界面特征、界面产状、界面一带地下水溢出现象、全强风化岩石的工程地质性质及稳定性。

⑥复合型斜坡岩体和上覆土体的岩性、工程地质特征;斜坡坡面与岩土界面的空间关系、地下水状况,岩土界面对边坡稳定性的影响。

⑦地下水沿岩土界面、强弱分化界面的溢出现象与地表水网、降水过程、岩土体渗透性等的水文地质联系。

6)欠稳定斜坡与地质灾害定点观测、描述内容

(1)高陡斜坡及危岩

①高陡斜坡及陡壁的位置、崩塌现象分布特征、岩性、体积、下坠轨迹、分布高程等。

②高陡斜坡及陡壁岩体的时代、岩性及卸荷带分布范围,卸荷裂隙的延伸方向、规模、密度、切割关系、张开特点、充填情况及向下延伸的深度。

③卸荷带张口尺寸、分离岩体的规模;危岩的动力地质类型、发展阶段、危险性及危害性。

④危岩崩塌下坠时岩块的运动轨迹,影响区微地形地貌环境稳定性,发生次生灾害的危险性和可能性。

⑤危岩崩塌时对公路路线方案、构筑物安全的影响程度和威胁情况。

(2)滑坡

①滑坡发育分布的位置、微地形地貌特征,斜坡坡体地质结构(即岩土体的岩性、

成因类型、地层时代、岩土体叠置关系、岩层产状、结构面特征等），滑移体的岩性、结构、构造及水文地质现象。

②滑坡坡面的引张裂隙、纵向张裂、隆起、房舍破坏现象、剪切裂缝等发生的位置、规模、方向；剪出口特征、位置；后缘的变形迹象及位置等。

③采用探井、坑探直接观测、描述滑坡深部变形现象，滑床、滑面及滑带土特征。

④滑坡发生、发展过程及活动历史。

⑤滑坡滑移方向、滑移变形频率、滑移变形速度及变形量。

⑥滑坡的动力地质特点、控制性因素及发展阶段。

⑦滑坡对公路路线方案、构筑物安全的影响程度和威胁情况。

（3）泥石流

①泥石流沟的位置，泥石流发生的物源区、流通区、堆积区与路线及构筑物的空间关系。

②物源区的流域范围、面积、冲沟、支流的分布特征、纵坡坡脚；谷坡堆积层的成因类型、结构、成分、厚度、密实度、稳定性；岩石风化类型、风化程度、结构、构造及厚度等。

③流通区冲沟两侧谷坡的形态特征、坡角、坡高、坡体地质结构，山洪、固体径流冲刷遗迹，近现代固体径流冲击的位置、范围和强度等。

④泥石流沟的沟口或下游河流的堆积区特点、堆积层的叠置关系、固体径流对下游河流走向的顶托现象，壅塞河谷的历史，堆积区或相邻地段固体径流成灾的危险性。

⑤强降雨、山洪发生的主要月份，最高洪水位、水量、流速及相关遗迹。

⑥泥石流沟发生固体径流壅塞沟口下游河道的可能性、灾害危险程度以及对公路路线方案、构筑物安全的影响。

7）结合构筑物适宜性评价观测、描述内容

（1）路基工程定点观测、描述内容

①路基工程布设的里程桩号，段落长度，路基工程挖、填方式及类型；路基工程涉及斜坡坡高、坡顶至坡脚高程差、斜坡坡角、坡面微地形地貌特点；路基工程走向与斜坡走向、坡向等的空间组合关系及斜坡稳定现状。

②绘制横断面图，描述路段斜坡和人工边坡的坡体地质结构、变形破坏模式、稳定性及控制性结构面的特点。

③绘制横断面图，描述填筑路段上覆土的特征、隐伏岩溶现象、地下水溢出现象，及湖相淤积层的分布范围、厚度、物质成分、成因等地质环境。

④描述路基工程拟建场地上覆软土、膨胀土、湿陷土、盐渍土、污染土等的分布范围、厚度、潜在危险，以及对地基地质条件、土质边坡稳定性的影响。

⑤描述滑坡、崩塌、泥石流与路基工程的空间关系以及对路基工程的影响。

⑥绘制路基工程纵、横断面图，描述采空区、地表变形和沉降现象的位置、范围、规模及对路基工程稳定性的影响。

⑦绘制水库塌岸区岸坡纵断面图，介绍路线与塌岸边界的空间关系，岸坡坡体地质结构、岸坡变形现象、塌岸发展趋势等对路基工程安全的影响。

⑧绘制路基工程纵横断面图,描述既有弃土场、矿渣堆填区的位置、范围、物质种类、矿物及化学成分、堆填体积、堆填时间、沉降及失稳现象等对路基工程等的影响。

⑨绘制欠稳定斜坡和陡坡路段横断面图,描述路堤填筑存在的主要工程地质问题。

⑩绘制开挖深度大于 30 m 的路堑工程纵横断面图,描述深路堑工程地质条件及问题。

(2)施工边坡变形现象定点观测、描述内容

①施工边坡变形段的起止里程、边坡长度、高度;施工开挖进度、长度、高度及现状;边坡变形的时间、过程及诱发因素等。

②绘制路基工程横断面图,描述发生变形现象的斜坡、边坡坡体地质结构,边坡变形的动力地质机制。

③绘制变形区地质断面图,描述斜坡、边坡坡体地质结构,变形范围,后缘张裂带特征、开口长度、宽度,裂缝两侧高差;变形区各种张裂缝、挤压现象,周边剪裂面发育分布特征;变形破坏面的贯通程度、前沿掉块及剪出现象、地下水溢出等要素。

④判断施工边坡变形发展阶段。

(3)桥涵拟建场地定点观测、描述内容

①桥、涵的名称、编号、位置(起止点里程桩号)、工程类型、规模以及桥长、桥高、最大跨度、主塔墩高、拱座、锚碇的规模等。

②桥梁跨越冲沟、河流等山川形势、微地形地貌现象;近现代河流冲刷特点,河谷堆积层成因类型、分布范围、规模、土体岩性、结构、构造、厚度、形成时代等。

③描述桥线与岸坡的空间组合关系、岸坡坡型、起伏现象、岸坡坡角变化及高程等微地形地貌环境。

④描述桥位墩台布设地段持力层出露分布情况、岩性特征、岸坡岩体裂隙发育程度、岩石风化类型、岩石强风化深度、可溶岩岩性及溶岩发育等地基地质条件。

⑤描述穿越桥位等拟建场地的断裂构造、碎裂岩规模、范围等影响程度。

⑥活动性断裂构造特征、历史地震记录及地震遗迹。

⑦绘制横断面图,分段描述高架桥布设地段的微地形地貌、斜坡坡体地质结构、岩体完整性及均一性等工程地质条件。

⑧绘制断面图,描述墩台布设地段的斜坡形态、坡高、坡角、坡体地质结构、卸荷带和软夹层等工程地质条件及问题。

⑨绘制断面图,描述桥位一带强岩溶化岩体、采空区及滑坡等现象对桥位、桥台、高墩、桥塔适宜性的影响。

⑩涵的汇水区面积、冲沟的形态特征、坡降及产生固体径流物质的条件等。

⑪涵址的微地形地貌特征、斜坡坡体地质结构、岩土体工程地质性质、施工排水条件等。

(4)隧址定点观测、描述内容

①隧道工程的隧址名称、位置(起止桩号)、工程类型、规模及进、出口设计高程。

②定点记录地层岩性、分界位置、岩层产状,褶皱及断裂构造出露里程、构造岩及碎裂岩规模、产状、出露宽度、岩石风化特征、可溶岩岩溶化程度等地质结构。

③描述隧址的水文地质特征及渗透性。

④描述隧道进出口的微地形地貌特征,斜坡坡面坡角、坡向、坡高及高程,隧道轴线与斜坡坡面的空间组合关系。

⑤描述隧道进出口一带冲沟等水体的发育分布特征、空间关系,山洪固体径流对进出口安全的影响。

⑥描述控制型结构面发育分布情况、结构面粗糙度、张口情况、填充物及软夹层等对隧道进出口稳定性的影响。

⑦绘制断面图,描述隧道进出口上覆土体的成因类型、地层时代、结构、构造、成分、密度、级配、含水量、密实度以及地层的富水性、渗透性等。

⑧描述进出口岩体上覆土体的出露特征,岩土体界面的坡向、坡角,地下水活动溢出现象。

⑨描述傍河隧道上方卸荷带与隧道进出口的空间关系(水平距离、高程差等),判断对隧道进出口和洞身稳定性的危害。

⑩岩溶及岩溶水水文地质现象影响描述内容:

a.绘制断面图,描述岩溶化岩体的出露里程,岩体的地层层位、岩性、结构、构造、厚度、产状,断裂构造对褶皱构造完整性的影响,岩溶顺层或沿断裂带发育特点。

b.绘制越岭隧道进出口和洞身地质纵断面图,描述溶蚀洼地、落水洞等岩溶垂直形态发育特征、地下水渗入条件及范围、岩溶水运移方向等水循环条件。

c.绘制傍河隧道横断面图,描述岩溶大泉、地下暗河等地下水集中排泄现象与可溶岩溶蚀基面和当地侵蚀基面的联系。

d.描述强岩溶化隧道段所处的岩溶水水循环条件及发生地下水病害的方式、强度等。

e.绘制断面图,描述岩溶洞穴层或断裂构造分布里程、规模,判断隧道洞身发生岩溶坍塌灾害的地段。

⑪隧址环境地质问题描述内容:

a.绘制隧道断面图,描述隧道设计范围遇到矿层层位、数量、厚度、开采历史、规模、巷道及采空区分布位置与设计隧道的空间关系。

b.绘制实测的井巷断面图,描述巷道规模、走向、岩层,矿层位置,含水层与相对隔水层岩性、层位,地下水溢出点位置、水温等物理性质,井巷地温、井巷稳定性及变形位置、方向、规模、时间等。

c.描述井巷中断裂构造特点、规模、岩体完整性、地下水溢出现象、井巷变形地段与隧道位置的空间关系。

d.收集瓦斯等有毒有害气体浓度、地应力等测试资料。

e.收集或实测采空区、老窑断面图,描述采空区、老窑充水情况以及充气、导气条件等。

f. 根据实测的隧道位置、井巷位置、采空区位置绘制断面图,预判相互影响。

⑫弃渣场选址描述内容:

a. 绘制纵、横地质地貌纵、横断面,描述弃渣场备选地段的地质构造特征、岩层产状、出露的地层层位、岩性、第四系成因类型及分布、厚度等。

b. 描述备选地段上游汇水面积、常年沟水流量,历史山洪发生记录。

c. 描述备选地段冲沟发育特征、切割深度、谷坡坡体地质结构、第四系分布情况,布设拦渣坝、排水沟(渠)的条件。

d. 冲沟下游居民区、大型工程等分布情况,布设弃渣场对环境安全的影响。

附录 2 工程地质岩组划分方法

工程地质勘察采用影响岩土体工程地质性质及稳定性最普遍、联系最密切的岩土体本质属性、显著特征,将岩土体划分为岩体和土体两大类。

再进一步将研究的岩土体划分为工程地质岩组,如碎屑岩工程地质岩组、可溶岩工程地质岩组、黄土工程地质岩组、砂土工程地质岩组等。为满足工程地质的定量、半定量评价,再用影响岩土体工程地质性质及稳定性的岩体强度、风化强度、可溶岩岩溶化程度、土体的粒度、级配、成因类型等进一步划分工程地质亚组。如碎屑岩工程地质岩组用强度可划分为坚硬亚组、较坚硬亚组、较软亚组、软岩亚组、极软岩亚组;可溶岩工程地质岩组用岩体岩溶化程度划分为极强岩溶化亚组、强岩溶化亚组、岩溶化亚组、弱岩溶化亚组;黄土工程地质岩组按黄土的湿陷性划分为非自重湿陷亚组和自重湿陷亚组;砂土工程地质岩组按粒度划分为砂砾亚组、粗砂亚组、中砂亚组等。

工程地质勘察成果用工程地质岩组论述、评价构筑物建设场地的地质环境稳定性、适宜性、地基地质条件和施工地质条件,是勘察人员用工程地质学的观点、思维方式研究、评价工程建设中遇到的地质现象和问题。用工程地质岩组描述各类构筑物建设场地的工程地质条件适宜性、建设环境和条件,与"地质内容加构筑物轮廓"现象有"质"的不同。

1)岩土工程地质岩组划分

(1)岩土工程地质岩组划分的方法

①按岩石强度分级划分工程地质岩组和亚组。

在工程地质勘察选择持力层的过程中,岩体强度是最基本、最重要的工程地质要素,现行《工程岩体分级标准》中按岩石饱和单轴抗压强度 R_c 将工程地质岩组划分为坚硬岩组等 5 个亚组,见附表 2.1。

附表 2.1 碎屑岩等工程地质岩组按岩石强度划分工程地质亚组表

R_c/MPa	>60	30~60	15~30	5~15	<5
工程地质亚组	坚硬亚组	较坚硬亚组	较软亚组	软岩亚组	极软岩亚组

②风化岩石工程地质岩组按岩石风化程度划分工程地质亚组。

风化岩石工程地质岩组根据岩石的风化程度划分为结构、构造、成分、工程地质性质显著不同的全风化、强风化、中风化、微风化 4 个亚组,见附表 2.2。

附表 2.2　风化岩石工程地质岩组按岩石风化程度划分工程地质亚组表

工程地质亚组	风化程度及特征	风化岩石与新鲜岩石纵波速比
全风化亚组	岩石结构构造完全破坏,呈土状。除石英外,其余矿物成分均发生变异,呈黏土等次生矿物	<0.4
强风化亚组	岩体结构构造基本破坏,岩体呈碎块状特征。矿物色泽明显变化,长石、云母等矿物风化成次生矿物。花岗岩等强风化岩石上部位为沙砾状,下部以碎块状为主	0.4~0.6
中风化亚组	岩体结构构造、色泽等无显著变化,矿物变异仅沿裂隙发生,裂隙带可见风化矿物等充填,岩体仍维持原岩结构、构造及强度等	0.6~0.8
微风化及新鲜岩石亚组	岩体结构、构造、色泽、岩质新鲜无变化,仅局部裂面有铁、锰质浸染现象	0.8~1.0

注:①风化岩石类型直接反映风化岩组的工程地质特征和出露条件,掌握风化岩石风化类型对划分工程地质岩组具有重要的工程意义。

②风化岩石类型主要有自地表向深部岩石风化程度从全风化→强风化→中风化→微风化及新鲜岩石的层状风化类型;因岩石岩性不同,差异风化产生的夹层风化类型;沿高角度断裂构造产生的囊状风化类型等。

③可溶岩工程地质岩组按岩溶化程度划分工程地质亚组。

可溶岩工程地质岩组的岩溶化程度对构筑物安全和稳定性影响显著,岩组按岩溶化程度划分为极强岩溶化、强岩溶化、岩溶化、弱岩溶化 4 个亚组,见附表 2.3。

附表 2.3　可溶岩按岩溶化程度划分可溶岩岩组工程地质亚组表

工程地质亚组	区域或拟建场岩溶发育特征	岩溶现象线密度(含地面现象和岩芯长)/%	隐伏岩溶洼地等沿途界面坡角/(°)	岩体完整性系数(K_v)
极强岩溶化亚组	经过长期强烈溶蚀,岩体基本解体,地表普遍覆盖红黏土,红黏土下以石芽、溶蚀解体岩块等为主。以坡立谷等形态为代表,显岩溶发育晚年期特点。地表水系发育。项目拟建场地钻探程度大于60%	>10	>30	≤0.3

续表

工程地质亚组	区域或拟建场岩溶发育特征	岩溶现象线密度（含地面现象和岩芯长）/%	隐伏岩溶注地等沿途界面坡角/(°)	岩体完整性系数(K_v)
强岩溶化亚组	岩体经过长期强烈溶蚀，地表广布溶蚀槽谷、洼地、落水洞等形态，区内地下暗河等地下管道系统发育。地下水系不发育，具有岩溶壮年期特点。项目拟建区钻探见洞率为30%～60%	5～10	15～30	≤0.3
岩溶化亚组	岩体经过长期溶蚀，地表以溶蚀裂隙、石芽等为主，地下水渗透性强。一般情况地表水系不发育，具有岩溶壮年期特点。见洞率为10%～30%	1～5	10～15	0.31～0.69
弱岩溶化亚组	岩体具溶沟、溶槽现象，大型岩溶形态不发育，有地表水系等水体分布。见洞率小于10%	<1	<10	≥0.7

注：见洞率为钻探中钻孔内揭露到溶蚀孔洞等现象的钻孔数占总钻孔数的百分率。

④断裂带工程地质岩组按构造岩特征划分工程地质亚组。

断裂带岩体是可利用的岩土体资源。断裂带工程地质岩组可划分为构造岩和碎裂岩工程地质亚组，见附表2.4。

附表2.4　断裂带岩组工程地质亚组表

岩体特征	岩性	岩体基本质量指标（BQ）
构造岩亚组	断裂带内原岩结构构造基本破坏，压碎物质具定向排列现象，矿物成分普遍变异，部分岩体糜棱岩化，显土夹石特征，阻水、遇水软化，强度变低，工程地质特征均一性差	极不均匀，差异显著
碎裂岩亚组	断裂带两侧具有原岩的结构构造特征，矿物变异，强度受岩体完整性影响，显断裂构造牵引现象等，次生张裂隙具导水、富水等水文地质特征	251～450

（2）岩体工程地质岩组的几种量化指标

为科学、客观评价岩体工程地质性质及稳定性对构筑物拟建场地的影响程度，还需用岩体完整性指数 K_v 和岩体基本质量指标 BQ 进行量化。

①岩体完整性指数 K_v。

岩体完整性指数 $K_v = (V_{pm}/V_{pr})^2$

式中　V_{pm} 和 V_{pr}——岩体与岩块弹性纵波波速。

该指标在评价边坡稳定性、特殊桥桥塔、高墩等持力层以及隧道围岩稳定性中有广泛的工程意义和实用价值。

运用岩体完整性指数 K_v，可将岩体完整性划分为 5 级，见附表 2.5。

附表 2.5　按岩体完整性指数 K_v 分级的岩体完整性表

完整性指数 K_v	>0.75	0.55~0.75	0.35~0.55	0.15~0.35	≤0.15
完整程度	完整	较完整	较破碎	破碎	极破碎

②岩体体积节理数 J_v 的岩体完整性分级，见附表 2.6。

附表 2.6　按岩体体积节理数 J_v 的岩体完整性程度分级表

岩体完整程度	完整	较完整	完整性差	破碎
$J_v/($条·m$^{-3})$	<3	3~10	10~30	>30
K_v	1.0~0.75	0.75~0.45	0.45~0.2（软岩） 0.45~0.1（硬岩）	<0.2（软岩） <0.1（硬岩）

③岩体基本质量指标 BQ。

岩体基本质量指标 BQ 由岩体坚硬程度 R_c 和岩体完整程度组合确定，可通过以下公式计算获得：

$$BQ = 100 + 3R_c + 250K_v$$

该公式应按以下条件使用：

a. 当 $R_c > 90K_vR_c + 30$ 时，应以 $R_c = 90K_v + 30$ 和 K_v 代入计算 BQ 值；

b. 当 $K_v > 0.04R_c + 0.4$ 时，应以 $K_v = 0.04R_c + 0.4$ 和 R_c 代入计算 BQ 值。

岩体基本质量指标具有综合特点，它改变了岩体工程地质性质及稳定性单一指标评价的不足。岩体基本质量分级，应根据岩体基本质量的定性特征和岩体基本质量指标 BQ 两者相结合，并按附表 2.7 确定。

附表 2.7　岩体基本质量分级

岩体基本质量级别	岩体基本质量的定性特征	岩体基本质量指标（BQ）
Ⅰ	坚硬岩，岩体完整	>550
Ⅱ	坚硬岩，岩体较完整；较坚硬岩，岩体完整	451~550
Ⅲ	坚硬岩，岩体较破碎；较坚硬岩，岩体较完整；较软岩，岩体完整	351~450
Ⅳ	坚硬岩，岩体破碎；较坚硬岩，岩体较破碎~破碎；较软岩，岩体较完整~较破碎；软岩，岩体完整~较完整	251~350

续表

岩体基本质量级别	岩体基本质量的定性特征	岩体基本质量指标（BQ）
V	较软岩,岩体破碎;软岩,岩体较破碎～破碎;全部极软岩及全部极破碎岩	≤250

2)土体工程地质岩组及亚组划分方法

土体工程地质岩组主要根据成因类型、粒度、级配、含水量等与土体工程地质性质、稳定性关系最普遍、最密切的因素划分工程地质岩组,并按上述地质因素的差异划分工程地质亚组。

（1）土体按成因类型划分工程地质岩组和亚组

①黄土工程地质岩组按湿陷量划分为两个亚组,见附表2.8。

附表2.8　黄土工程地质岩组按湿陷量划分的亚组表

亚组名称		非自重湿陷亚组	自重湿陷亚组	
计算自重湿陷量 ΔZ_s/cm		$\Delta Z_s \leqslant 7$	$7 < \Delta Z_s \leqslant 35$	$\Delta Z_s > 35$
总湿陷重	$\Delta Z_s \leqslant 30$	Ⅰ（轻微）	Ⅱ（中等）	—
	$30 < \Delta Z_s \leqslant 60$	Ⅱ（中等）	Ⅱ或Ⅲ	Ⅲ（严重）
	$\Delta Z_s > 60$	—	Ⅱ或Ⅲ（严重）	Ⅳ（很严重）

注:当湿陷量的计算值 $\Delta Z_s > 60$ cm,自重湿陷量的计算值 $\Delta Z_s > 30$ cm 时,可判为Ⅲ级,其他情况判为Ⅱ级。

②黄土工程地质岩组按堆积年代划分为4个亚组,见附表2.9。

附表2.9　黄土工程地质岩组按堆积年代划分的亚组表

地质年代		亚组名称（按地层时代）		湿陷性特征
全新世 Q_4	近期 Q_4^2	—	新近堆积黄土	一般具有湿陷性,常具有高压缩性
	早期 Q_4^1	—	新黄土	
晚更新世 Q_3		马兰黄土	湿陷性黄土	有湿陷性
中更新世 Q_2		离石黄土	老黄土	一般不具有湿陷性
早更新世 Q_1		午城黄土		

③冻土工程地质岩组按冻结状态的持续时间划分为3个亚组,见附表2.10。

附表2.10　冻土工程地质岩组按冻结状态的持续时间划分的亚组表

冻结状态持续时间	几小时到几昼夜	不到一年	两年及以上
亚组名称	短期冻土亚组	季节冻土亚组	多年冻土亚组

④冻土工程地质岩组按土体粒度成分和含水量划分为 5 个亚组,见附表 2.11。

附表 2.11 冻土工程地质岩组按土体粒度成分和含水量划分的亚组表

亚组名称	土的类别		总含水量 W_n/%	体积含冰量 i
少冰冻土亚组	粗粒土	粉黏粒含量≤15%	<10	<0.1
		粉黏粒含量>15%	<12	
	细砂、粉砂		<14	
	黏性土		$<W_p$	
多年冻土亚组	粗粒土	粉黏粒含量≤15%	10~16	0.1~0.2
		粉黏粒含量>15%	12~18	
	细砂、粉砂		14~21	
	黏性土		$W_p < W_n < W_p + 7$	
富冰冻土亚组	粗粒土	粉黏粒含量≤15%	16~25	0.2~0.3
		粉黏粒含量>15%	18~25	
	细砂、粉砂		21~25	
	黏性土		$W_p + 7 < W_n < W_p + 15$	
饱冰冻土亚组	粗粒土	粉黏粒含量≤15%	25~48	
		粉黏粒含量>15%	25~48	
	细砂、粉砂		25~48	
	黏性土		$W_p + 15 < W_n < W_p + 35$	
含土冰层亚组	粗粒土	粉黏粒含量≤15%	>48	>0.5
		粉黏粒含量>15%	>48	
	细砂、粉砂		>45	
	黏性土		$W_n > W_p + 35$	

⑤膨胀土工程地质岩组按自由膨胀率、塑性指数、标准吸湿含水率划分为 4 个亚组,见附表 2.12。

附表 2.12 膨胀土工程地质岩组按自由膨胀率、塑性指数、标准吸湿含水率划分的亚组表

分级指标	名称亚组			
	非膨胀土亚组	弱膨胀土亚组	中等膨胀土亚组	强膨胀土亚组
自由膨胀率 F_s/%	$F_s < 40$	$40 \leqslant F_s < 60$	$60 \leqslant F_s < 90$	$F_s > 90$
塑性指数 I_p	$I_p < 15$	$15 \leqslant I_p < 28$	$28 \leqslant I_p < 40$	$I_p \geqslant 40$
标准吸湿含水率 W_t/%	$W_t < 2.5$	$2.5 \leqslant W_t < 4.8$	$4.8 \leqslant W_t$	$W_t > 6.8$

⑥盐渍土工程地质岩组按盐渍化程度划分为4个亚组,见附表2.13。

附表2.13　盐渍土工程地质岩组按盐渍化程度划分的亚组表

盐渍土亚组名称	细粒土土层含盐量（以质量的百分数计）		粗粒土通过10 mm筛孔土的平均含盐量（以质量的百分数计）	
	氯盐渍土、亚氯盐渍土	硫酸盐渍土、亚硫酸盐渍土	氯盐渍土、亚氯盐渍土	硫酸盐渍土、亚硫酸盐渍土
弱盐渍土亚组	0.1～0.3	0.3～0.5	2.0～5.0	0.5～1.5
中盐渍土亚组	1.0～5.0	0.5～2.0	5.0～8.0	1.5～3.0
强盐渍土亚组	5.0～8.0	1.0～5.0	8.0～10.0	3.0～6.0
过盐渍土亚组	>8.0	>5.0	>10.0	>6.0

⑦软土工程地质岩组按天然孔隙比、有机质含量划分为4个亚组,见附表2.14。

附表2.14　软土工程地质岩组按天然空隙比、有机质含量划分的亚组表

主要指标	亚组名称			
	淤泥质土亚组	淤泥亚组	泥岩亚组	腐殖质土亚组
天然孔隙比 e	$1.0 \leqslant e \leqslant 1.5$	$e > 1.5$	$e > 5$	$e > 10$
有机质含量	3～10	3～10	>0.5	>0.5

⑧红黏土工程地质岩组按含水比进行坚硬状态分级划分为5个亚组,见附表2.15。

附表2.15　红黏土工程地质岩组按含水比划分坚硬状态的亚组表

含水比	$a_w \leqslant 0.55$	$0.55 < a_w \leqslant 0.7$	$0.7 < a_w \leqslant 0.85$	$0.85 < a_w \leqslant 1.00$	$a_w > 1.00$
亚组名称	坚硬	硬塑	可塑	软塑	流塑

（2）土体按粒度、级配等分级方法划分工程地质亚组

①碎石土工程地质岩组按磨圆度、粒度划分为6个亚组,见附表2.16。

附表2.16　碎石土工程地质岩组按磨圆度、粒度划分的亚组表

亚组名称	颗粒形状	颗粒级配
漂石亚组	圆形及亚圆形	粒径大于200 mm,颗粒超过全重的50%
块石亚组	菱角形为主	
卵石亚组	圆形及亚圆形	粒径大于200 mm,颗粒超过全重的50%
碎石亚组	菱角形为主	
圆砾亚组	圆形及亚圆形	粒径大于200 mm,颗粒超过全重的50%
角砾亚组	菱角形为主	

工程地质岩组划分方法

②砂砾工程地质岩组按粒度划分为 5 个亚组,见附表 2.17。

附表 2.17　砂砾工程地质岩组按粒度划分的亚组表

亚组名称	颗粒级配
砾砂亚组	粒径大于 2 mm 的颗粒占全重的 25% ~ 50%
粗砂亚组	粒径大于 0.5 mm 的颗粒占全重的 50%
中砂亚组	粒径大于 0.25 mm 的颗粒占全重的 50%
细砂亚组	粒径大于 0.1 mm 的颗粒占全重的 75%
粉砂亚组	粒径大于 0.5 mm 的颗粒占全重的 75%

③砂土工程地质岩组按相对密度、标准贯入试验实测平均锤击数($N_{63.5}$)进行砂土密实程度分级,划分为 3 个亚组,见附表 2.18。

附表 2.18　砂土工程地质岩组按密实程度划分的亚组表

亚组名称		相对密度 D_r	实测平均锤击数 $N_{63.5}$
密实亚组		$D_r \geqslant 0.67$	30 ~ 50
中密亚组		$0.33 \leqslant D_r < 0.67$	10 ~ 29
松散亚组	稍松	$0.20 \leqslant D_r < 0.33$	5 ~ 9
	极松	$D_r < 0.20$	< 5

④黏性土工程地质岩组按塑性指数划分为 3 个亚组,见附表 2.19。

附表 2.19　黏性土工程地质岩组按塑性指数划分的亚组表

亚组名称	亚砂土亚组	亚黏土亚组	黏土亚组
塑性指数 I_p	$1 < I_p \leqslant 7$	$7 < I_p \leqslant 17$	$I_p \leqslant 17$

⑤黏土工程地质岩组按液性指数稠度划分为 3 个亚组,见附表 2.20。

附表 2.20　黏土工程地质岩组按液性指数稠度划分的亚组表

亚组名称		液性指数 I_L
坚硬、半坚硬亚组		$I_L < 0$
可塑亚组	硬塑	$0 \leqslant I_L < 0.5$
	软塑	$0.5 \leqslant I_L < 1.0$
流塑亚组		$I_L \geqslant 0$

⑥多年冻土工程地质岩组按冻土融沉系数划分为 5 个亚组,见附表 2.21。

附表 2.21　多年冻土工程地质岩组按冻土融沉系数划分的亚组表

冻土亚组	少冰冻土	多冰冻土	富冰冻土	饱冰冻土	含土冰层
融沉系数 $A/\%$	<1	1~5	5~10	10~25	>25
融沉等级	不融沉	弱融沉	融沉	强融沉	强融沉

⑦季节性冻土工程地质岩组按粒度、天然含水量、地下水位低于冻深最小距离进行冻胀性分级,划分为 3 个亚组,见附表 2.22。

附表 2.22　季节性冻土工程地质岩组按冻胀性划分的亚组表

亚组名称	天然含水量 $\omega/\%$	湿度或稠度状态	冻结期间地下水位低于冻深最小距离 h_w/m	冻胀性
粗粒土亚组(粉黏粒≤15%)	$\omega\leqslant12$	潮湿	不考虑	不冻胀
	$\omega>12$	饱和		弱冻胀
粗粒土、粉细砂亚组(粉黏粒>15%)	$\omega\leqslant12$	潮湿	$h_w>1.5$	不冻胀
	$12\leqslant\omega<18$	潮湿		弱冻胀
	$\omega>18$	饱和		冻胀
黏性土亚组	$\omega\leqslant\omega_p$	半坚硬	$h_w>2.0$	不冻胀
	$\omega_p<\omega<\omega_p+7$	硬塑		弱冻胀
	$\omega_p+7<\omega<\omega_p+15$	软塑		冻胀
	$\omega>\omega_p+15$	流塑	不考虑	强冻胀

注:①ω_p 为塑限含水量。

②碎石类土及砂类土的总含水量界限为该两类土的中间值。含粉黏粒少的粗粒土比表列数字小,细砂、粉砂比表列数字大。

③砂类土的 $h_w\leqslant1.5$,黏性土的 $h_w\leqslant2.0$ 时,应将表中的冻胀性评价提高一级,如不冻胀提高为弱冻胀。

附录3 山区公路工程地质勘察成果

1）山区公路工程地质勘察成果的组成

山区公路工程地质勘察成果由论述、评价公路工程路线工程地质总体特点、建设条件的总论部分与具体论述、评价构筑物布设地段或拟建场地工程地质条件和问题的专论部分组成。

（1）总论部分的主要内容

①路线工程地质勘察总说明书。

②1∶2 000 路线工程地质图。

③1∶2 000 路线工程地质纵断面图。

④1∶500 路线工程地质横断面图。

⑤一般路基、中小桥、沿线筑路材料、弃渣场等工程地质评价表，不良地质现象评价表等。

⑥路线勘察钻探工程等位置定测成果汇总表等各类统计表、汇总表、相册等。

⑦路线工程地质勘察纲要等附件、附图、附表。

（2）专论部分的内容

①特殊路基、大桥及特大桥桥位、隧道隧址、互通式立交工程等构筑物布设地段或拟建场地勘察报告，不良地质现象勘察报告等。

②1∶2 000 特殊路基、大桥及特大桥桥位、隧道隧址、互通式立交工程等构筑物布设地段或拟建场地工程地质图。

③1∶2 000 特殊路基、大桥及特大桥桥位、隧道隧址、互通式立交工程布设地段或拟建场地工程地质纵断面图，1∶500 工程地质横断面图。

④1∶500 不良地质现象的勘察平面图、纵横断面图。

⑤各类构筑物布设地段或拟建场地勘察的钻探工程地质柱状图，轻型勘探工程展示图，岩、土、水样样品试验报告，钻孔水文地质试验综合成果表。

⑥各类统计表、汇总表。

⑦重要附件：

a.地面物探探测报告及附图、附件；

b.地下水水文地质动态观测报告及附图、附件；

c.滑坡等地表欠稳定地质现象动态观测报告及附图、附件；

　　d. 岩溶地质调查报告及附图、附件；

　　e. 隧址区岩溶水水文地质调查报告及附图、附件。

　　2）山区公路工程地质勘察成果的功能分工

　　（1）文字报告

　　①路线勘察总说明书（总报告）。全面、系统地介绍公路工程建设项目勘察阶段、勘察目的、任务、完成的实物工作量、技术要求、勘察质量、路线区工程地质条件、工程地质条件及问题评价内容和结论等的文字成果。总说明书应准确、完整地论述公路路线及构筑物建设场地的工程地质条件和问题；评价路线和各类构筑物建设场地地质环境稳定性、地基地质条件、施工地质条件以及公路构筑物建设对环境的影响等；评价不良地质现象、大型工程、环境地质问题的影响。路线勘察总说明书编制的内容主要供建设项目管理者、投资人、设计和施工人员等阅读，应完整、清晰地归纳、介绍路线区工程地质条件和问题及勘察结论。

　　鉴于地质条件复杂路段地质现象和问题的影响，总说明书应在工程地质条件章节内专门论述地质条件复杂路段工程的地质背景和影响。如对有可溶岩岩溶发育路段的总报告，应编制"岩溶地质"或"可溶岩岩溶发育特征和规律"专门章节，系统论述路线区可溶岩岩类的分布、地层层位、岩性、主要易溶成分、岩溶现象类型、分布规律、可溶岩岩溶化程度的差异、强岩溶化现象集中分布特点、强岩溶化岩体对水文地质和工程地质条件的影响等。

　　②公路工程构筑物建设场地勘察报告（俗称工点报告）。公路路线是由路基工程、桥隧工程等不间断组成的构筑物群，各类构筑物在勘察各阶段都必须编制布设地段或拟建场地的勘察报告。勘察各阶段构筑物勘察评价内容虽然都针对布设地段或拟建场地地质环境的稳定性、适宜性、地基地质条件、不良地质条件影响和施工地质条件展开论述、评价和结论，但是，各阶段勘察评价深度和结论内容都各有侧重，初步勘察成果重点评价构筑物工程地质条件的适宜性，为选定路线方案提供依据，而详细勘察成果则具体地为施工图设计提供更充足、具体的工程地质条件和参数。

　　勘察各阶段构筑物的勘察成果数量庞大、繁简悬殊，为突出重点，各类构筑物勘察成果根据构筑物的结构类型、规模、重要性和工程地质条件复杂程度进行分类、分级，其中一般路基、中小桥勘察成果，小型改沟、改渠成果，弃渣场和沿线筑路材料等初步勘察成果都可采用表格方式和纵、横断面图方式汇编，其余构筑物勘察成果则须编制完备的勘察报告、工程地质纵横断面图以及附表、附件等。此外，特大桥、特殊桥桥位勘察，长隧道、特长隧道隧址勘察，地质条件复杂路段和地质病害勘察还应在报告前言中编制"勘察质量评述"内容，向读者介绍勘察的研究深度、勘察重点和难点，以便读者了解成果的可靠程度。

　　③专题勘察报告。为了准确掌握、处置部分不良地质现象和环境地质问题对公路建设项目的不利影响，在路线勘察中，需要适时地对路线方案和构筑物布设地段布置专门勘察和调查，提交专门勘察的边（斜）坡稳定性动态观测报告、岩溶地质调查报告、岩溶水水文地质调查报告等。专门勘察、调查报告在系统、准确论述不良地质现象或

地质环境问题形成、发展的地质背景前提下,应用丰富、客观的信息和参数论证不良地质现象和环境地质问题发生、形成机制,评价公路工程建设项目和布设区地质环境的相互影响程度。

(2)工程地质图

①工程地质图图例。

工程地质图图例是记录工程地质勘察人员在野外收集、掌握工程地质信息完备程度的成果,也是衡量工程地质图编制者对勘察项目理解程度的标志。它全面、客观地反映勘察区的各类地质现象和问题,是编制工程地质图、工程地质纵横断面图的依据和纲要。图例是工程地质图的重要构件。

图例应有专门的服务对象和鲜明的针对性,不同公路工程地质勘察项目的路线工程地质图、路基工程地质图、桥位工程地质图、隧址工程地质图的图例都应主题鲜明、重点突出,反映路线客观地质环境。

②路线工程地质图。

路线工程地质图是按公路工程建设项目的路线里程展示公路工程布设地段地形地貌、地层层位、地质构造、水文地质现象及水环境、岩土体工程地质类型及岩组、不良地质现象、大型工程与公路工程路线、各构筑物空间关系的综合性带状工程地质图。带状工程地质图集中展示公路工程路线轴线两侧各 200 m 范围内的各类公路工程构筑物与公路工程建设关系最密切的地质现象和问题。经实践,带状工程地质图能较好地适应公路工程的线型特点,满足公路工程设计需要,已成为公路工程地质勘察的主图。

由于地质地貌环境是一个庞大、复杂的体系,勘察中常为克服带状工程地质图局限,需要扩大范围开展专门水文地质、岩溶地质调查,滑坡等欠稳定地质现象勘察,保障工程地质图对工程地质条件的控制和评价需要。

③构筑物建设场地工程地质图。

构筑物建设场地工程地质图是勘察各阶段展示路基工程、桥隧工程、互通式立交工程等构筑物布设地段或拟建场地地质环境、地基地质条件、施工地质条件等内容的工程地质图,是专论成果的主图,具体反映构筑物布设地段地质背景、环境稳定性、地基岩土体的工程地质特征、边斜坡坡体地质结构、水环境与水文地质条件、不良地质现象等。它是路线工程地质主图中的一部分,其地质要素与公路路线工程地质图具有一致性,是路线工程地质图内容的细化和补充。

④专门工程地质图。

专门工程地质图是为论述、评价重大工程地质问题而编制的工程地质图。其内容应准确展示重大工程地质问题的地质背景、发育机制、运动规律等对公路路线方案、各类构筑物布设地段稳定和安全的影响。山区公路工程地质勘察常用的专门工程地质图有工程地质分区图、岩溶地质图、岩溶水水文地质图、剥土地质图、滑坡活动影响分区图、崩塌灾害危险性分区图、泥石流危害程度分区图、水库塌岸现象影响分区图、强渗透岩层影响分区图以及矿山采空区影响分区图等,它们在勘察成果评价结论中常起到"画龙点睛"的效果。

（3）工程地质纵断面图

①路线工程地质纵断面图。

路线工程地质纵断面图是沿路线轴线测制的工程地质断面图，它沿路线轴线反映地表以下一定深度范围内岩土体出露特征、地质构造和岩层产状、水环境及地下水的赋存条件、不良地质现象、地下采空区、地下工程及管网等与工程建设条件关系密切的地质现象和问题。

路线工程地质纵断面图反映的地形、地物和各类地质现象及位置等必须与工程地质平面图内容高度一致。工程地质纵断面说明栏描述的地质现象、问题和变化应重点突出、内容简洁、准确、可读性强。

②构筑物建设场地工程地质纵断面图。

构筑物建设场地工程地质纵断面图是展示路基工程、桥隧工程布设地段地表以下一定深度范围内工程地质条件、问题的工程地质图。其客观性、准确性直接影响构筑物建设条件的判断与评价，如在隧址勘察中，实测的工程地质纵断面如存在不足，获得的山体地质结构等信息和参数就不可能客观、合理，将会直接影响隧道围岩的稳定性、环境地质问题评价的准确性。因此，山区公路工程构筑物布设地段实测工程地质纵断面图的价值和意义不言而喻。

构筑物建设场地工程地质纵断面图说明栏内容应用准确的里程位置描述工程地质条件的变化，为设计处置方案提供依据。

③路线及构筑物建设场地工程地质横断面图。

路线及构筑物建设场地工程地质横断面图是垂直路线或构筑物轴向展示路线、路基工程，桥隧工程布设地段地表以下一定深度范围内岩土工程地质特征、出露情况、边斜坡坡体地质结构、水环境及地下水赋存、运移条件等的工程地质图。为准确反映工程地质条件和问题，工程地质横断面测量比例尺一般大于线路和构筑物布设地段工程地质图、工程地质纵断面图的比例尺。路线和构筑物工程地质横断面图说明栏内容以具体描述断面一带的工程地质信息和数据为特点，是直接用于指导公路工程设计的地质成果。其数量与密度往往是衡量山区公路工程地质勘察精度的指标。

（4）工程地质条件评价表、汇总表

①勘察成果的文字报告和各类成果图的内容还需要用部分专门的工程地质条件评价表、汇总表进行补充，以保障勘察成果的完整性。工程地质评价表有一般路基工程地质评价表、软弱地基工程地质评价表、涵址工程地质条件评价表、支挡工程地质评价表、不良地质现象评价表、河岸防护工程评价表、改河（沟、渠）工程地质条件评价表、弃渣场工程地质条件评价表等。

②报告附表、汇总表有：

a.钻探工程孔位定测成果汇总表；

b.钻探工程揭露地质情况汇总表；

c.岩石物理力学指标测试成果汇总表；

d. 土体物理力学指标测试成果汇总表；

e. 地下水、地表水水质化验成果汇总表；

f. 钻孔声波测井成果汇总表；

g. 触探、标贯等土石现场试验成果汇总表；

h. 水文地质抽（提）水试验综合成果汇总表等。

附录4　隧道工程施工地质编录卡

编录卡片编号：

隧道名称					分部工程		
施工断面(掌子面)编号				施工断面里程编号			
施工断面尺寸/m	高		宽		拱顶设计高程		
	隧道埋深		底板高程		隧道轴方向/(°)		
施工方法			施工单位				
监理单位			检验单位				
施工日期			地质编录日期				

		岩性	新鲜、完整的厚层～块状石英岩、花岗岩等	厚层灰岩、白云岩、砾岩等	薄层灰岩、白云岩、砂砾岩、泥灰岩、板岩等	泥岩、页岩、片岩、煤层
围岩地质结构		岩体强度 R_c/MPa	>60	60～15	15～5	<5
		岩体风化程度	微风化及新鲜岩石	弱风化岩石	碎块状强风化岩石	全风化岩石、砂砾状强风化岩石
		岩层层面与洞轴线的夹角/(°)	>60°	30°～60°	陡倾层面与洞轴线夹角<30°	缓倾层面与洞轴线夹角<30°
		围岩自稳能力	强	较强	较弱	弱
结构面对围岩稳定性影响		结构面类型	构造裂隙	风化裂隙	大型断裂带、有水裂隙带	有水大型断裂带
		结构面与洞轴线夹角/(°)	>60°	30°～60°	陡倾结构面与轴线夹角<30°	缓倾结构面与轴线夹角<30°
		结构面组合状况	单一陡倾裂隙	数条陡倾裂隙	单一断裂带、缓倾裂隙带	多条断裂交汇带、多组缓倾裂隙交汇带
		结构面的影响程度	有限	较严重	严重	突出

续表

大型溶洞对围岩的影响	大型溶蚀洞穴发育特征	沿可溶岩顺层发育的无水、无堆积的溶洞	沿可溶岩顺层发育、岩溶水丰富、堆积层已胶结的溶洞	沿单一断裂发育、有水、堆积层未胶结的溶洞	多组断裂影响的大型溶洞，地下水水位以下，堆积层厚度大、未胶结的溶洞
	对围岩稳定性影响程度	有限	较严重	严重	突出
水文地质环境及现象	水文地质环境	弱渗透岩层，有水沿岩层层面渗出，以点滴为主	岩溶水垂直循环内或非岩溶水含水岩层，降水影响显著	岩溶水季节变动带附近，地下水水位变化大、溢出普遍	岩溶水平循环带内，具高水头压力（含大型导水断裂构造）
	对围岩稳定性影响程度	有限	较复杂	复杂	极复杂
	地下水溢出现象	无水（干燥）	点滴状(0.04)	线状渗出(0.04~0.2)	股状涌出(>0.2 L/s·m)

地下水透明度		水温/℃		气味	
味道		采样编号		采样日期	

环境地质问题简述	地应力环境				
	涌突水灾害				
	瓦斯等有害气体				
	采空、压矿				
	岩爆、大变形				
	塌方、掉块				
	有害矿体及放射性				

开挖断面及左、右壁素描图

进洞方向 →　　　　　　进洞方向 ←

左 壁　　　开挖断面　　　右 壁

10 cm

续表

地质现象相片及说明	
	（请紧密结合勘察、设计的围岩稳定性评价、分级内容评述）
综合评述	

记录		检查		审核		完成日期	

注：①因初期支护描述和绘图时间有限,本表罗列重要现象进行以便一线人员有针对性地完成观测描述工作；

②地质现象复杂多样和具有唯一性,观测、描述等不应受本表内容限制、须用丰富、生动的素材、数据描述；

③表中罗列的内容是综合评述的选项时,请用醒目的" ＊ "或"☆"号进行标记；

④注意结构面在图中的真倾角与视倾角换算。

附录5　山区公路工程地质勘察常用图例

工程地质图图例是编制工程地质图的指导性依据,它是编图人员对勘察项目理解程度和技术思想的客观反映,并能真实地显示工程地质成果信息的丰富程度与准确性。图例质量是衡量勘察成果质量和水平的重要指标之一。

1)工程地质平面图图例

(1)重要构筑物(里程注记:初步勘察位于构筑物中心点,详细勘察位于起、止点)

路线位置及里程(黑线宽2 mm)		K20+300	一般路基路段及里程
K40+111	高路堤路段及里程	K5-150	斜坡路堤路段及里程
K8+210	高切坡路段及里程	K17-011	路堑路段及里程
K70+711	桥位路段及里程	K6+550	隧址路段及里程
KD+200	互通工程路段及里程	K1+080	上跨铁路位置及里程
K0+110	下穿铁路位置及里程	K7+100	上跨燃气管位置及里程
K60+213	河岸防护工程位置及里程	K4+650	改河工程位置及里程
FD₂	服务区待选场地及编号	SD₁	收费站待选场地及编号
JD₂	通风井待选场地及编号	QD₅	待选料场及编号
QD₄	弃渣场待选位置及编号		

(2)工程地质岩组及亚组

①工程地质岩组、亚组界线及代号。

a. 工程地质岩组、亚组界线(黑色实线,粗0.5 mm)。

b. 罗马数字注记工程地质岩组和排序;阿拉伯数字注记工程地质亚组和排序;工程地质岩组、亚组排序和编号各勘察项目独立进行。

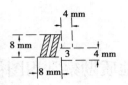

②岩体主要工程地质岩组及亚组。

a. 碎屑岩、变质岩等工程地质岩组(按岩石单轴饱和抗压强度分级)。

| I_1 | 坚硬亚组(>30 MPa) |

| I_2 | 较坚硬亚组(30 ~ 15 MPa) |

| I_3 | 较软亚组(15 ~ 5 MPa) |

| I_4 | 软岩亚组(5 ~ 1 MPa) |

| I_5 | 极软岩亚组(<1 MPa) |

b. 风化岩石工程地质岩组(按岩体结构改变程度分级)。

| II_1 | 全风化亚组(呈土状、残积土的颜色) |

| II_2 | 强风化亚组(沙砾状及碎块状) |

| II_3 | 弱风化亚组(风化现象仅见于岩体裂隙) |

| II_4 | 微风化及新鲜岩石亚组(岩石结构、构造、矿物成分无变化) |

c. 可溶岩工程地质岩组(按可溶岩岩溶化程度分级)。

| III_1 | 极强岩溶化亚组 |

| III_2 | 强岩溶化亚组 |

| III_3 | 岩溶化亚组 |

| III_4 | 弱岩溶化亚组 |

| III_5 | 浅覆盖型隐伏岩溶亚组(呈土体颜色加花纹) |

| III_6 | 埋藏型亚组(呈岩体颜色加花纹) |

d. 断裂带工程地质岩组(按断裂带地质构造、结构划分,用红色)。

 构造岩亚组

VI_2　碎裂岩亚组

 VI_3　碎块岩亚组

③土体工程地质岩组及亚组。

a. 常见工程地质岩组(按土体粒度、级配分级)。

| I_1 | 淤泥质土亚组 |

| I_2 | 黏性土亚组 |

| I_3 | 碎石土亚组 |

| I_4 | 卵砾石土亚组 |

| I_5 | 块石土亚组 |

b. 黄土工程地质岩组(按土体计算自重湿陷量分级)。

| II_1 | 非自重湿陷亚组($\Delta Z_s \leqslant 7$) |

| II_2 | 自重湿陷亚组($7 < \Delta Z_s$) |

c. 红黏土工程地质岩组(按土体含水比 a_w 分级)。

| III_1 | 坚硬亚组($a_w \leqslant 0.55$) |

| III_2 | 硬塑亚组($0.55 < a_w \leqslant 0.7$) |

| III_3 | 软塑亚组($0.8 < a_w \leqslant 1.0$) |

| III_4 | 可塑亚组($0.7 \leqslant a_w \leqslant 0.8$) |

| III_5 | 流塑亚组($a_w > 1$) |

d. 软土工程地质岩组(按天然孔隙比 e 和有机质含量分级)。

| IV_1 | 淤泥质亚组($1.0 \leqslant e \leqslant 1.5$,有机质含量 3~10) |

| IV_2 | 淤泥亚组($e > 1.5$,有机质含量 3~10) |

| IV_3 | 泥炭亚组($e > 5$,有机质含量 >0.5) |

| IV_4 | 腐殖质亚组($e > 10$,有机质含量 >0.5) |

e.冻土工程地质岩组(按冻结状态持续时间分级)。

| V₁ | 短期冻土亚组(数小时至数日) |

V_1　短期冻土亚组(数小时至数日)

V_2　季节性冻土亚组(不足 1 年)

V_3　多年冻土亚组(两年以上)

f.膨胀土工程地质岩组(按自有膨胀率 F_s(%)、塑性指数 I_p、标准吸湿含水率 ω_t(%)分级)。

VI_1　非膨胀土亚组($F_s<40$、$I_p<15$、$\omega_t<2.5$)

VI_2　弱膨胀土亚组($40\leqslant F_s<60$、$15\leqslant I_p<28$、$2.5\leqslant\omega_t<4.8$)

VI_3　中等膨胀土亚组($60\leqslant F_s<90$、$28\leqslant I_p<40$、$4.8\leqslant\omega_t$)

VI_4　强膨胀土亚组($F_s>90$、$I_p\geqslant40$、$\omega_t>6.8$)

其余还有盐渍土工程地质岩组、砂土工程地质岩组、污染土工程地质岩组等,此处不再赘述。

(3)工程地质岩组亚组界线

(黑线宽为 0.7 mm 的粗实线)

(4)岩土体小柱状图

①绘制内容及要求。

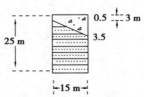

a.反映地表上覆土体和岩土界面下第一岩性段岩体;

b.柱状图用岩性图例符号全部填充;

c.柱状图右侧数字表示土体厚度,单位:m;

d.绘制位置紧贴路线或构筑物拟建场地。

②需要凸显的部分岩土体地质结构及现象(与水有关的现象用蓝色)。

土体为深厚的湖相沉积层

下伏全、强风化深槽

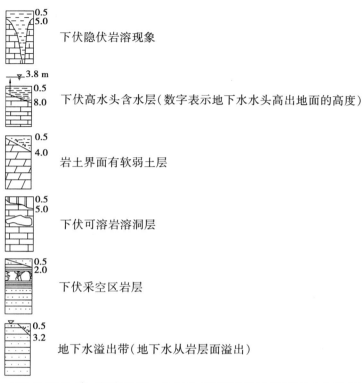

下伏隐伏岩溶现象

下伏高水头含水层(数字表示地下水水头高出地面的高度)

岩土界面有软弱土层

下伏可溶岩溶洞层

下伏采空区岩层

地下水溢出带(地下水从岩层面溢出)

(5)地形地貌、岩溶地质、水文地质及不良地质现象(水体用蓝色,温泉等地热水用红色,不良地质现象用粉红色,其余用黑色)

①地形地貌。

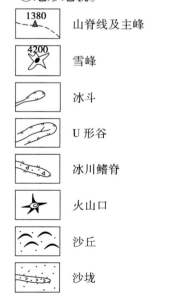

山脊线及主峰

雪峰

冰斗

U 形谷

冰川鳍脊

火山口

沙丘

沙垅

湖泊

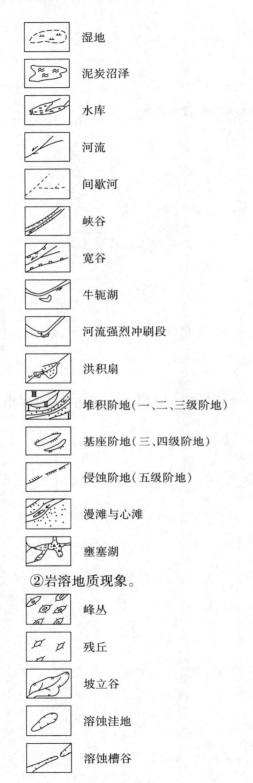

	湿地
	泥炭沼泽
	水库
	河流
	间歇河
	峡谷
	宽谷
	牛轭湖
	河流强烈冲刷段
	洪积扇
	堆积阶地(一、二、三级阶地)
	基座阶地(三、四级阶地)
	侵蚀阶地(五级阶地)
	漫滩与心滩
	壅塞湖

②岩溶地质现象。

	峰丛
	残丘
	坡立谷
	溶蚀洼地
	溶蚀槽谷

	溶蚀漏斗
	落水洞
	竖井
	充水竖井
	干溶洞

③水文地质内容。

	暗河位置及编号（左为编号,右为出水量(L/S)/观测日期）
	地下水运移方向(蓝色或空心)
	地下水分水岭
	地表水分水岭
	冷矿泉位置及编号（左为编号,右为涌水量(L/S)/观测日期）
	温泉位置及编号（左为编号,右为涌水量(L/S)/观测日期）
	地热生产钻孔位置及编号（左为编号,右为出水量(L/S)/观测日期）
	地热水运移方向(红色)
	地下暗河及出口位置（左为编号,右为涌水量(L/S)/观测日期）
	岩溶大泉位置及编号出口（左为编号,右为涌水量(L/S)/观测日期）
	下降泉位置及编号（左为编号,右为涌水量(L/S)/观测日期）
	上升泉位置及编号（左为编号,右为涌水量(L/S)/观测日期）
	泉群位置及编号（左为编号,右为涌水量(L/S)/观测日期）
	民井位置及编号（左为编号,右为涌水量(L/S)/观测日期）
	机井位置及编号（左为编号,右为出水量(L/S)/观测日期）

2 ⊗ 100 2011.11.1	生产钻孔位置及编号（左为编号,右为出水量（L/S）／观测日期）

④不良地质现象。

	陡崖
7	卸荷裂隙及编号
76	卸荷带及编号
99	危岩位置及编号
8.9	危石位置及编号
1 H3 2	滑坡位置及编号（1.滑坡后壁　2.滑坡舌）
H1	滑移变形引张裂缝及编号
H7	滑体滑移鼓丘及编号
H10	滑体前沿纵向张裂缝及编号
H2	滑移带醉树及编号
	滑移带破损构筑物
	泥石流沟固体径流物流区
	泥石流沟固体径流流通区
	泥石流沟固体径流停积区
2 3 4	坡面泥石流位置及编号
3	冻结现象及编号
5	融冻现象及编号

⑤环境地质问题及次生灾害。

215 m	水库库岸先期塌岸线（数字为高程）
240 m	水库库岸最终塌岸线（数字为高程）

大型矿山采空区沉降盆地及编号

 矿山采空轻微变形区外侧边界线及编号

矿山采空强烈变形区外侧边界线及编号

矿山采空中心沉降盆地边界线

小型矿山采空区变形堑沟

 地下疏干区（箭头指向扩展方向,数字为观测日期）

 干涸民井（左为编号,右为观测年份）

 干涸泉（左为编号,右为观测年份）

 干涸小溪（左为编号,右为观测年份）

 干涸湖泊（左为编号,右为观测年份）

 干涸水库（左为编号,右为观测年份）

 地面沉陷破损公路（左为编号,右为观测年份）

 地面沉陷塌陷坑（左为编号,右为观测年份）

 地面沉陷破损民居（左为编号,右为观测年份）

 地面沉陷破损管线（左为编号,右为观测年份）

 地面沉陷破损电网（左为编号,右为观测年份）

地面沉陷损毁木地（左为编号,右为观测年份）

地震烈度

地质病害影响严重地段

（6）地质构造（断裂构造用红色,其余用黑色）

 背斜构造轴位置

	向斜构造轴位置
	穹隆构造核部位置
	构造盆地中心位置
	正断层位置及产状
	逆断层位置及产状
	逆冲推覆构造位置及产状
	平移断层位置及产状
	碎裂岩带及产状
	碎块岩带及产状
	岩层产状
	垂直岩层产状
	水平岩层产状
	倾转岩层产状
	片理产状
	裂隙产状
	垂直裂隙产状
	劈理产状
	单侧导水断裂构造
	双侧导水断裂构造

(7)地层时代及地层界线

Q_3^{al}	第四系(右上角码为成因类型,右下角码为时代)

J	侏罗系

P	二叠系

Z	震旦系

T／P	地层界线(黑色 0.5 mm 实线)

(8)勘探工程

D7	地质观测点位置及编号

9／D10	测绘观测路线位置及编号

20 ♪9.8	钎探钻孔位置及编号(左为编号,右为孔深 m)

21 ⊠1.5	坑探位置及编号(左为编号,右为孔深 m)

70 ■	采岩样位置及编号

27 ◪	采土样位置及编号

30 ♡	采水样位置及编号

2 ⊞	大型现场试验位置及编号

5/20.15 ⊖2000.15/10.10	勘探钻孔位置及编号(左孔号/孔深 m,右为孔高程 m/地下水埋深 m)

13 ⊖17.50	触探钻孔位置及编号(左为编号,右为孔深 m)

20 ◑35.0	采样钻孔位置及编号(左为编号,右为采样位置 m)

7/30.11 ⊕100.13/2011.3.10	水文地质抽水试验钻孔位置及编号(左为孔号/孔深,右为出水量/抽水日期)

11/17 ⊙1/2015.3.11	压水试验钻孔位置及编号(左为孔号/孔深,右为压力值 K/试验日期)

Ⓝ	物探测点位置及编号

Ⓝ—Ⓝ	物探测线位置及编号

3 ⬌Ⓝ➤350	物探综合测井编号及孔深

12 井	地下水长观民井及编号
18 ⊕	地下水长观机井及编号
33 ◉	地下水长观钻孔及编号
1 ✦ 200	地应力、放射性、瓦斯等项目测试钻孔及孔深
18 ⊐	地面变形观测点位置及编号
12 ◖	埋置测斜管钻孔位置及编号
11 ◤	危岩监测点位置及编号
I — II¹	勘探断面位置及编号
II — II¹	勘探断面交汇点位置及编号

2）工程地质断面图图例

（1）主要构筑物

	路线位置及里程
	路基工程位置及里程
	桥位位置及里程
	隧址位置及里程
⊢互通⊣	互通工程位置及里程
⊢FD₂⊣	服务区位置及编号
⊢SD₁⊣	收费站位置及编号
⊢JD₃⊣	通风井位置及编号
⊢LD₅⊣	料场位置及编号
⊢QD₇⊣	弃渣场位置及编号

（2）岩土体岩性图例
①土体。

 耕植土

填筑土

 淤泥质土

黏土

砂质黏土

粉沙质土

砂土

碎石土

块石土

漂砾土

角砾土

卵砾石土

黄土

红黏土

膨胀土

软土

含石膏质土

冻土

②岩体。
a. 沉积岩。

 页岩

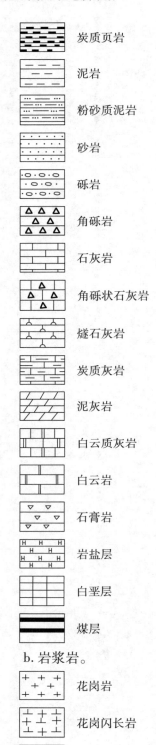

炭质页岩

泥岩

粉砂质泥岩

砂岩

砾岩

角砾岩

石灰岩

角砾状石灰岩

燧石灰岩

炭质灰岩

泥灰岩

白云质灰岩

白云岩

石膏岩

岩盐层

白垩层

煤层

b. 岩浆岩。

花岗岩

花岗闪长岩

闪长岩

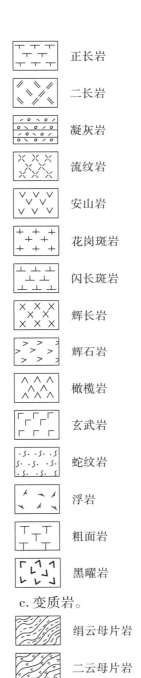

正长岩

二长岩

凝灰岩

流纹岩

安山岩

花岗斑岩

闪长斑岩

辉长岩

辉石岩

橄榄岩

玄武岩

蛇纹岩

浮岩

粗面岩

黑曜岩

c. 变质岩。

绢云母片岩

二云母片岩

绿泥石片岩

角闪石片岩

石英片岩

千枚岩

 炭质板岩

 粉砂质板岩

 土硅质板岩

 石煤

 变余砂岩

 变余凝灰质砂岩

 变余角砾状砂岩

 片麻岩

 花岗片麻岩

 石英岩

 混合岩

 硅质灰岩

 大理岩

d. 断裂带构造岩。

 断层泥

 糜棱岩

 断层角砾岩

 碎裂岩

 碎块岩

 玻化岩

（3）地质构造

 背斜构造

 倒转背斜构造

 尖棱背斜构造

 向斜构造

 倒转向斜构造

 厢形向斜构造

 正断层

 逆冲断层

 平移断层构造

 逆冲推覆构造

 阻水断裂构造

 导水断裂构造

（4）地形、地质、水文地质及不良地质现象

①工程地质岩组、地层时代代号、岩层界线。

 工程地质岩组及亚组代号（字体 7～10 mm）

 地层时代代号（字体小于 5 mm 和工程地质岩组代号）

 岩层界线（黑色,0.5 mm 实线）

 岩土体界线（黑色,0.5 mm 实线）

 强、弱风化带界线（黑色,0.5 mm 点线）

 地下水水位及水位线（黑色,0.5 mm 虚线）

 病害严重地段位置及代号

地形控制点

②微地形地貌。

 河流宽谷及阶地

 河流漫滩及心滩

 河流峡谷

 湖泊

 水库

 湿地

 泥炭沼泽

 壅塞湖

 冰川鳍脊

 沙丘

 沙垅

 黄土台地

③岩石风化类型及现象。

 岩石层状风化类型及现象（A为全风化、B为强风化、C为弱风化、D为微风化）

 岩石夹层风化类型及现象

 岩石囊状风化类型及现象

④岩溶地质现象。

 峰丛

 残丘

 坡立谷

溶蚀洼地

 漏斗

 落水洞

 充水竖井

 干溶洞

⑤水文地质及地下水露头。

 暗河出口

 下降泉

 上升泉

 涌水坑道

 民井

 温泉（红色）

 地热水运移方向（红色）

⑥不良地质现象。

 冻结现象

 融冻现象

 陡崖与卸荷带

 外倾结构面型危岩

 顺层滑落型危岩

 基座压碎性危岩

 房檐型危岩

 危石

滑坡体与滑坡壁

 滑体鼓丘与横向张裂缝

 滑坡湖与下降泉

 醉树(林)

 滑坡体变形构筑物

 坡面泥石流

 泥石流沟固体径流物流区(横断面)

 泥石流沟固体径流流通区(横断面)

 泥石流沟固体径流停积区(横断面)

 浅覆盖型隐伏岩溶路段

 岩土界面饱水软夹层(或土洞)

 大型断裂构造影响的大溶洞

 多组裂隙影响的大溶洞

 断裂构造裂隙影响有限的大溶洞

 堆积层半胶结的大溶洞

 堆积层未胶结的大溶洞

 有水大岩溶

 堆积层有限的无水大溶洞

 楼式大溶洞

⑦环境地质问题及次生灾害。

 施工边坡变形现象

与水库共有强渗透层的隧道

 小型矿山采空区沉陷区(线状堑沟)

 大型矿山沉降盆地(1 为中央盆地、2 为变形强烈区、3 为轻微变形区)

 水库塌岸的先期、最终界限及高程

 地下水疏干水位区域性下降范围

 岩溶大泉消失现象位置及编号

 民井干涸现象位置及编号

 地面塌陷位置及编号

 损毁民居位置及编号

 损毁林地位置及编号

 断裂管道位置及编号

 损毁电网位置及编号

 干涸湖泊、溪流位置及编号

 干涸水库位置及编号

（5）勘探工程

 地质观测点位置及编号

 钻探点位置及编号

 探坑位置及编号

 土样采集位置及编号

 岩样采集位置及编号

 水样采集位置及编号

⚓ 51	物探测点位置及编号
▽ 2	大型现场试验位置及编号
⚑ 33	地面变形观测点位置及编号
⚑ 91	地下水观测点位置及编号
⊢BHIC⊣	地质病害危害严重路段
ZK₁	勘探钻孔位置及编号
ZK₇ ▽	触探钻孔位置及编号
ZK₉ ⊙	物探测井位置及编号
ZK₄₀ →	水文地质抽水钻孔位置及编号
ZK₉₉ ↓	水文地质压水试验钻孔位置及编号
ZK₉₇ ⊳	地下水动态观测钻孔位置及编号
ZK₁₁₁ ⚑ ← ←	测斜管理埋设钻孔位置及编号
ZK₇ ⊙	专项测试钻孔位置及编号(地应力、瓦斯、放射性等)
I-I′ II-II′ A A′	勘探断面交点位置

注意:a. 工程在断面图上的勘探钻孔必须准确标记钻孔号、孔口高程、岩土界面高程、强弱风化岩石界面高程、地下水静水位、钻孔孔深等参数。

b. 地下水、地面变形现象动态观测钻孔和地应力、瓦斯气体、放射性剂量等专项检测钻孔在断面图说明栏中应交代说明观测、检测内容。

3)地下水含水岩组水文地质分类、渗透性分级

(1)松散岩类含水岩组(浅黄色普染、色越深表示渗透性越强)

I_1	极强-强渗透性的砂卵砾石层
I_2	强渗透性的砂卵砾石层
I_3	中-弱渗透性的含泥沙砾卵石层
I_4	弱-微渗透性的含泥沙层

（2）可溶性盐酸盐岩类含水岩组（浅蓝色普染，色越深表示渗透性越强）

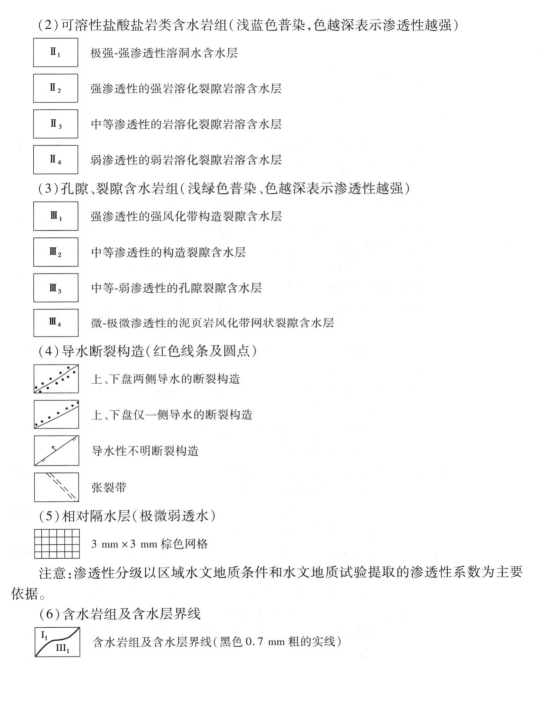

| Ⅱ₁ | 极强-强渗透性溶洞水含水层 |

Ⅱ₁ 极强-强渗透性溶洞水含水层

Ⅱ₂ 强渗透性的强岩溶化裂隙岩溶含水层

Ⅱ₃ 中等渗透性的岩溶化裂隙岩溶含水层

Ⅱ₄ 弱渗透性的弱岩溶化裂隙岩溶含水层

（3）孔隙、裂隙含水岩组（浅绿色普染、色越深表示渗透性越强）

Ⅲ₁ 强渗透性的强风化带构造裂隙含水层

Ⅲ₂ 中等渗透性的构造裂隙含水层

Ⅲ₃ 中等-弱渗透性的孔隙裂隙含水层

Ⅲ₄ 微-极微渗透性的泥页岩风化带网状裂隙含水层

（4）导水断裂构造（红色线条及圆点）

上、下盘两侧导水的断裂构造

上、下盘仅一侧导水的断裂构造

导水性不明断裂构造

张裂带

（5）相对隔水层（极微弱透水）

3 mm×3 mm 棕色网格

注意：渗透性分级以区域水文地质条件和水文地质试验提取的渗透性系数为主要依据。

（6）含水岩组及含水层界线

含水岩组及含水层界线（黑色 0.7 mm 粗的实线）

参考文献

[1] 中华人民共和国交通运输部.公路工程地质勘察规范:TJG C20—2011[S].北京:人民交通出版社,2011.

[2] 中华人民共和国交通运输部.公路桥涵地基与基础设计规范:JTG D63—2007[S].北京:人民交通出版社,2007.

[3] 中华人民共和国交通运输部.公路隧道设计规范:JTG D70—2004[S].北京:人民交通出版社,2004.

[4] 中华人民共和国交通运输部.公路路基设计规范:JTG D30—2015[S].北京:人民交通出版社股份有限公司,2015.

[5] 中华人民共和国交通运输部.公路勘测规范:JTG C10—2007[S].北京:人民交通出版社,2007.

[6] 中华人民共和国交通运输部.公路工程抗震规范:JTG B02—2013[S].北京:人民交通出版社,2013.

[7] 中华人民共和国交通运输部.公路桥梁抗震设计细则:JTG/T B02-01—2008[S].北京:人民交通出版社,2008.

[8] 中华人民共和国交通运输部.公路工程技术标准:JTG B01—2014[S].北京:人民交通出版社,2014.

[9] 中华人民共和国交通运输部.公路工程岩石试验规程:JTG E41—2005[S].北京:人民交通出版社,2005.

[10] 中华人民共和国交通运输部.公路土工试验规程:JTG E40—2007[S].北京:人民交通出版社,2007.

[11] 中华人民共和国建设部.岩土工程勘察规范:GB 50021—2001,2009年版[S].北京:中国建筑工业出版社,2009.

[12] 中华人民共和国住房和城乡建设部.工程岩体分级标准:GB/T 50218—2014[S].北京:中国计划出版社股份有限公司,2014.

[13] 工程地质手册编委会,工程地质手册[M].5 版.北京:中国建筑工业出版社,2018.